思想としての弁証法

〈人間の自己疎外〉の謎を解く

橋本剛 著

はじめに

現代思想になんらか関心を持つ読者であれば、「弁証法」という言葉には、なんらかの形で出会い、その哲学的意義を探り当てようとした経験をもっておられることと思います。この言葉は、日常的には確かに、私たちにとってなじみの深い言葉とは言えません。しかし、書店の棚の「哲学」あるいは「思想」のコーナーについでながらでも目を向ける機会があれば、そこでは必ず、例えば「啓蒙の弁証法」だとか「唯物弁証法」だとか、あるいは「弁証法的理性批判」や『弁証法の冒険』等々といった、「弁証法」という用語を含んだ書名に出会うはずです。

本書は、「弁証法」に関心のあるひとをも関心の薄いひとをも含めて、とにかく一般の読者に向けた〈弁証法への招待〉を意図した著作です。

本書において書きたいことの柱となるものは二つあります。一つは、「弁証法」なるものについて、その理解のために私なりに苦闘してきた歴史を踏まえて、「これこそ弁証法だ」と言い切れるものを一般の読者に伝えたいという願いを抱き続けておりましたが、その願いをいよいよ実行に移すこと。もう一つは、「疎外感」といった言葉をとおして少なくともその何分の一かにかんしては一般読者にもある程度なじみとなっていると思われる「疎外」概念について、いわゆる一般理解のレベルと比べればはるかに奥行きの深いその弁証法的構造をしっかりと紹介するということです。つまり、この二つの課題を、ともに関連づけながら成し終えることが、「哲学者」を自任してきた私にとって、自分の人生の総まとめの仕事として相応しかろうと思い立った次第なのです。

そこで、全体の構成をどうするかということですが、はじめに考えたプランは、そもそも「疎外」概念それ自身が極めて弁証法的なものですので、「疎外」問題との取り組みを「弁証法」研究という〈大きな枠組〉の中に取り込むということでした。そうなりますと、人間世界に固有なものである「疎外」問題は、それ以外の諸領域との区別において、「人間世界の弁証法」として位置づけられなければならないことになり、その結果、著作内容全体の枠組みは、当初の予定を越えた一層大きなものとならざるをえなくなりそうなのです。

そこで、全体をあまり大きなものにしないための工夫として考え出された次のプランが、今回の形ということになります。すなわち、全体を第Ⅰ部と第Ⅱ部に分け、第Ⅰ部を、「弁証法」理解のための基礎論的考察ということにし、そして読者諸氏には、この基礎論的理解を身に付けたところで第Ⅱ部に臨んでもらい、そこでは「人間の自己疎外」との哲学的取り組みを満喫してもらうことにする、というものです。この考え方でいきますと、本書の中心テーマは「疎外」問題との取り組みということになります。そして第Ⅰ部は、この中心テーマに取り組むための準備段階、ないしは予備的考察ということになります。

そこで強調しておきたいことは、「弁証法」の理解のためには、やはりどうしてもヘーゲルとの取り組みが機軸とならざるをえないということです。このように言うことは、ヘーゲルのすべての観点を全面的に受け入れるかどうかとは別のことです。

先ほど、その一端に触れましたが、「弁証法」の理解の仕方にかんしてもそれぞれの哲学者によってそれぞれ必ずしも一様ではありません。例えば、つい先頃まで（あるいは今も）「観念弁証法」対「唯物弁証法」という区分がありました。私はこの区分には今ではあまり賛成ではありません。それは、こうした区分の安易な適用が「弁証法」論理そのものの真髄の理解に不必要な雑音を入れすぎる怖れがある、と思うからなのですが、この見解についての証明は、本書の全体を通じてなされるはずです。

こうした区分の仕方の他にも、「弁証法」を自分の哲学的立場の側に引き寄せようとする試みはいくつもなされてきました。例えば、ヘーゲル的弁証法に鋭く対決した、デンマークの熱烈な新教的神学者キルケゴール（一八一三〜五五年）の「主体性の弁証法」だとか、西田幾多郎（一八七〇〜一九四五年）の「場の弁証法」だとか、『啓蒙の弁証法』を書いたT・アドルノ（一九〇四〜一九六九年）の「否定の弁証法」といったものがそれなりのオリジナリティーを持ったものとして見受けられます。また、もうひとつ追加的に見ておきますと、「ヘーゲルの弁証法は観念論的に〈逆立ち〉したものとなっている」とのK・マルクス（一八一八〜八三年）の指摘を自分流に（すなわち構造主義的に）受け止めて、その「弁証法のヘーゲル的転倒」の〈再転倒〉を「重層的決定」surdetermination という（つまりは、現実の歴史過程に対する多元主義的な）概念を用いて遂行してみせたと自称するフランスの哲学者L・アルチュセルの試みなども一応挙げられるかもしれません。

これらの独創的な試みは、それぞれに私たちの興味を惹くに足る独創的な問題提起を含んでいると言ってよいと思いますが、しかしながら自らの独創性に執心しすぎるあまり、私から見れば、それぞれにヘーゲルの「弁証法」把握の真髄そのものに踏み込み、かつそれをしっかりわがものとすることなしに、それに対する誤解や曲解あるいは単純な見切り発車等々を支えとして成り立っているにすぎないように思われます（但し、マルクスの場合は、弁証法的把握をわがものとして駆使するという点にかんする限り、そうした独創性を競い合うといった野心を特別に示すことはなく、自らヘーゲルの弟子であることを明確に任じています）。

以上のようなわけですので、特に「弁証法とは何か」についての基礎論的考察をしっかり果たすためにはヘーゲルとの取り組みをどうしても避けて通ることはできません。ところで、本書はそもそも、哲学や論理学の専門研究者ではない一般の読者を念頭において企てられて執筆は最大限の〈わかり易さ〉を目指して開始されました。ですが、ヘーゲルの用語の〈一般的な日常語との隔たりの大きさ〉ということもあって、彼の論述を一般の読者にわかり易く紹介するという作業は、想像していた以上に困難さを含んでおりました。つまり、わかり易そうに説明することが、かえってヘーゲルの〈弁証法的把握〉から離れてしまうことになりかねないとの思いに立ちすくんでしまう、といった経験を幾度も経る結果となり、その度に〈行きつ戻りつ〉を繰り返したりもしました。

第Ⅰ部はこうした中での執筆内容でしたが、そのため解説や説明は、〈過不足なく〉というわけには行かなかったかもしれません。つまり、あるところでは〈説明過多〉となったり、別のところでは〈説明の端折りすぎ〉があったり、となっているかもしれません。ただ、私としては最大限に〈こころを砕いた〉つもりですので、したがって皆さんがいきなりヘーゲルと取り組む場合よりは、かなり助けになってくれるはずですので、いわば〈困難な登山のさいの杖〉代わりには十分なってくれるはずだと信じてはいます。

第Ⅰ部についてもう一点だけ付言しておきたいのは、「弁証法」理解にかんして中心となるのは「矛盾」概念をどのように受け止めるかにあると一般には言われており、まさにそのとおりなのですが、私はそれ以上に、本書においては「内在的否定性」の概念を重要視したということです。というのも、「矛盾」概念を「形式論理的」（すなわち非弁証法的）な整理にとらわれずに、まさに弁証法的に把握するためにも、〈運動・変化〉の根源性の内実をなす「内在的否定性」の概念的把握がしっかりと前提されていなければならない、としみじみ感じ入る機会が最近になってますます多くなってきているからでもあります。

すでに述べたとおり、今回の著作の〈本論〉部分に当たる第Ⅱ部は、「疎外」問題を主題としております。第7章〜9章が第Ⅱ部に含まれますが、それぞれの章が当初の見通し以上にやや長いものになってしまいました。第7章は、青年期のマルクスの「疎外された労働」論を中心に据えて（ヘーゲルからフォイエルバッハを経てマルクスにおいて、「疎外」問題が、要するに、人類史的観点から「人間の自己疎外」問題として確定されるに至った経過に対する理論史的な再確認的考察をも含めて）「疎外」概念の〈弁証法的な性格〉（すなわち、弁証法的な観点に立ってはじめて理論化可能なその構造）の解明に当てられております。

ここで、特定の一個人が「社会の中にあって、疎外感を抱く」という言い方をされる場合の「疎外」概念（ここでは仮に「疎外B」と呼ぶことにします）と、マルクスが「人間の自己疎外」と言う場合の「疎外」概念（以下では「疎外A」と呼んでおくことにします）との区別を、先回りして述べておくことにします。

「疎外B」の場合は、「疎外する他者」が誰なのか何ものなのかを特定できないにせよ、そこにあるのは、一個人としての〈私〉が「疎外される」あるいは「疎外されている」という受身の感覚です。そこには「人間的な絆の喪失感」といったものがついてまわります。

これに対して「人間の自己疎外」として語られている「疎外A」は（これまた「疎外B」におけるような「疎外感」と全く無縁なわけではないにしても）個人の側からもっぱら外部世界としての社会を受身の姿勢で捉える視点にとらわれているわけではありません。それは、個人と社会の関係を総体として観望し、「疎外」をそこにおいて諸個人が身に蒙るところの「人間自身の所産」としてとらえる観点に立ったものと言うことができます。「疎外A」を透徹しているものは〈人間的本質〉と向かい立っている「哲学的な」、さらに言えば「社会科学的な」観点です。これを日常的に身近な（狭く限定された）「疎外B」に引き戻して受け止めてしまったところに、かつての「疎外」概念の誤解・曲解（そして「疎外論」批判）の歴史が生じました。詳しくは本書の第7章を見ていただきたいと思いますが、「疎外」概念に関わる右の区別は、ぜひともしっかりと受け止めていただきたい点です。

第8章はヘーゲルの『精神現象学』の「自己意識」の章の中で取り上げられている、一般に「主人と奴隷の弁証法」と通称されている〈支配と従属〉の社会関係の弁証法的分析の考察です。人間の社会関係の歴史の中で構築されてきた〈支配と従属〉の体系の生成史に対する思想家たちの関心は、近代ヨーロッパ史の一七世紀以降の啓蒙思想における「自由と平等」への意識の開花とともに顕著になってきたと言えますが、そのなかでも特に、モンテスキュー（フランス）の『法の精神』（一七四八年）からルソー（同）の『人間不平等起源論』（一七四九年）さらには『社会契約論』（一七六二年）へと続く一連の労作は、ヘーゲルの〈主と奴の弁証法〉の理論構成にとっての先駆的役割を担ったものと見られております。

しかも、先人たちを凌ぐ「主と奴の弁証法」論のすごさは、人間存在の本質へと根源的な仕方で差し向けられ深められている理論的分析力に、すなわち、人間における〈自由な主体としての自己形成〉の発展史をその内在的必然性に迫って明らかにしている点に、見られます。すこし言い方を変えてみますと、ヘーゲルはそこでの一連の分析において、人間社会に生じた〈支配と従属〉の体系はそれ自身の自己矛盾によって、自由な諸個人間の対等・平等な〈相互性〉の実現へと向かわざるをえない、という〈内的必然性〉を明らかにしようとしている、と言えます。

第9章は、「人間の自己疎外」の〈終局的な発展形態〉としての〈資本の論理〉が如何なるものであるかをマルクスの『資本論』から読み取る作業に当てられます。ここで私が立脚しているのは、人類史のなかで人間労働の成果をめぐって展開されてきた〈商品――貨幣――資本〉の全過程を〈人間の自己疎外の大規模化並びにそれがもたらす自己矛盾の深化〉への発展と捉える観点です。〈自己増殖する価値〉としての〈資本〉の出現とともに、〈人間の自己疎外〉はいよいよ本格的な〈巨大な体系化〉への段階へと突入するに至るわけですが、マルクスの『資本論』は、〈人間がモノを使用し支配しコントロールする〉のではなくて、〈モノが人間を支配し、しかもこの支配が暴走となる〉という倒錯した〈人間の自己疎外〉の体系の到来をこと細かく告げてはいます。がしかし、「人間を取り戻す」ために、巨大化したこの〈倒錯の体系〉を如何にして克服するか／克服できるかについてということになりますと、じつはその詳しい展望は未だ何も語っていないに近いのです。この問いに対する答えの探索は、〈「バブル」―「バブルの破裂」―そして地球規模の経済恐慌〉というサイクルをますます急テンポで反復し始めているこのグローバル化した資本主義的現実の激動に巻き込まれ、被災している二一世紀の私たちに負わされた課題なのだと言うべきなのでしょう。

振り返ってみましても、「自由・平等・友愛」の理念はバスチーユ監獄の頑丈な壁を破壊したからと言って直ちに実現されるわけではなく、一七八九年のフランスの歴史的偉業の成果が数年のうちには簡単に元の木阿弥にされてしまい、フランスの人民自身がその成果をそのままただちに、現実的に継承・発展させえなかったことは、周知の事実です（もちろん、そうしたジグザグな歴史の歩みのなかにあっても「自由と民主主義」への大筋での前進がなかったわけではありませんが）。こうしたことは一九一七年のロシア一〇月革命についても言えることです（あの革命が世界史のなかに刻印した「ソ連社会主義国家」はもはや存在しておりません）。しかし、だからといって、それら歴史的運動が内包していた未成熟さのゆえをもって、それらを断罪できる資格は誰にもありません。忘れてならないのは、それらの運動の中で掲げられた当初の「人間解放」の理念は、それぞれの運動の未成熟さゆえの挫折とともに死滅してしまったわけではないということです。もともと「人間解放」の理念は、現実世界の矛盾によって突きつけられた〈それらの克服および解決の諸課題〉をとおして立ち現れてきたところのものだと言ってもよいのですから、当の現実世界がますます矛盾を深め拡大させつつ生き続けている以上、〈課題〉としての理念の側もまた、その実現のためにより一層精緻化されてゆく必要が増すことはあっても、死滅しそして一切をご破算にして宇宙の彼方に飛んでいってしまうことなどは、到底許されてはいないのだと言われるべきなのです。

とは言え、そしてそれゆえに、私が今の時点で本書において果たすことができるのは、ソ連とコミンテルンによって二〇世紀のほぼ四分の三を生きぬいた自称「社会主義」圏の自己崩壊になんらかのノスタルジーの歌をうたうことでは全くなく、にもかかわらず、〈資本〉と〈資本の論理〉

に対してはそれの克服を目指して、曖昧さを残さずに、自らの再出発のスタートラインをしっかりと確認し直すことです。そして、新たな変革の道筋を展望するに当たって、弁証法というものが、いわゆるたんに「論理」ではなく、またたんに「方法」ではなく、いかに哲学的・思想的意味をも併せ持っているかを示すことです。それがどこまで果たしえているかは、読者諸氏の審判を待つほかありませんが、最後に付言しておきますと、本書の表題はまさにこの点に考慮が払われた結果だということです。

目次

第Ⅱ部 人間存在の弁証法

第Ⅰ部　弁証法の基本的理解のために

第1章　弁証法と〈内在的否定性〉

邦訳語としての「弁証法」

はじめにやはりこの「弁証法」という用語についての最小限の説明だけはしておく必要があろうかと思います。漢字によるこの用語は、漢字発祥の国、中国にも、漢字伝来の国、日本にも昔からあった用語ではありません。もちろん、「弁」という字、「証」という字、「法」という字はもとからそれぞれの意味をもって使われていました。しかしそれら三つが寄せ集められて「弁証法」という一つの意味を持った言葉として私たち日本人の間に新しく出現するようになったのは、ヨーロッパ世界で共通に用いられていた一つの学術用語（例えば、英語ならばdialectic、ドイツ語ならばDialektik、フランス語ならdialectique）の日本語訳としてでした。そしてこの用語の起源は古代ギリシャに発しています。

ここからしばらくは、「弁証法」という邦訳語の元のヨーロッパ語を英語のdialecticで代表させて話をすすめることにしますが、dialecticという語は古代ギリシャで発祥の当初は、討論術（あるいは対話法）といった程度の意味で使われていたようです。いま私たちが、古代ギリシャ人たちが討論術ということでどのようなものを念頭においていたのかを、なにか具体的な事例をとおして思い浮かべたいと思うならば、有難いことにこの国には立派な翻訳がありますから、例えば、プラトン（BC四二七〜三四七）の多数の対話編の著作のなかから任意に2〜3冊を取り出してきて紐解いてみるのが手っ取り早いでしょう。それらの対話編の登場人物中の主役に配されているのはいつもほとんど、プラトンの師匠であったソクラテス（BC四六九〜三九九）ですが、それら対話編のなかで、ソクラテスはおおむねはじめは、当時の有名なソフィストたちの誰かに対して聞き役にまわっており、まず相手の御高説を一通り聞き終えると、一応は相手の見解の基本前提を受け入れたうえで、やがて次々と質問をかさねてゆき、それら質問に対する相手のそのつどの応答の連鎖がいつしか最初の前提を自ら否定する結論に達してしまうという論理矛盾へと相手を誘導してゆきます。ソクラテスのその誘導の仕方は見事なもので、これをつうじて彼は、相手の前提や中間の諸結論のなかに含まれている、理解の一面化や、概念適用範囲の限度を超えた拡張または縮小や、勝手な論理飛躍や等々を、相手に対しても第三者の聴衆にも明らかにしてみせるわけです。

ところで、ここまでで終わるなら、ソクラテス流の対話や討論はただ相手の揚げ足をとっただけという、たんにネガティヴ（否定的／消極的）な言説にとどまり、自説のポジティヴ（肯定的／積極的）

な主張の披瀝となってはおりません。しかし対話編中のソクラテスはもちろん、自らの議論をネガティヴなレベルにとどめてはおりません。相手の提示する断言や論証手続きのなかに含まれているネガティヴな側面とか要因とかをいわば踏み台として利用し（そして包み込み）ながら、彼は自らが展望する、より普遍的な世界理性の立場（プラトンからすれば「イデア」論の世界につうずる地平）へと相手ともども上昇し、より高いより包括的な真理を積極的に描き出してみせるのです。

私はいま対話編の内容の具体的な実例を抜きにして話しています。そのため、読者の皆さんにとっては、いささかもどかしく感じるところがあるにちがいないのですが、差し当たりのところは、説明が長くなるのを避けたいので、この程度の説明で我慢しておいていただくしかありません。そして、プラトンの対話編における議論が私たちに示しているのは、事柄の認識の〈深化〉とか〈より高い包括性への発展〉とかに私たちがすすむにさいしては、私たちの認識や判断（およびこれらと不可分な言語規定）に付きまとっている〈限界〉とか〈一面性〉といった否定的 negative なものをまさに〈否定的〉なものとして開示する作業を、無駄な迂回路としてであるどころか、むしろ不可欠な要因として積極的 positive に私たちは必要としているのだということ、そしてプラトンの対話編は、私たちがこれから明らかにしてゆこうとしている「弁証法」の〈方法としての側面〉の生きた実例そのものでもあるということ、——とにかく、以上のことをまず押さえておいていただきたいということなのです。

なお、いま「方法としての側面」という言い方をした点をめぐっては、予め一言付け加えておきたいと思います。ここでの「方法」という言葉は、現実の事物や事柄に対する私たちの側からする認識や実践的対応に付随するものとして語られています。すなわち、言うまでもなく「方法」は私たちが関わりを持つ〈現実〉そのものの側に属するのではなくて、現実に関わりを持つ〈私たち〉の側に属していると言うべきでしょう。とは言え、だからといってその「方法」なるものは、それを駆使する私たちの側で勝手に一方的に作り出して対象に押し付けることができるわけのものではないでしょう。現実と関わりなく勝手に作り出されたものなら、現実に対する認識や実践的対応にさいして有効に働くことができるかどうかは、まったく保証の限りではないからです。いかなる方法にせよ、現実と関わって有効に働く方法ならば、それは現実との関わりのなかで、現実からの規定をも身に帯びたものとして確立されたものでなければならないでしょう。ということは、「方法」はなんらかの仕方で現実の対象の存在様式をも映し出したものともなっている、と言えますし、またそう言うべきだと思います。このことは方法としての「弁証法」の場合も同様です。回りくどい言い方になってしまいましたが、要するに私が言いたいのは、方法としての「弁証法」

はこれと対応した「弁証法」的現実があってこそ成り立っている、ということなのです。すなわち、以下の話の全体をつうじて、〈方法としての〉弁証法と〈現実そのものの論理としての〉弁証法との対応を念頭におきながら「弁証法」問題を皆さんも考えていってほしい、ということなのです。

さて、私はいまこの章の表題として、「内在的否定性」などという一見していかにも厳めしそうな言葉をいきなり持ち出してきました。先ほど私は、プラトンの『対話編』のなかに体現されている〈弁証法〉の実例にとって〈否定的 negative なもの〉の持つ媒介的な力が不可欠であるということについて簡単に言及しておきましたが、これはじつは、いまここに掲げた「内在的否定性」について話すための導入部としての役割を意識してなされたことでした。

「内在的否定性」――この言葉の意味するものをどれだけ読者にとって身近なものとすることができるか。本書の仕事の成否はすべてこの一点に集約されていると言って過言ではありません。

言語表現としての否定語「〜ない」について

「内在的否定性」という言葉に迫るために、まず「否定」という言葉の意味を質すことから始めることにしましょう。この言葉もまた、日本語や古来の中国語としてもともと使われていたというよりは、negation の訳語として新たに造語されて登場してきたものだと言えるでしょう。negation

はnegateの名詞化した形で、この動詞形のnegateに対応するもともとの日本語的用法に添った訳は「いなむ／否む」ということになるでしょう。そしてこの「否む」の名詞形を表現するさいに、他動詞の名詞化にさいしてしばしば用いられている（例えば、措定とか設定とか確定とか等々に見られる）「〜定」という形の慣用的用法がここでも採用されて「否定」という訳語が導入されたものと思われます。

ところで、「否定する」という言葉は、普通には、向けられた問いに対する私たちの応答の表現であったり、事柄にかんする私たちの判断や認識内容の表現であったりするわけで、その場合、「否定する」という行為は私たちの言語行為ですし、この言語行為の主体は、私たちにとっての対象である物や事柄ではなく、当然にどこまでも私たち人間自身です。そして、「否定」は「肯定」の反対であり、つまりこれら両者は互いに相手とは反対側の位置に立っていることになります。念のため、例を用いて説明しておきましょう。

以下、ランダムに問いと肯定文と否定文の関係を五つ例示してみました。

これらの例文に見られるように、否定の表現は、「〜が無い」とか「〜ではない」とか「〜（することが）できない」とか「〜していない（あるいは、〜しない）」という形をとります。ところで、

問い	肯定	否定
①そこに林檎が在るか	はい、そこに林檎が在る	いいえ、そこに林檎が無い
②林檎は果物ですか	はい、林檎は果物である	いいえ、林檎は果物でない
③雀は空を飛べるか	はい、雀は空を飛べる	いいえ、雀は空を飛べない
④風が吹いているか	はい、風が吹いている	いいえ、風は吹いていない
⑤君はそれを希望するか	私はそれを希望する	私はそれを希望しない

①と④と⑤における否定表現は、現におかれた状況如何によって事実と合致していることもあればそうでない場合もありますが、②と③における否定文にかんして言えば、（細かい穿鑿に立ち入らずに言わせてもらいますと）それらは明らかに事実には反しています。しかし、事実と合致していようがいまいが、それぞれどの否定文も文章の形だけを問題にする限りで言えば、成立不可能な文章または欠陥のある文章とは言えないわけですし、また、「否定」の責任は発言者あるいは表現者である人間の側にあるのであって、「林檎」や「雀」や「風」の側にあるわけではありません。

さて、ここまでのところを再度まとめて言いますと、私たち（特に、日本語を使う私たち）の普通の言語感覚では、「否定する」ということは人間の言語行為に属することであって、物や事柄に属することではないということになり、「これで一件落着」と言ってよさそうにもみえます。

では、「否定」にかんする問題はこれでもはや無くなったのだ、すなわち、「〜ない」（英語ならば not）で表される「否定」作用はあくまで人間の言語表現の領分に属するのであって事物そのものには関係ないのだ、と言いきって、それで私たちは本当に落ち着いておれるのかと問い返されてみますと、ほんのちょっと考え直してみただけで、必ずしもそうではないことはすぐにわかります。それはこうです。

否定語「〜ない」と〈実在領域における否定〉としての〈区別および変化〉

すべての事物は時空的存在（差し当たり古典力学的な表現で言えば、それぞれ空間の三次元と時間という四次元とに即して規定された存在）です。ですから、例えばいま、「在る」とこれの否定である「無い」とについて見てみますと、例えば或る一個の林檎について私たちが「林檎が在る」と言う場合、必ずそれは〈どこかに〉、すなわち例えば〈食卓の上に〉または〈冷蔵庫の中に〉または〈床の上の買い物籠の中に〉在る、というわけなのです。もしも現に食卓の上に在るならば、事実を尊重する限り私たちは勝手に「食卓の上に無い」と言うことは許されないでしょう。すなわち、言葉自身は確かに、事実そのものとは区別された独自領域に属したものであるとはいえ、しかしそれらはもともと人間同士が事実を伝え合う道具として生み出されたものであるはずですから、事実と合致しない言語的表現は〈うそ〉とか〈偽り〉とか〈間違い〉として処遇されざるをえません。ただし「林檎は無い」という証言も、「冷蔵庫には」という場所指定の表現が付加されるならば、その証言はこの場合うそでも偽りでもないことになります。すなわち、林檎の有無は「食卓の上」

と「冷蔵庫の中」との〈区別〉によって左右されているわけです。林檎が在るのは、どこまでも、「食卓の上」であって「冷蔵庫の中」ではないのですが、この〈〜ではない〉という否定語はここでは「食卓の上」と「冷蔵庫の中」との場所的〈区別〉を表すところのものにほかなりません。

さて、いま私たちは〈なにか或るもの〉の有無について、それが在る〈場所〉に関わる〈区別〉を問題にしてきたわけですが、逆に、ある一定の場所が明示されていて、〈区別〉が問題になるのはそこに在る〈なにものか〉にかんしてである、という場合も当然に考慮されるべきでしょう。つまり、「食卓の上に在るのは林檎では〈なく〉て、蜜柑である」というように、です。

ここまでは私たちは、事物の〈有無〉に関わる場所的（空間的）区別に、またそれとは逆に、同一の場所との関係における事物の区別（例えば、林檎か蜜柑か、といった区別）に、注目してきたわけですが、さらには事物の有無は、時間上の〈区別〉（例えば、昨日と今日、一時間前と今、朝と夕方、等々……の区別）によっても規定されており、この時間上の区別は時制（過去・現在・未来の言語的表現の区別）によって示されます。すなわち、「在る」にかんして言えば、〈在った（過去）―在る（現在）―在るだろう（未来）〉となります。いま食卓の上に〈在る〉林檎は、昨日も〈在った〉とは限りません。「昨日は無かった、しかし今は在る」のかもしれません。

ところで、時間上の区別は、「時間の推移とか経過」として表現されていますが、事物の有無や、もっと細部的に見て事物の諸性質や様態の変化（例えば、〈みずみずしかった花がしぼむ〉とか、〈若芽がふくらむ度合い〉とか、〈水温の変化〉とか、等々……）なども、時間の経過によって規定されています（というよりじつは、それら変化の現れ方が〈時間の推移〉というべきなのでしょう）。一般に「変化」と言われるものは、一事物まるごとであれ、その事物の諸性質のなかのどれかであれ、〈在ったものが無くなり、あるいは、無かったものが在るようになる〉こと、つまり時間の経過のなかに（あるいは、その経過にしたがって）現れる、事物やその諸性状の〈有無や位置や形状等々〉に関わる〈区別〉である、と言うことができるでしょう。

以上の考察から私が言いたいのは、「〜ない」という形で示される否定語は、事物の時空的な実在形式のうちに私たちが見出すところの区別や変化に基礎をおいて用いられていると言うことができる、ということです（現実存在としての私たち人間自身の〈意志や好みや行為〉に関わる否定語も、当然ながら、それらのうちに含めて考えてよいでしょう）。つまり、実在的領域における〈区別〉や〈変化〉は、私たちの用いる〈否定語〉に対応する〈実在する否定〉として一般化可能である、と言いたいわけなのです。

以上において私はかなり回りくどい説明にこだわり続けてきたのかもしれませんが、そのわけは、ヘーゲルが客観世界の弁証法論理を私たちに明らかにしてみせようとするさいに多用している「否定」の概念を私たちが適切に理解してゆくうえでは、私たちがたどってきた、以上のような初歩的な確認がやはり必要だと思ったからです。

区別および変化の諸相

〈区別および変化〉と〈否定〉との関係を一応確認し終えたところで、ここでしばし足をとどめて、〈区別〉と〈変化〉のそれぞれの諸相について暫定的な一覧を一応済ませておこうと思います。またもや再び私たちにとってわかりきった事柄についての作業を続けることになりますが、どうか我慢してもう少し付き合ってください。

「区別」という言葉は、もともとは、〈別々に分ける〉という他動詞を名詞化したものであるようですが、私たち（日本人）にとっては普通、この言葉は事物が「別々に在る」状態をも指し示しております。

以下ではしばしば、別々の事物や性質や事柄等々のそれぞれをアルファベットの大文字A、B、C等々で表記することにします。ところで、〈AとBとの区別〉は、〈AとBとのちがい〉とか〈AとBとの相異〉とほぼ同義だと言ってよいわけですが、「AはBではない」という表現はこの〈区別あるいは違い〉に基づいて用いられていることは、先にもすでに確認したとおりです。ただ、この「区別あるいは違い」と言われるものも、仔細に見返してみますと、じつは一様ではなく、様々な顔を持っていることがただちに気づかれます。つまり、カテゴリー的には「区別」はそれ自身〈同一あるいは同一性〉との対極に位置して（すなわち、〈同一性〉との区別において）成り立っているわけで、仔細に見れば、この〈区別＝ちがい〉一般のなかにはこれの様々な種差が含まれていると見られなければならないでしょう。ランダムに思いつくままにほんの数例を挙げてみましょう。差異、差別、不同、不等、疎隔、断絶、分離、分裂、分散、多様、対立、敵対、等々……といった言葉がただちに次々に思い浮かんできます。これらの言葉は確かにいずれも共に〈区別〉としての意味を担っていますが、それらは、言葉がちがうように、それぞれが担っている〈区別〉の在り方もまたそれぞれお互いにちがっています。

弁証法論理の総括的体系化をもっとも精緻な仕方で仕上げたドイツの大哲学者ヘーゲル（一七七〇～一八三一年）は、彼の大著『論理の学』Wissenschaf der Logik（通称『大論理学』）の中で、広義の「区別」の概念を〈1「絶対的区別」と2「差異（不同）」と3「対立」〉という発展的な三段階に区分して捉え返していますが、私たちがいま先に列挙した〈区別〉の諸相も彼によればこの三段階のどこかに位置づけられるはずのものなのです。ヘーゲルの〈論理学〉理解については、これからも随所に語られることになりますが、ここでも〈区別〉にかんするこの三段階把握についていま最低限必要とされる説明は済ませておこうと思います。

いま私は「発展的な三段階」という表現を用いました。ところで、この「発展」という言葉の意味ですが、この言葉は例えば「AがBになる」といった「変化」の意味を含んでいます。しかしこの「Aが（Aとは別の）Bになる」という命題だけでは、まだそこには発展の意味が明示されてはいません。このたんなる「変化」の命題がそこに「発展」をも含むことができるためには、少なくともそこに次の三つの要件が補足されていなければならないでしょう。すなわち第一に、Bはたんに Aとは別のものである（違う）というだけでなく、Bの出現は必ずAの存在を前提し、BはAの要素を自らのうちになんらかの仕方で取り込んでいて、しかもAには見られなかった、より新しい（より高いもしくはより深い、さらに言えばより複雑な）内容規定を現し示しているということ、したがって第二に、「発展」が言われる限りは、先行のAとこれの後続であるBとはまったく無関係な（つまり断絶した）たんなる他者同士ということではありえず、これら相異なる両者の間には、両者を根底で支えている同一性の基盤が貫通していなければならないだろうということですが、第三に、この「同一性の基盤」の存在が見えてきたところで、この「同一性の基盤」を仮にXと名づけてこのXの側からAとBとを見返してみますと、じつはAもBも（さらには後続のCやその他も）それぞれ、より高次なものへ向かって進行しているX自身の現実的な発現の姿であるということが見えてくるはずです。

さて、ここまでが「発展」の意味についての一般的説明である、と言ってよいとすれば、少なくともヘーゲルでは、「発展」の把握にかんしてもう一つの観点が不可欠な要素として導入されております。それは発展の「三段階構造」とも言うべきもので、これについて言及するのは、じつはまだ早すぎるのかもしれないのですが（ですから、これについては、のちに必ずもっと詳しい考察がなされることを予測して「予備的説明」という言葉を付しておきたいと思いますが）、ヘーゲルではこの「三段階」というのは「発展」にとって特有の意味を持っています。つまり、この「三段階」は発展の複数の諸段階のなかからたんに任意に切り取られた三つの段階というものではありません。もしそうなら、切って取り出されたものが例えば四段階や五段階ではなく三段階でなければならない必然性はないことになります。では、彼にとってその必然性とはなんでしょうか。それは、彼にとって事柄とか物事の発展とはそれら自身の内なる本質が全面的に顕在化＝現実化する過程だということと関係があります。

すなわち、事柄の発展過程には、まずその事柄の出発点としての発生の段階（初期的段階）があります。この新たに出現した事柄の〈何であるか〉を決定づけている〈本質〉は、その出現の段階（第一段階）において、内なる素質あるいは傾向（＝潜在的可能性）としてはすでに成立しています。

そしてこの〈内なる素質〉が、隠れた〈内なるもの〉にとどまり続けるのではなく、それ自身を言わば完成形態として現実性の次元に現し尽くした段階が第三段階ということでありますが、〈内なる素質〉のその発現が開始され展開されてゆく過程が第一段階と第三段階とをつなぐ中間段階をなす第二段階として位置づけられているわけです。

このような三つの段階の移行過程こそが、ヘーゲルにとって、たんなる「変化」ではなく、「変化」を内包した「発展」なのですが、ヘーゲルにあってはこの「三段階」は、図式化した仕方では、しばしば〈肯定——否定——否定の否定〉として、または〈正——反——合〉として、あるいはもっと耳なれない表現では〈即自——対自——即自・対自〉として示されることがあります。ところで、これらの図式化は一方では手っ取り早くわかったような気分にさせるという点で便利な点はありながらも、他方では、〈変化—発展〉の言わば〈命〉あるいは心髄とも言うべき〈内在的否定性〉は、かえってこれら図式化の背後に隠されてしまいかねない、という難点があります。

ところで、これら三種類の図式化についての説明は後で（第6章、第7章で）試みることにして、右の指摘を心にとどめながらも、今ここではいよいよ〈内在的否定性〉そのものに本格的に向かい立つことにしましょう。

内在的否定性

私たちは先に、「～でない」という否定辞（英語では〝not〟、ドイツ語では〝nicht〟）は、私たちが関わりを持つ現実領域との対応では、〈区別〉や〈変化〉との関わりにおいて生まれてきた表現手段であることについて、したがってさらに、この否定辞の名詞化である「否定」（英語ではnegation、ドイツ語ではNegation）は現実領域における〈区別〉や〈変化〉そのものに対する包括概念としてしばしば使われてきたということについても、注目しておきました。ところで、「内在的否定性」とは、事物や事柄における区別や変化が、**基本的には**それらにおける〈自己否定〉の運動によって成立しているということを意味しています。すなわち、「内在的否定性」とは事物や事柄における区別や変化の〈自己原因性〉のことである、と言い換え可能だということになるでしょう。

もっとも、区別も運動・変化も自己原因のみによって成り立っているのでないことは言うまでもありません。例えば空間内における事物の位置変化という事象をとってみても、それらの多くは、他者（外部から）のなんらかの作用によっても規定されているでしょう。ところが、ガリレオ・ガリレイ（一五六四～一六四二）やアイザック・ニュートン（一六四二～一七二七）によって確立された古典力学にあっては、「外部からの作用によっても規定されている」どころかむしろ、個々の運動体はすべて座標系内に位置づけられる一定の質量をもった質点にまで抽象化されたうえで、一切の力学的運動・変化は究極のところその質点に対する外部からの作用（外的原因）によって**のみ**規定されるものと一元化して捉えられ、そこには「自己原因」とか「内的原因」とかの入り込む余地は与えられてはおりません。つまり、運動体に変化をもたらす否定的要因はつねにその運動体自身にとっては（他の運動体に由来する）**外的な作用**と見なされ、事物世界の全体はこのような外的作用による〈原因—結果〉の無限な連鎖によって成り立っているものと解されることとなりました。しかも、たんに「そう解釈されたにすぎない」というだけでなく、皆さんの多くが中学校や高等学校の「物理」の教科で学んだように、力学的運動の因果関係にかんするそのような解釈は、実験と計算によってほぼ一般的に根拠づけられたとされてもきました。これによって物理学者たちは、古典力学的世界像がたんなる虚構ではなくまさに科学であることを自信にみちて誇ることができました。例えば大砲の着弾距離の計算も日食や月食の予測も宇宙探査ロケットを飛ばすことも、基本的には、古典力学が提示した「物体運動の三法則」および「万有引力の法則」の適用の射程内でこそ可能となってきたと言ってよいでしょう。

とにかくこのようにして、あまたの（**すべてのではない**ことに注意）世界事象の解明や利用にかんする実際的有効性のゆえに、古典力学理論およびこれに基づく物質観や世界像の占める王座は

〈少なくとも二世紀ほどの間は〉揺るぎないもののごとく見えていました。ところで、この物質観には次のような前提が含まれていたこともついでながら補足しておきましょう。――すなわちそれら前提とは、①諸事物の生成・消滅も変化も、物質の究極因子たる原子たちによる構成が変更されるというだけのことであって、原子そのものは生成・消滅も変化もしないということ、②したがって、物質世界にあっては、究極のところ、「無から有は生じない」ということ、以上です。

ごく要約的に描き出してみただけですが、以上に見てきたような古典力学的な物質観のなかでは、物質の運動・変化の把握に関わって「内在的否定性」や「自己原因性」といった観点が入りうる余地はどこにもなかった、と言うことができます。じつは本当は、古典力学が二物体間に働く重力〈万有引力〉にかんして示した数式化の内容〈「力の大きさは二物体それぞれの質量の積に比例し、両者間の距離の二乗に反比例する」〉を振り返ってみて、そこでの力の**統一性**はそこに内包されている複数の異なった要因〈それぞれの質量や距離の大きさ〉によってのみ支えられて成り立っているということの意味の概念的把握を私たちが改めて試みようとすれば、私たちはそこに「内在的否定性」という概念の必要性を見出さざるをえないはずなのですが、このことについても後で取り上げることにして、今のところは以下の点を指摘するのにとどめておこうと思います。すなわち、古典力学は物質の運動・変化を〈物体に対する**外在的な力**の作用連関〉という観点でもって処理することだけで満足しており、おそらくそのわけは、「内在的否定性」という概念は私たちを〈論理的矛盾〉という難問へと引き込まざるをえなくなるということを見越してそれとの関わりを避けていたからではないのか、ということです。

いま「論理的矛盾」という言葉がはじめて登場してきました。これもまた、まさに「内在的否定性」と表裏一体をなしながら、〈弁証法〉理解にとって不可欠なキー・ワードともなっているものと言われるべきなのですが、これについての本格的な検討は章を改めてなされる予定となっておりますので、ここでは「内在的否定性」を中心軸に据えた考察をそのまま続けようと思います。

再度言いますが、古典力学も多数の原子の構成体である物体のレベルでは当然ながらそれら自身の内的区別やそれらの運動や相互作用や変化に関わる内在的要因を、したがってその限りでの〈内在的否定性〉を、まったく認めないわけではないでしょう。しかし原子のレベルにまでつきつめられたところでは、物質の運動・変化にかんして〈内在的否定性〉の関与する余地は締め出されてしまいます。原子は古典力学にとっては永遠不滅ですし、原子の空間内での振る舞いの基本は〈静止〉か〈（慣性的）等速運動〉かのいずれかであって、それぞれの原子にかんしてこれまでの状態〈静止か等速運動か〉に変化が生ずるさいには、必ずそれは外力の作用によるのであって当の原子自身によってではない、とされるわけなのです。これが大筋において見た古典力学的自然観だと言えるでしょう。

ここで少しばかり西洋哲学史的な注釈を挿入しておきますと、このような原子論的自然観は、古代ギリシャ時代にレウキッポス（生没不詳、ＢＣ四四〇〜四三〇頃活動）とかデモクリトス（ＢＣ四六〇〜三七〇）といった自然学者たちによってごく素朴な形ではすでにある程度描き出されておりました。そして彼らに先立っては「万物は流転する」という命題の提唱者として有名なヘラクレイトス（ＢＣ五三五〜四七五年）がおりましたが、彼のその命題こそは、弁証法的自然観の元祖としての地位を占めるものと評されてきました。ヘラクレイトスの存命の時期には未だ原子論は登場しておりませんでしたが、とにかく彼にとっては自然のうちに存在するあらゆるものは例外なく絶えざる運動・変化、生成・消滅の流れの**うちに**あり（というよりむしろ流れ**として**あり）、静止や不変は相対的・一時的であって、この流れ（流転）こそが絶対的・普遍的であり根本的でありました。古代インドで釈迦によって創立された仏教が説く「無常」の概念にも、このヘラクレイトスの「万物流転」と相通ずるところがあると言えるでしょう。とにかく、いずれの見解の場合でも、諸事物の生成・消滅をもたらす運動・変化が絶対的で普遍的であるということは、事物の存在の自己同一性に対する〈否定〉としての働き（区別や変化）が、マクロであれミクロであれ、自然の事物のあらゆるレベルあらゆる次元にわたって貫徹しているということを意味していたことになるでしょう。そしてこのことは、あらゆる事物の〈存在〉それ自身が（ヘーゲルは「在る／有る」という動詞の不定形であるseinを名詞化してSeinと書き、これに邦訳で言えば「在ること」＝存在＝有、という意味を担わせていますが、これに注目しておいてください）絶えず**〈否定〉に付きまとわれ浸透されている**（言い換えれば、**それ自身のうちに〈否定〉を内在させている**）、という帰結を含んでいることになります。

こうして私たちは、「弁証法」の核心をなす「内在的否定性」なるものといずれはまともに対面せざるをえないことになっているわけなのですが、ただ一言しておく必要があるのは、万物のなかにそれら自身の「内在的否定性」を認めることは、この世界のなかに存在する**あらゆる**事物も事柄もまた、そのつどただちに（あるいは同時的に）それ自身でなくなったり消滅したりするはずだ、と主張することを意味してはいないということです。もしそのように万物に無差別に拡張された主張をするならば、それは事実に照らして子供にも笑われてしまいます。ですから、いま述べた但し書きは言わずもがなのことかもしれません。しかし、万物にとっての〈内在的否定性の根源性および普遍性〉と、それら事物の〈相対的静止や相対的自己同一性や相対的安定性〉との間の関係については、まもなく一応の言及がなされる機会がやってくるはずですので、右の但し書きは、これの予告の意味を含んだ発言であるのだ、と受け取っておいていただければありがたいわけなのです。

そこでまず、その〈内在的否定性の根源性と普遍性〉についての考察に入る手はじめとして、次にはしばらくの間、ヘーゲルの「論理の学」Wissenschaft der Logik　の出発点の部分の論理展開を皆さんと一緒に見ておこうと思います。

第2章「ヘーゲル論理学」における〈内在的否定性〉の論理

形式論理学との比較

言葉遣いにかかわりすぎるきらいがなきにしもあらずが、やはり少しだけ、いま先に呈示した“Wissenschaft der Logik”の訳語に関わる説明をまずさせてもらいたいと思います。

はじめに、Logikという言葉についてですが、これに対しては「論理学」という訳語も「論理」という訳語も可能です。Wissenschaftは、英語やフランス語でのscienceに当たる言葉ですが、私たちは今ではscience（サイエンス〔英〕またはシアンス〔仏〕）という言葉を「科学」と訳すのが普通になっているのではないかと思います。ところが、「科学」と言いますと、少なくとも今の私たち日本人の通念ではそれは実証的特殊諸科学の総称を意味していて、「哲学」とは（関連はあるにしても）一応**区別されて**いると言ってよいでしょう。ところがヘーゲルが用いているWissenschaftにはそうした区別（哲学に対する）としての意味は含まれておりません。Wissenschsftはむしろ、実証的諸科学というよりは〈絶対者の真理〉の体系に関わる哲学的〈学問〉という意味をより濃厚に含んだものとなっておりました。先ほど「論理の学」という間延びのした訳をわざわざ選んで、「論理学」とは訳さないでおいた裏には、そうしたわけがあったのです（しかし今後は概ね、流布されている訳語に合わせて「論理学」という呼称で済まさせてもらうつもりではありますが）。このわけはそれだけには尽きません。特別の断りなしにただ「論理学」という言葉が使われる場合、いまのところはまだ、普通に人びとの間で念頭におかれるのは「形式論理学」である場合の方がまだより一般的になっていると言ってよいかと思います。ところが、ヘーゲルの「論理の学」はそれと同列にはできないのです。

形式論理学者の多くは、「論理」とは、どこまでも実在世界とは区別された**思考**の独自領域の中で生まれた（もしくは作り出された）〈思考規則・思考形式〉であって、したがって〈実在的なものの形式〉とは独立した別次元のものと諒解している、と見られます。このような受け止め方を例証の応援を借りて説明させてもらえば、カメラと被写体との関係が或る程度まで便利かもしれません。

カメラはシャッターを押しますと被写体をそれに即して写し取ることができます。これが可能になるのは、カメラの持っている光学的構造のおかげです。そしてこのカメラ自身の光学的構造・メカニズムは被写体のうちに見出される諸関係や構造によって直接に規定されているわけではありません。被写体はそのつど変わっても、カメラは変えずにそのまま同じカメラで異なった被写体を写し取ることができるからです。つまり、この点だけを強調しますと、両者〈被写体の構造ないし形式とカメラの構造〉は直接の〈規定─被規定〉の関係をなんら持たない別次元のものと言ってもよいことになります。

そこで、諸々の被写体に対するカメラの光学的メカニズムの関係を、事物や事柄の様々な在り方と、認識者の依拠する〈思考形式〉との関係の方へと平行移動させてみますと、〈思考形式〉はカメラの光学的メカニズムと同じように、〈認識・判断〉対象の如何によって左右されることのない固定した自己同一性を保っていると見なされることになります。すなわち、〈思考形式〉それ自身は〈思考対象〉の在り方とは完全に独立したものとしての任務を果たしているということになります。但し、正しい対象認識は、この〈思考形式〉のもつ独自の規則にのっとって判断がなされることによってのみ得られる（ちょうど、カメラのメカニズムに応じた適切な操作を介して正しい写像が得られるように）というわけなのです。そしてこの場合に重要な点は、判断や推論を真なるものとして成り立たせる思考規則の究極にして絶対の根本原則は、同一律（同一性の原則）及びこれの裏面的表現としての矛盾律（無矛盾性の、あるいは矛盾排除の、原則）である、とされている、という点です。

しかし同一律や矛盾律がどのようなものであるかについては今ここではごく簡単な説明で済ま

させてもらいますが、命題の形で言いますと、同一律は「AはAである」とか「Aはそれ自身と同一である」と表され、矛盾律は「Aは非Aではない、あるいは非Aではありえない」と表され、そしてこの矛盾律の方は、同一律に対する侵害に対して、それの禁止によって同一律をより積極的に防衛する意図が表白されたものと取られることもできます。

ところで、このAは、なんらかの事物や事柄を表す単一の言葉ととることはもちろん可能ですが、また、「aはbである」といった命題をまるごと表すものと受け取ることも許されます。プラトンの弟子で、古代ギリシャ哲学の集大成者とも言われ、論理学の体系的叙述をも成し遂げたアリストテレス（BC三八四〜三二二）は、矛盾律を「〈aはbである〉と言い、同時に同じ関係において、〈aはbでない〉と言うこと〔すなわち矛盾的陳述〕は、真理に反する」というように命題化しております。ここでの「同時に、同じ関係において」という限定は、この原則の存立にとって欠かせないものとなっていることに注目しておいてください。

とにかく以上のように、「矛盾律」と呼ばれているものは、その内容に即して正確に言えば、矛盾を称揚する原則であるどころか、〈無矛盾性の原則〉とか〈矛盾排除の原則〉と表現されるべきもので、そこで基本と考えられているのは、概念にかんしてにせよ命題にかんしてにせよ、それらの**自己同一性の確保**の観点であって、それらの自己同一性に対する肯定と否定の同時的容認を許さないということなのです。

ただしここで注意しておかなければならないのは、アリストテレスにあってはまだ、事物や事柄とこれらに対する言語的表現との間には区別はあっても、これが完全な切断によって分離されてしまうというまでには至っておりませんでしたが、やがて事物・事柄に対する思考形式・思考規則の**独立性**がさらに強調されていくにしたがって、〈論理学〉はまさにアリストテレスからも離れて〈形式論理学〉と呼ばれるようになったということです。そうなりますと、先に矛盾律の説明のなかで登場した概念Aや命題「aはbである」は実在する事物や事柄にかんするものでなくとも何でもよいことになってゆきます。例えば、論理学的には、「天馬は実在するかどうか」が真か偽かにとっての問題なのではなくて、「〈天馬がそこにいる〉と言いながら、同時に〈天馬がそこにいない〉」と言うことが問題なのであって、これが矛盾律に照らして偽だと言われることになるだけだ、ということになってしまいます。

ところが、同じく「論理学」と呼ばれながらもヘーゲルの「論理の学」(以下では、煩雑さをさけて「ヘーゲル論理学」と呼ぶことにしますが)は形式論理学とどのように違うのでしょうか。これを見るための前提として、以上において私たちはまず、形式論理学についての説明を見てみました。最短に済ませるつもりでしたのに、残念ながらやや長くなりすぎてしまいましたが、これとの区別においていよいよ以下では、「ヘーゲル論理学」と直接向かい合うことにしようと思います。

ヘーゲルの論理的カテゴリーの意味

そもそも私が読者の皆さんをヘーゲル論理学との関わりへと導こうと思い立ったのは、ヘーゲルが彼の論理学の出発点のところで開示してみせている〈有 Sein—無 Nichts—成 Werden〉の弁証法的論理展開のなかに、私たちの当面の考察の中心に位置づけてきた〈内在的否定性〉への本格的な論理的アクセスのもっとも基礎的で代表的な見本を見出すことが出来る、と考えたからでした。この点をここで改めて思い起こしながら先への歩みをすすめていただきたいと思います。

ところで、ヘーゲルでは「有」とか「無」とか「成」とかが論理学の体系全体の出発点として位置づけられておりますが、これを一瞥しただけで、彼の論理学が明らかに、〈概念——判断——推論〉という順序に従った〈思考規則〉の叙述となっている従来の形式論理学とは内容的にまるで違ったものとなっていることがただちに気づかれるはずです。それではこの違いをもっとはっきり実感してもらうために、〈有—無—成〉の論理展開の中に入り込むに先立ってやはり、ヘーゲル論理学の体系構成がどのようになっているのかを一応外側から見渡しておくことにしましょう。

ヘーゲル論理学の構成は大区分では第一部は「有」、第二部は「本質」、第三部は「概念」、となっています。これらのうち、第一部と第二部はまとめて「客体的（もしくは客観的）論理学」と呼ばれ、第三部が「主体的（もしくは主観的）論理学」と呼ばれたりもしていますが、ここでは第一部と第二部についてだけもう二段階下がった下位の区分内容のところまでを含めて一望してみますと、以下のようになっています。

第一部　有（Sein）　第一章　質——Ⅰ純粋有　Ⅱ定有　Ⅲ対自有
第二章　量——Ⅰ純量　Ⅱ定量　Ⅲ量的比例
第三章　限度　（省略）

第二部　本質（Wesen）　第一章　現存在（Existenz）の内的根拠としての本質
——Ⅰ仮象　Ⅱ反省諸規定　Ⅲ根拠
第二章　現象
——Ⅰ現存在　Ⅱ現象　Ⅲ本質的相関
第三章　現実性（Wirklichkeit）
——Ⅰ実体性の相関　Ⅱ因果関係　Ⅲ交互作用

さて、ここに列挙された諸概念の素性はどのようなものなのでしょうか。今のところは、深く検討に入り込むことは避けて、ただざっと眺め渡す程度にしておいていただくだけで結構なのですが、しかし私としては差し当たって最低限、以下のことだけは読者諸氏に承知しておいて頂きたいと思います。

まず第一に、これらは、自然の事物〈例えば、無機物や動植物のあれこれ〉や自然の諸事象〈例えば、天候や季節の変化、地震や風水害、天体の運行、等々〉や人間社会の日常の営みや歴史的出来事など——以上総じて私たちの認識・判断の対象となる**実在的領域の事物や事象**——の区分・分類に関わる**類**概念と比べてみますと、それらとは別の領域の概念であることがすぐに諒解していただけると思います。これら**類**概念とヘーゲルの論理学的諸概念との領域的な区分けは、〈認識の対象〉と〈対象の認識〉との対極的関係に照応するものだと言えます。

すなわち、形式論理学が取り扱う思考規則／形式が思考の認識活動から切り離され・純化＝抽象化されたいわば独立王国にまでさせられているのに対して、ヘーゲル論理学の中で系列化されて登場する諸概念（以下では、「論理的カテゴリー」と呼ぶことにします）は、**対象認識との関わり**を（その形式の面での**深化・発展**という点においてではありますが）とにかくしっかりと維持し続けている、と言うことができます。

では、対象認識の形式の〈深化・発展〉とはなんでしょうか。それは、〈直接的で単純なもの〉から〈次から次へという媒介を経た、より包括的なもの・より複雑なもの〉への、あるいは言い方をかえれば、〈低次なもの〉から〈高次なもの〉へ、〈表面的なもの〉から〈より内奥のもの〉へ等々の、〈認識の進展／深化〉の表現だと言うことができるでしょう。要するに、ヘーゲルの提示している論理的諸カテゴリーは、私たちの〈認識――判断〉のそのような〈深化・発展〉を可能にする形で歴史的に生み出されてきた〈思考活動のための枠組み〉だと諒解してもらえばよいのです。この〈枠組み〉は、人間たちが、人類史の発展の長いプロセスのなかで、対象世界とのさ様々な実践的関わりにも支えられながら生み出してきたものですので――つまり、人間の思考が対象世界との関わりを無視して勝手に作り出してきたものではありませんので――いわば、対象世界が、思考する人間の認識を受け入れるさいのそれ自身の構造の痕跡を刻印したものとなっていると言えます。このようなものであるからこそ、私たちはそれら論理的カテゴリーの助けを借りて事物や事柄の中に分け入り、それらを〈より深く〉〈より包括的に〉〈より秩序立てて〉認識しかつ叙述することができる、というわけなのです。論理的諸カテゴリーが背負っているこのような機能の面に光を当ててそれらについての定義を求めようとするなら、次のような言い方ができるでしょう。すなわち、認識の対象領域を「客観」と呼び、対象に対する認識の側を「主観」と呼んでみた場合、論理的カテゴリーとは、客観的なものと主観的なものとの両面を、ちょうど一枚の紙の裏表のように、不可分な一体のものとして体現したものとなっている、ということであります。さて、このことを確認したところで、いよいよ、ヘーゲルが私たちに示した〈有――無――成〉の論理展開を見てゆくことにしようと思います。

「有」―「無」―「成」の論理展開

ここに掲げられた論理的カテゴリーは、論理的諸カテゴリーの以下に続く〈深化・発展〉全体にとっての端緒（出発点）となっているものです。この〈端緒〉の意味するところについてヘーゲルは『大論理学』（これは邦訳名ですが、これとは別に、彼の哲学体系全体を概観した『エンツィクロペディー』の中に位置づけられている、一般に『小論理学』と称されている要約的叙述が存在しています）では、かなり執拗な議論を展開してみせているのですが、ここではそれに立ち入ることは差し控えることにします。但し、読者にできるだけ平明に解説することをモットーとしている筆者としましては、この端緒の意味をもっと私たちに近づきやすい形に読み直しておこうと思います。

私たちが対象世界と向き合って一番はじめに問題となるのは、そこになんらか認識対象となるものがそもそも〈有る／在るのかどうか〉ということでしょう。つまり、認識対象とすべきものが〈無い〉のであれば、いかなる認識も始まらないわけです。とにかく、〈なにものかが在る〉という覚知、これが私たちの認識活動の出発点です。この命題の中で、〈在る〉という述語は、これの主語となっている〈なにものか〉が私たち認識主観に対して持っている独立性を表現しようとする言葉となっていると取られるべきですが、しかし〈覚知〉にとっての〈出発点〉にすぎないこの〈在るということ〉=〈有〉それ自身は、未だ純粋に直接的でしかなく、〈何が在るのか〉、〈どこに在るのか〉とか、〈どのように在るのか〉とか、〈何故在るのか〉といった、さらに立ち入った規定は未だなんら含んではおりません。――以上が、ヘーゲルにとって論理的カテゴリーの究極の端緒としての「有」Seinの意味であり正体だと言えます。

ヘーゲルは、このような究極の直接性である「有」それ自身は、その極限の抽象性ゆえに未だ無内容=空虚であり、「無」と区別がつかず、ただちに「無」に転化してしまっている、と指摘し、このようにして「有」と「無」の同時的相互転化を導き出します（すなわち、この「無」もまた、その無規定な空虚さの点では直接的で純粋な「有」との区別がつかず、それゆえただちに「有」に転化してしまっていると言える、というのです）。さらにはまた、この同時的相互転化を「有」と

「無」との絶えざる〈揺らぎ〉としての「成」Werden〈成ること〉と名付け、この「成」こそは、「有」と「無」とを自らの契機として自らのうちに含んでいるところの〈両者の真理〉であると捉え返します。

ここには確かに、事物や事柄における〈内在的否定性〉へと私たちの目を開かせるヘーゲルの根源的洞察が存してはおります。しかし見過ごしてならないのは、ここに開示されている〈内在的否定性〉はどこまでも事物や事柄そのものにおける**それ**であるというよりはむしろ、ここに登場させられている論理的カテゴリーとしての「有」および「無」が、どこまでもそれらについての概念的把握の圏内で自らを表白する仕方としての**それ**であるということなのです。なぜこのような但し書きを付言するのかと言いますと、現代の量子理論やこれに援護されて近年急速の進歩を遂げているらしい〈宇宙創成〉論に素人ながら耳を傾けてみますと、そこでは〈有—無—成〉の客観的論理とそこに貫徹されている〈内在的否定性〉が、或る人たちにとっては時として〈ひとを惑わす〉ただの言葉遊びとも見えかねないヘーゲル風の難解な議論の助けをわざわざ借りないでも、まさに現実領域の事柄として描き出されていることを、私たちの誰もが一応は確認できるにちがいないからなのです。「ビッグ・バン」理論、すなわち〈火の玉宇宙の誕生〉説およびその周辺の議論にかんする聞きかじりのごく簡単な紹介については、私たちにとって最低限必要な限りにおいてですが、大胆すぎるのを承知のうえで敢えて間もなくこの場で試みるつもりです。それによって私たちは、ヘーゲルが彼の『論理学』のなかで開示してみせた〈内在的否定性〉の論理を言わば「言葉のマジシャンたるヘーゲルのたんなる言葉遊びにすぎないもの」と見なそうとするすべての試みが、総崩れせざるをえないことを今こそ最終的に確認できることになるはずなのです。

　ところで、ヘーゲルが『大論理学』を書き終えたのも、『小論理学』をも含む『エンツィクロペディー』（哲学体系）を書き終えたのも一八一〇年代のことですから、「相対性理論」や「量子論」が登場する約二世紀も前ということになります。未だこのような時代にすでにヘーゲルは、「われわれの周囲にあるすべてのものは弁証法の実例と見なすことができる」（『小論理学』岩波文庫、二四六ページ）と真正面から述べていたわけです。その彼にとって弁証法すなわち〈内在的否定性の論理〉のもっとも端的かつもっとも代表的な実例の一つは、（神話への依拠を別にすれば）せいぜいのところ、古代ギリシャ時代にゼノンによって提示された、かの有名な「運動のアポリア（難問）」の命題でした。そのアポリアの内容とは、時間と空間の**無限分割可能性**を前提にしかつ同一律＝矛盾律を不可侵のものとすることによって、韋駄天のアキレスも足ののろい亀を追い越せないし、飛ぶ矢も的に届かないことを証明してみせ、これをもって〈運動の実在性〉を否定するというものでしたが、ヘーゲルはむしろこれを逆手にとったわけでした。すなわち、私たちなりの解釈をも多少交えて言えば、ゼノンに反して〈運動の実在性〉を逆に前提した場合、〈運動する物体〉にかんしては〈いま〉と〈ここ〉との（あるいは各瞬間と各地点との）静止的な〈一対一〉対応はたしかに成り立ちえず、「運動する物体はあらゆる瞬間において或る場所に在るとともに無い」と言われざるをえず、この命題は明らかにアリストテレスの「矛盾律」に違反する。ならばむしろここで引き返さずに、矛盾律によっては整理しつくせぬところにこそ運動の真理と論理を見定めようというのがヘーゲルの立場でした。「運動のアポリア」に対する解答の試みの歴史の中身を見渡してみますと、それ自身なかなか興味深いものがそこには含まれてはおりますが。しかしここではそれに深く立ち入ることは差し控えて、以下では予告にしたがって早速〈宇宙創成論〉の近年の驚くべき成果に読者諸氏とともにしばし耳を傾けてみたいと思います。

第3章　現代物理の宇宙創成理論における「無」の理解

　そうは言いましても、私たち専門外の一般人にとっては、近代宇宙論の中身は、いくら易しい言葉で説明されても、目のくらむような驚くことばかりで、正直言って、やはりかなり難解と言わざるをえません。難解さの中心部分は、提示されている数値的内容を自らの計算の裏づけによって再確認する能力を私たちの多くは持ち合わせていない、という点にあります。そのようなわけですから、そうした多くの一般人の一人にすぎない私としましては、近代宇宙論の成果のほんの一部の紹介をするに当たっても、国際学会においてもその研究業績にかんして明らかに一定の学問的評価を博していると見なされている研究者の権威に頼って自分の任務を果たさざるをえません。そこで私が今回頼りとすることにしたのは、佐藤勝彦氏（東京大学大学院教授、宇宙物理学）の監修のもとで仕上げられた富永裕久氏による解説書『ここまでわかった宇宙の謎』（ＰＨＰ文庫、二〇〇九年、以下ではたんに『宇宙の謎』と略記）です。監修者佐藤氏は創成期の宇宙の解明にとって決定的な鍵となった「ビッグバン（いわゆる「火の玉宇宙」）理論」をより精緻化するために「インフレーション」理論（狭義の「ビッグバン」に先行する、宇宙の超巨大膨張段階の導入）の提唱者の一人となった国際的に第一線級の研究者で、ＰＨＰ文庫にはご自身も『宇宙はわれわれの宇宙だけではなかった』（二〇〇一年）や『大宇宙――七つの不思議』（二〇〇五年）等々の解説書を書いています。

ところで、右記の解説書に依拠するといいましても、それは私たちの当面のテーマにとって必要とされる最小限の範囲に限定されることになるはずで、目の前の興味に引きずられてどんどん手を広げてしまうつもりはありません。そしてまた、この限定の主旨からして、長々とした直接の引用はできるだけ避けて、大部分は私なりの要約でもって紹介の進行を図るつもりです。さて、前置きはこの程度にして、いよいよ私たちなりの宇宙論入門の旅を始めることにしましょう。

無からの宇宙の誕生

現代宇宙論の解説に耳を傾けはじめると、誰もが目のくらむような思いに引き込まれるはずです。科学者の慎重な探求の話を聞いているはずなのに、正直なところ、そこで私たちが見出すのは、定かだったはずの科学と神話の間の境界が融解し始めていくような気分とでも言えるものかもしれません。

まず宇宙科学者は現在、天の川銀河をも含めて千億以上の大小の銀河を擁するこの私たちの宇宙は約一三八億年前に、時間も空間も存在しなかった〈無〉のなかから生まれ出たのだ、と言います。ある意味で私たちの生活実感の同一線上の純化・標準化とも言える古典力学的な「空間」概念からすれば、物質やエネルギーの運動・変化を受け入れるだけでそれ自身は〈無〉とも言うべき空虚な入れ物、すなわちそれ自身は物質とのいかなる相互作用を行うこともないゆえに物理学の対象とはなりえないとされている「空間」にかんしては、生まれるとか生まれないとかはそもそも問題になりえないのではないのか、というのが一般人の共通諒解だったと言ってよいでしょう。

ところが、最新の宇宙論は、空間も時間も宇宙の誕生とともに生まれたものだと言います。しかも、生まれたての空間や時間は、いま私たち一般人が、一三八億年の年齢（超過熱化した巨大膨張とその冷却化の過程としての歴史）を経て到達するに至った現在の宇宙の姿から受け止められるような有り様をしていたわけではなく、そこに見出されるはずのものは現在の科学者たちが「プランク時間」とか「プランク空間」と呼んでいる超々極微の時空の萌芽であり、それはあらゆる物質の存在以前の超絶した躍動性そのものとして存在したのだ、と言うのです。では、その「超々極微」とはどれほどの大きさのことを言っているのかといいますと、それは10の33乗（1兆の1兆倍の、さらに10億倍）分の1センチメートルだとのことです。私たちの知覚可能な限界からは遥かに・遥かに彼方の、したがって想像するのさえ困難な、無にも等しいレベルの大きさです。しかしこのような「プランク空間」は、いかに超極微とはいえ、やはり〈無〉ではなく、まさしく実在する一定の量であることは確かで、しかもこれ以上の分割は不可能な「物理的に意味のある最小の大きさ」＝究極の空間量だとされているのです。

ニュートン力学的諒解では、空間は私たちの思い通りに**無限に分割可能な**連続性と見なされていましたが、じつは誕生期の空間は、それ以下には小さくならない究極の値を持ったものとして出現したようです（つまりここから考え直してみれば、空間はもともと、それ自身としては、限りなく細分化可能な連続性ではなかったことになります）。

これ以上分割不可能な究極の量は時間にかんしても見出されており、その「プランク時間」の長さは約5×10の44乗分の1秒だとされています。

ところで、この「プランク」という呼称はドイツの物理学者プランク博士（一八五八〜一九四七）にちなんで用いられるようになった名称ですが、彼は光源体の温度とそれが発する光の振動数との関係の研究から、光を「一定のエネルギーの塊」だとする仮説（量子仮説）を立てて、このかたまりの大きさを、その振動数νに定数hをかけたhνを最小単位としてこれを整数倍した形で表示可能であることを突き止めました。すなわち、「量子論」の鍵は、プランク定数hの発見にあったわけです。そしてこの「量子論」がアインシュタインの「一般相対性理論」と並んで、宇宙の開闢史の謎の解明にも大きな手掛かりを与えたようです。

さて、宇宙の誕生前の「無」について、『宇宙の謎』では次のように述べられています。

> 量子論によると、非常に短い時間、ごくごくミクロの世界では、時間や空間そしてエネルギーは一定の値をとれないことがわかっている。つまり〈無〉の状態とは言っても、時間やエネルギーなどの値が、そろってゼロと言うわけではなく、〈ゆらぐ〉のである。もっともそのゆらぎは、我々がイメージする〈3次元の空間と1次元の時間〉という枠組みで起こっていたわけではない。**時間と空間の区別もない世界で、**超ミクロの宇宙が生まれては滅び、滅んでは生まれ、ゆらゆらと明滅していたのだ。(『宇宙の謎』一七〜一八ページ、太字化は引用者)

「無のゆらぎ」――この言葉に注意をとめておいてください。「内在的否定性」という概念の概念的把握へのイメージ的接近を確保するために、という私たちの当面の目的からすれば、宇宙の根源としてのこの「無のゆらぎ」を読者に紹介したところで筆者の当面の任務は一応果たされたものと見なして、あとは話を別のテーマの方へ移してもよいわけです。しかし、入り口に足を踏み入れたかどうかというところで直ちにさっさと転進してしまう形になるのは、あまりに性急でもあり失礼に当たることにもなりますので、少なくとも宇宙創成のプロセスの輪郭がもう少し見えてくるところまでは、宇宙科学者の言うところになおしばし耳を傾け続けることにすべきでしょう。

宇宙物理学の専門家諸氏は、私たちの宇宙は右の引用に述べられているような「無のゆらぎ」の中から一三八億年前の或る時に**機が満ちて**、文字通り「ぽろり」と現れ出てきたのだ、と言うのです。そしてそれら専門家の国際的な学会の現在の通説によれば、その生まれたての宇宙は生後百万分の一秒後という、私たちからすればまばたきする間もない程のほんの一瞬間に、四回にわたる「真空の相転移」という仕方の大変動・大変容を遂げ、それらの最後の段階では宇宙はすでに果てしない広さに拡大し、そして原子核の構成因子となる陽子や中性子を産出するというところまで早くも達成してしまったのだとのことなのです。しかも厳密さを追求する科学者諸氏は、それら四段階の各々におけるそれぞれの大変容をかなり細密な数値的計算の裏づけを支えとして以下のように描き出しております。

宇宙空間の相転移の諸段階

ここでまず、物理学で言われている「相転移」の概念について、その説明の概要を予め聞いておく必要があるでしょう。この概念は、普通には、物質が熱エネルギーの出し入れによって惹き起こすその突発的な様態変化を示すということのようです。例えば、水が熱を吸収していって摂氏百度を超えると急激に液体から水蒸気に変わったり、逆に、熱を放出して氷点下に下がると氷になったりするという場合です。ただ、宇宙開闢時の場合は、相転移を惹き起こす主役がいわゆる物質ではなく時空そのものであるという点に違いがあります。

第一段階――10の44乗分の1秒後（プランク期の終わり）に、生まれたてのプランク空間に「真空のエネルギー」による第一回目の「相転移」が起こり、これによって空間の突発的な大膨張（インフレーション）とともに超高温の熱放出が開始され、この最初のインフレーションは宇宙誕生後10の34乗分の1秒後まで続くが、この最初の「相転移」開始点の温度は10の32乗K（Kは絶対温度の表記、Kの0度は、約摂氏マイナス二七三度）という私たちの想像の限界を遥かに超えた超々高温であり、急膨張によってかなり冷却が進行するとはいえ、インフレーション期全体の終点（第二段階の終わり）の温度でさえ、10の27乗（百兆の一〇兆倍）Kだと推計されている。なお、この過程のなかで、「真空のエネルギー」とともに在った根源の「統一した力」のなかから重力（万有引力）の分離・独立が始まる。（この重力の分離・独立は超高温の真空のエネルギーが転化して粒子（物質）の誕生をもたらし始めたことと見なされえる。）

第二段階——第一回目の相転移により真空の状態が変わり膨大な量の熱が放出されたことにより、宇宙はさらに第二の相転移を起こし、なおも急速膨張を続けつつ超高温の爆発連鎖の「火の玉」となり、いわゆる狭義の「ビッグバン」の段階に入り、この段階では、原子核内の結合力として働くことになる「強い力」が、重力に続いて枝分かれを開始する。

〔ところで、「インフレーション」についてだが、前掲書『宇宙の謎』では次のように述べられている。——「これを惹き起こした源はいったい何だろうか。実を言うと、現在、**これはまだ謎**であり、はっきりした答えは出ていない。ただしインフレーションが起こったこと自体は、観測事実から言って間違いはなく、その原因にはさまざまな仮説が立てられている。」（二五ページ、太字化は引用者）〔そして上記の「真空のエネルギー」概念は「さまざまな仮説」の中のもっとも有力なものの一つとされている。〕

なお、ビッグバンの中では高いエネルギーを持った光子同士の衝突からペアで生まれた（対生成）第一世代の素粒子（クオークやレプトン等々）と電荷の点で対極に位置するそれぞれの反粒子とが飛び交い、それらは衝突し合うと再び消滅して光（光子）になる（「対消滅」）というようにして、**対生成と対消滅**を繰り返す。そして以上の二回のインフレーション期において宇宙の膨張速度は光の速度を超えたものとなっており、宇宙空間の体積は、これを満たしているエネルギーともども、初めにくらべて10の三百乗倍に拡大。

第三段階――宇宙開闢から10の11乗（一千億）分の1秒後、宇宙温度が10の15乗（一千兆）Kのとき、第三の相転移。この段階以後はもはやインフレーションは起こらない。ただしクォークやレプトン等の第一世代の素粒子が質量を持つようになり、また、「強い力」の枝分かれ後に残っていた「電弱力」はさらに電磁力と「弱い力」とに分かれ、これ以後宇宙を支配することになる四つの基本的な力はこうしてすべて出揃うことになる。

第四段階――宇宙開闢から一万分の一秒後、宇宙温度が10の12乗（一兆）Kにまで下がったとき、第四の相転移。このレベルの温度では六種類のクォーク粒子はもはや遊離状態を続けておれなくなり（「クォークの閉じ込め」）、互いに組み合わせのタイプを変えた結合をして第二世代の素粒子である陽子と中性子を作り出す。また他方では、光子が帯びるエネルギーの低下のため、粒子と反粒子への〈対生成〉は困難になって、光子を生み出す〈対消滅〉の方が一方的に進行するに至る。この進行のなかでは、物質の基となるはずの粒子は反粒子ともども皆無に帰するはずだが、粒子と反粒子とでは崩壊の仕組みにごく僅か（10億個に対する1個の割合）のずれが生じ、このため反粒子は消滅しても、10億分の1個の割合で粒子の側だけがこの宇宙内に残留する結果となり、それらがやがて諸銀河系や星たちの生成に参与することになる。

また、この第四の相転移以降は、「真空のエネルギー」を素粒子の産出に転化させて高度なエネルギーを徐々に失っていったこの宇宙内では、「真空の相転移」はもはや再び起こることはなく、空間の膨張も緩やかになってゆき、真空そのもののエネルギーは低下の一途をたどって、宇宙空間そのものの現在のような安定化が時間とともに形成されてゆくことになる〔古典力学的な時空の出現〕。

宇宙の膨張と冷却化と安定化

以上が、私なりの最大限の要約によって見返された、宇宙開闢における「相転移」期の経過ですが、これに続くその後一三八億年の宇宙史は、その中に天体レベルの無数の局部的な大激変や目覚しい成長・発展・多様化（一千億個を超える銀河及びそれら内部での星々の誕生や合体や死滅や再生、等々）を含みながらも、宇宙空間にかんしては、総体として〈膨張と冷却化と安定化〉への絶えざる歩みだったとも言えるようです。例えば、冷却化の過程について見てみますと、誕生から三分後には宇宙空間の温度は10の9乗（10億）度Kまで下がり、三八万年後になると、さらに三千度Kにまで冷え込んだと計算されています。三千度Kと言いますと、開闢期からみれば大きく桁外れな低温化ですが、私たち地球上の生活感覚からすれば依然として大変な高温であることはたしかです。ただ、このレベルの温度になりますと、それ以前の高温下では遊離して空間内を自由に飛びまわっておれた電子たちの動きも鈍くなり、それらは身に帯びているマイナスの電荷のせいで、生来プラス電荷を帯びていた原子核（陽子、または陽子と中性子の結合体）に引き寄せられ捉えられて電磁力的結合を開始し、最初の原子集団（水素やヘリウム等）を構成するに至ったと見られているわけです。

ところで、ほとんどの電子が、電気的吸引力によって、それぞれに原子という住家に落ち着くようになったということは、それまでのように浮遊電子たちの分厚い霧のヴェールによって光の進行が妨げられてきたという状態に終止符が打たれたことを意味するわけですので、三八万歳の宇宙の状態には、「宇宙の晴れ上がり」という、ふと読み手をもうきうきさせるような呼び名が与えられています。そしてそれ以後百三〇数億年を要した、宇宙内の物質の発展史の歩みは、水素やヘリウムのような、単純な構成の、軽い原子から始めて、次第により多数の陽子と中性子の結合による、より複雑化してゆく構造の原子核に支えられた、より重い新たな原子たちの相次ぐ多様な誕生、さらには異種の原子たちの化学的結合というじつにドラマティックな道程であったと言えます。私たちはその自然史の詳細については、この場ではこれ以上立ち入ろうとは思いませんが、ただ、宇宙内の物質のこの発展史の概略的な一望のなかから、ここではさし当たり、読者諸氏とともに次のことを確認しあっておきたいと思います。

それはすなわち、宇宙が〈無のゆらぎ〉のなかから生まれ、そしてそのようにして生まれた宇宙の総体がその根底からして絶えざる変化によって貫かれてきたということは確かではあっても、そうしたただ中でそれぞれの局部的な場面では物質的存在における〈自己同一性〉の要素もまた相対的安定性を徐々に高めながら多彩な形で絶えず生まれ・形成され、その範囲を広げてきたこともまた確かだ、ということなのです。そしてまた、その〈自己同一性〉の要素のより安定的な維持は、エネルギーの変形として生まれた素粒子たちが〈開闢期におけるように〉裸で単独で遊離した状態のままであっては不可能なのであって、それらが次第に組織だった結合〈素粒子から原子へ、原子から分子へ、無機的分子レベルから有機的分子形成へ、等々〉を果たすなかでのみはじめて可能になってきたのだと見られなければならないということです。このことについては、後で「実体と関係」という問題を取り扱うさいに、改めて考察の対象にすることになっていますので、今はただ、この予告を記憶の一隅にとどめて置いていただきたいと思います。

量子論的世界と「不確定性原理」

私たちはこの第三章で、ヘーゲルの言う「内在的否定性」という概念に対する圧倒的実例の一つとして、宇宙そのものの誕生に関与した原初的な「無のゆらぎ」をめぐる現代科学者たちの探査の概略を一瞥してきました。「一般相対性理論」と「量子力学」とは、この探査に当たっての二大立役者であることについてはすでに触れましたが、この章のしめくくり役は、主としてそれらの一方の「量子論」に果たしてもらおうと思います。といいますのは、量子論が慎重な実験結果に基づきながら開示してくれた「量子の不確定性」にかんする理論は、研究者たちをさらにその先の原初的な「無のゆらぎ」へと誘導するうえでの最良の水先案内者となりえたと思えるからです。

さて、「量子」quantum という概念ですが、これは先にもすでに本書に登場したプランクの命名によるもので、彼は光をエネルギーの塊と見立てて、この「エネルギーの塊を「量子」と名付け、この塊の大きさを光の振動数 $\boldsymbol{\nu}$ にプランク定数 **h** を掛けた数字で捉えました。ちなみに、光の振動数は毎秒一千兆回から一京（10の16乗）回の範囲にあり、定数**h**の値は6.626×10の34乗分の1だとのことです。

このように捉えられた「量子」という概念は、それまで領域を異にするものとして別々に理解されていた「物質」と「エネルギー」との間に架け橋を渡す（ないしは地下水路を通す）ものとなっていたと言えます。ところで、光は「粒子なのか波なのか」という議論はわりと昔からあり、一九世紀末の電磁気学の成立以後からは「光＝波動」説が有力となっていたようですが、「量子」は、塊であることによって粒子でありながら、同時にそこに振動数が持ち込まれていることによって波でもあることを（じつは）体現しているといえます。しかし、「量子は粒子でもあり波でもある」という（古典力学的な諒解からは）矛盾した在り方が物理学者の間で一般的に正式に承認されあうようになったのは、一つはボーアの原子模型が提示した電子軌道をめぐってのド・ブロイ等の研究をとおして、もう一つは電子銃からスクリーンへ向けて発射された電子が途中の衝立に開けられた二つの穴を通り抜けるさいに作り出す干渉縞（これは波の所産として以外には考えられない）の実験に対するボルンやハイゼンベルクによる理論的解明をとおしてでした。つまり、これらの研究は、今度は光の場合とは逆方向から、それまでは粒子としてのみイメージされてきた電子が、いまや波でもあることを明らかにしたわけなのです。

ハイゼンベルクはこれらミクロの世界の観測を踏まえたうえで、「ミクロの世界の存在は本質的に不確かである」という結論を導き出しました。もちろん、ただ「不確かだ」と言い放しただけでなく、この不確かさにかんして次のような計算式を確定させました。

Ⅰ）$\Delta x \times \Delta p > h/4\pi$――これがハイゼンベルクの有名な「不確定性原理」の定式ですが、この不等式中のΔxはミクロの粒子の位置の不確定さの度合いを、Δpは運動量（速度×質量）の不確定さを表し、不等号の右辺はプランク定数hを円周率πの四倍で割った値で、これは確定値で、こちらには不確定要因は含まれておりません。したがって、この数式では左辺の側のΔxとΔpとは、いずれか一方が極微になってゆけば、他方は無限大に向けて大きくなってゆかざるをえないという関係にあります。そしてまた、この不確定原理は時間とエネルギーとの関係にも適用可能だとされておりまして、それの数式的表現は次のとおりです。

Ⅱ）$\Delta t \times \Delta E > h/4\pi$――この数式Ⅱ）では、$\Delta t$は時間の幅の不確定さを、$\Delta E$はエネルギーの大きさの不確定さを表しているわけですが、この式によれば、例えばプランク時間のような、私たちには到底気づかれないような極微な時間では、私たちのレベルからすればエネルギーがほとんどゼロと見える真空にあっても、一瞬その「無の空間」自身が一定のエネルギーを帯びて粒子と反粒子の〈対生成〉を沸騰させ、またそれらはただちに〈対消滅〉するという運動を絶えず繰り返している、ということが十分に想定されうる、と物理学者は〈間接的な実験をもとおして〉推定しています。

　さて、〈エネルギーの塊としての量子〉という概念は、今から見返してみれば当然の道筋として、光子だけでなく、電子だけでなく、素粒子一般にまで広げられて適用されることになっていったと言えるわけなのですが、この概念はさらに、電磁場への量子力学の適用による、光の〈粒子と波の二重性〉問題の解決の成功をとおして、「場の量子論（ないしは量子場理論）」の形成にまで進展するに至っているようです。ここでは、この新しく登場した「量子場理論」における「場」の概念の内容についても、結論的到達部分のごく要約的な紹介だけで済ませてもらおうと思います。

「場」という言葉は、もともと空間的概念領域に属するものですが、近代物理学では電磁気学における「電場」や「磁場」という概念に見られるように、それはエネルギーのは働きのなんらかの空間的規定を意味するものとして登場してきました。そしてこの最新の「量子場理論」では、一方では、「場」は電磁波の領分に限定されるのではなく素粒子一般との関係にまで広げられ、素粒子と「場」とは、例えば「電子場」、「クォーク場」等々というように、それぞれに不可分な一体的関係において位置づけられ、しかもそこで基本と見なされているのは、むしろ「場」とエネルギーであって、素粒子はエネルギーの集中によって生ずる「場」の状態のそれぞれの特殊なかたちとして捉え返され、他方では、「場」は空間を満たすものというよりはむしろ空間そのものが備え持った性質、あるいは空間そのものの在り方として受け止められていると言えるようです。

以上の概観をまとめて振り返ってみますと、ミクロの次元にどんどん掘り下げていったところでは、エネルギーと物質との区別、粒子と波動との区別、そして究極のところでは有と無との区別までが、固定し安定したものではなく、絶えず解消され、絶えず再生し、つまり絶えず〈ゆらいで〉いるということがわかります。そしてこうした在り方こそが、ヘーゲルの言う「内在的否定性」ということの根源的な実相なのだと言えるのではないか、と私は思っています。ところがまた、こうも考えます、――〈無から有へ〉の転換を果たすことで開始した宇宙のそれ以後の自然史的展開は、（例えば「クォークの閉じ込め」と言われていることのなかに初期の典型的例として見られるように）この「内在的否定性」が裸のままに縦横無尽に動き回るいわゆる〈「無」の一方的な支配〉に抗して絶えず新たな防柵を作り上げつつ、絶えず新たなかつ多様な「存在」領域〈新たな「有の相対的自己同一性」の諸相〉を産出しかつ広げてきた過程だったのではないか、と。「無」に対する「有の相対的自己同一性」の多様化は、実在世界の弁証法の心髄である〈内在的否定性〉の現実的展開の仕方をも、直接的なものからより媒介に富んだものへ、つまり単純なものからより複雑なものへ、低次元なものからより高次元なものへと規定し発展させていくことでもある、と言えるでしょう。

第4章　内在的否定性と矛盾の論理

「矛盾」概念について解説を少々

さて、ここからは再び、「弁証法」の理解に関わるいわゆる「哲学的論議」に戻ることになります。その最初の再出発点は「内在的否定性」と「矛盾」という二つの概念の関わり合いの問題です。この問題を取り上げることについては第三章で予告しておいたことですが、その予告をまず果たしておこうというわけです。

ところで、本書はいわゆる哲学論議なるものとこれまではあまり関わりを持ってこなかった読者をこそ中心において企てられておりますので、ここでもやはり、「矛盾」という言葉についての予備的説明を一応させてもらうことから始めようと思います。

私たちは第3章ですでに、アリストテレスの「矛盾律」（矛盾排除の原則）の説明については一応見ておきましたし、それに伴うかぎりでは「矛盾」が意味するものについてそれなりの把握は済ませたはずなのですが、ここではさらに、この言葉そのものの成り立ちに即した説明をほんの少しだけ補足しておこうというわけなのです。

まず、私たちが用いている「矛盾」という漢字表記ですが、これは、西洋語の日本語訳の試みのなかではじめて産声をあげた「哲学」とか「弁証法」などとはちがって、中国の古い寓話にちなんでもともとから使われていた言葉であることは、読者諸氏にとってもおそらく既知のことなっているのではないかと思います。それは、ある道具屋の店に飾ってあった二つの天下一の名品、何ものをも貫き通すことが可能だとされる矛といかなる武器をもってしても貫かれることのないと宣伝されている頑丈な盾についての話です。つまり、それら両者を実際に対決させてみたらどちらが勝つかという問題ですが、この対決における両者は、「一方が立てば他方は立たず」という関係にあるはずです。にもかかわらず道具屋の主は双方それぞれの不敗を相変わらず主張し続ける、という情景が物語られているわけです。このように〈両立しえない・相反する〉主張を同じ人物が同時に言明するというのは、明らかに話の辻褄が合っていない（すなわち論理的筋道が破綻している）と言わざるをえませんが、このような〈論理的破綻〉一般を古代中国人は右の〈矛と盾〉にまつわる古事にちなんで「矛盾」と呼んできました。そしてこの「矛盾」はドイツ語のWiderspruchやフランス語や英語のcontradictionに対する訳語として用いられてきたわけです。

ところで、Widerspruchは前綴りwider-と名詞のSpruchとの、contradictionは前綴りcontra-

と名詞の diction との合成語で、wider- も contra- もいずれも「反対」や「対抗」や「逆」といった意味を含んでおり、Spruch や diction はそれぞれ言語使用や言語表現との関わりを含んでいる言葉です。

つまり、私たちが「矛盾」という訳語を与えている Widerspruch も contradiction も、本来は言語的表現のあり方に関わる概念なのですが、ところが例えば Widerspruch にかんして見てみますと、現代ではいつしかこれが、事柄としての「反抗」や「衝突」を表す Wider-streit とカバーし合う使われ方をするようになってもおります（これが、言葉はいったん出来上がればいつまでも最初のままに固定したものというわけではなく、人間世界の中でそのつどある程度の変容を遂げもする、いわば生き物であるということなのでしょう）。そしてヘーゲルの場合を見てみますと、彼は例えば、「一般に世界を動かすものは矛盾である」（『小論理学』岩波文庫、三三ページ）と述べておりますが、ここでの「矛盾」Widerspruch が言語使用の圏内に限定された意味を担ったものでないことは一層はっきりとしています。

このようにヘーゲルは、「論理」問題にかんして、言語領域と現実の存在領域とを相互に無関係な二つの次元に分離してしまうという見解にはくみしないという必要かつ重要な観点を保持し、その限りでアリストテレスの見解を継承しました。しかしアリストテレスが矛盾律違反（すなわち矛盾〉を「論理」そのものの破綻と見なし、さらにはこの意味での〈論理の破綻〉を同時に〈存在の不可能性〉と見なしていた点にかんしては、彼はアリストテレスと袂を分かち、逆に矛盾律が禁じている「矛盾」に対して存在的な根源性＝第一次性としての地位をも与えたわけなのです。ところがじつは、このことがまた、「矛盾」理解、ひいては「弁証法」理解をめぐっての幾重もの混乱を（すなわち論争の種を）生み出し、かつ撒き散らすもとともなったと言えます。それら論争のもととなる理解の対立点は、概ね二つの方面に区分が可能だと言えるでしょう。その一方は、（Ⅰ）①そもそも弁証法を認めまいとする側と②弁証法を擁護する側との間の対立ですが、もう一方は、（Ⅱ）③「論理」をどこまでも〈思考および言語〉の領分内に封じ込めて諒解し、それゆえに〈存在の論理〉といった言い方を受け入れるのを拒む側と④「論理」に対して現実の存在領域内部でのいわば市民権を認めて〈存在の論理〉をむしろ積極的に主張する側との間の対立です。そして（Ⅰ）における対立と（Ⅱ）における対立とが交錯しあうことによって、①、②、③、④それぞれの内部にも〈弁証法と論理〉問題に関わる基本理解の点での意見の対立が生み出されることになり、議論・論争はますます煩雑な、まさに錯綜の観を呈するまでになりました。

以下の論述がこれらの従来の論争を踏まえたものにならざるをえないのは勿論のことですが、しかしそれらのすべてにいちいちかかずらわるのは読者を余計な煩雑さに引き込むだけの結果に終わりかねませんので、それらに対するここでの関与は、私なりの熟慮によって取捨選択され整理されたものに限られることになるはずです。

「内在的否定性」と「矛盾」の不可分な関連について

さて、以上のところまではこの章全体にとってのいわば前口上に当たります。そしてここから以降が、いよいよ「内在的否定性」と「矛盾」との関係の検討そのものの開始ということになります。

前章で私たちは、「量子の不確定性原理」や宇宙の誕生をめぐっての「無のゆらぎ」を事例的な頼りとしながら、実在的な存在領域における根源性としての「内在的否定性」へアクセスを試みました。そしてこの「内在的否定性」をその宇宙創成の時点へ、すなわちそれの純粋形の現場へと遡って見返してみれば、それは、ちょうど現在の私たちが目にする〈空間中における物体の位置変化〉という単純な運動形態のうちにも見出されるような、〈在ること〉と〈無いこと〉とのたえざる、同時的な〈相互転化〉という事態でした。すなわち、「内在的否定性」を命題化しようとすれば、その命題はどうしてもアリストテレスの言う「矛盾律」に抵触する形をとらざるをえないということ、つまり、「内在的否定性」は「矛盾律」に照らしてみれば〈自己矛盾的〉なものであらざるをえないということ、なのでした。

ここではやはり、ヘーゲル自身の言葉を参考までに見ておくことにしましょう。

矛盾はたんにそこここにときに現れたりときに現れなかったりする異常性と取られるべきではない。そうではなくてそれは、それの実在的な規定が内包するところの〈否定的なもの〉なのであり、またその〈否定的なもの〉の叙述のうちにのみ存立するところのあらゆる自己運動の原理である。そして感性的に捉えられる外面的運動それ自身が、矛盾の直接的な現存Daseinなのである。或る物が運動するのはただ、それがこの今において〈ここに〉在り、そして他の今において〈そこに〉在るからなのではなく、同一の今において〈ここに〉在りかつ〈ここに〉無いことによってであり、この〈ここ〉において同時に在りかつ無いことによってなのである。(ヘーゲル『大論理学』中巻、岩波書店、武市健人訳、一九六〇年、七七ページ、但し元の訳文は幾つか部分的に引用者の解釈あるいは好みにしたがって変えてありまた訳文中の〈 〉記号の挿入および傍線は引用者によるもの。)

右の引用文は、『大論理学』第二巻「本質」の第一編の第二章中の最後の節「C、矛盾」(さらに、そこに含まれる注釈2)からのものですが、ここは、事物の運動・変化に関わる「内在的否定性」と「矛盾」との不可分な関係がじつに手際よく凝縮されて語られている部分だと言えますし、さらには、「矛盾律」の普遍性を絶対化しようとする見解に対する公然たる挑戦の場面でもあります。わざわざ注意するまでもないことかもしれませんが、やはり念のために一応言っておきますと、ヘーゲルはここではたしかに、「矛盾律」が禁じている「矛盾」にかんしてむしろそれの積極的な存在意義を擁護しています。ですから、その限りでは確かに「矛盾律」を批判し否定していると言えるでしょう。しかし彼のその否定は「矛盾律」に対するまるごとの（つまり、絶対的・無条件的な）否定というわけではないということです。ヘーゲルは、矛盾律を事柄の論理的把握が必ず一旦はそこに依拠しなければならない通過段階として（したがって、まずは肯定的に）位置づけております。すなわち、一面的に偏した見方に堕してはいないということです。（この点については、この章のまとめとして、ヘーゲルの『小論理学』の中で取り上げられている「論理的なものの三つのモメント」を紹介するさいに、改めてより総括的に再論されるはずですが、今のところは私たちなりの考察をもう少しこのまま続行することにします。）

一部の論者たちが「矛盾律」の〈絶対的・無条件的〉な妥当性に固執したがるわけ

ところが、こうしたヘーゲルの態度とは逆に、自らの主張の正しさにかんして〈絶対的・無条件的〉な態度に固執しつづけているのはむしろ、ヘーゲルに抗して「矛盾律」を守り抜こうとしている論者諸氏の方なのです。この人たちを仮に「矛盾律死守派」と呼ばせてもらうことにしますと、それら死守派のそのような決意というかこだわりというか、それは何あるいは何処に由来しているのでしょうか。

その根拠は、私たちの普通の日常的な〈経験および言語活動〉に基づいた次のような一般的な了解なのではないかと思われます。――私たちは一般に、事物や事柄や、あるいはそれらの有り様や状態等を表示するのに言語（あるいは、ときに記号）をそれぞれに対応させて用いています。例えば、ある特定の事物を指示するのにAという記号を用い、そして以下に続く一連の文章や発言のなかにその記号Aが何回も登場させられるという場合を考えてみてください。その場合、そのAが登場する度ごとにそれの意味（この場合は、指示する事物との対応関係）が絶えず勝手に変えられてしまっている（すなわち記号A自身に与えられた当初の〈意味〉の自己同一性の維持がなんら保証されていない）というのでは、そもそも如何なる言語活動も、また言語的指示にしたがった私たちの如何なる筋道立った行為も、成り立ち得ないことになってしまうだろう、というわけなのです。

この指摘は、この限りではそのとおりだと言えます。〈意味されるもの〉との対応関係をなんら持たない（つまりは何ものをも〈意味しない〉）如何なる言語も記号も、ただちに言語や記号であることの自己否定に帰着せざるをえないでしょう。ところで、私たちがその対応関係を主張できる条件とは何でしょうか。それは、まずは一方で、〈意味する〉側としての言語や記号それ自身の〈自己同一性〉の存在であり、そして他方では、〈意味される〉側の事物や事柄やそれらの諸性質等々の〈自己同一性〉の存在である、と言ってよいでしょう。すなわち、それぞれの側の〈自己同一性〉に担われてこそ両者の対応関係は成り立つわけですが、但しその〈自己同一性〉を事物の側にかんして見てみますと、本来は〈区別〉や〈変化〉に対する反対概念＝否定概念として位置づけられているはずの〈同一性〉概念が、そこでは現実に存する〈区別〉や〈変化〉を含んだもの（それ自身の中に包み込んだもの）となっていることは、ちょっと考えただけですぐに気づかれることです。というのも、現実の具体的事物は、必ず何らかの諸要素の合成体で、様々な諸要素を含み、様々な性質を保持しているからですし、また、必ずそれら自身の内部につねになんらかの部分的な変化を含んだものとなっているにちがいないからです。

しかしながらとにかく、区別や変化をそれ自身の内に含みながらも事物における〈自己同一性〉が存在しているのもまた確かなことです。但し如何なる事物の存在も〈永遠不変〉であるとは言えませんから、それらにおける〈同一性〉には〈絶対的な〉という性格づけは適切ではなく、すべての実在する〈同一性〉は〈有限的〉で、したがって〈相対的〉だと見なされるべきでしょう。そして私たちの言表が矛盾律に従わなければならないのは、言表の対象となるそれぞれの事物や事柄に関わる〈相対的同一性〉が（存立可能なその限界内において）問題とされているその限りにおいてである、と言われるべきなのでしょう。

ついでながら、自然の事物や人間存在にかんして、それらの〈相対的自己同一性〉のそれぞれに注意を向けてみますと、例えば私たちの住んでいるこの地球ですが、これは太陽系内の一惑星として形成されて（つまり誕生して）以来、ほぼ四〇数億年経っていることが明らかにされていますが、この長期間をとおして（生命の誕生および進化史をも含む仕方での）様々な変容を経ながらそれ自身の地球としての自己同一性は維持され続けてきています。この地球もやがては、その温度の低下とともに膨張していくはずの太陽にのみこまれて遠い将来にはその寿命を終えることになっているとのことですが、この地球上で、ユーラシア大陸の極東の一部分が分離して日本列島としての地形が成立して以来の年数は七億年以下で、そのほぼ中央部に隆起して生まれ出た富士山の年齢はほぼ三千歳、そしてこの列島を祖国としている人間の一人の男性（例えば大和太郎氏）は、今の日本人の平均寿命からすれば、嬰児、幼年、少年、青年、壮年、老年といった年齢的諸段階を、およびそれぞれに応じた身体的成長や衰退、および社会の中での職業的キャリアや教養の蓄積等々のもろもろの変化を身に引き受けながら、ほぼ七〇数年ほどはその人間としての同一性を維持し続けることになります。以上のように、それぞれの個体においてそれぞれの自己同一性の存続期間の長短には大きな差はありますが、しかし〈自己同一性〉はそれぞれの仕方においてそれぞれに維持されていることは確かです。

ところで、この地球上の人間世界のなかには今では、自然によって与えられたものばかりではなく、人間たち自身によって（すなわち、人為的ないしは人工的に）作り出されたものが満ち溢れています。それらのなかには、道具や機械や建築物などのような人工物とはちがって、それら自身としては直接に私たちの目に見えたり私たちの手で触ったりできないところのもの、だからといって「現実には存在しないたんなるまぼろし」というわけではなく、人間たちを実際に動かし働かす力を持ったものであるゆえに紛れもなく現実に存在しているところのもの、すなわち、人間たちを自らの構成員あるいは支え手として成り立っているはずの諸々の組織とか機構とか制度等々（そのもっとも大規模なものとしては国家さらには国家的連合までもが含まれております）があり、それらは、これまた人間自身の**言語的**作品である法律とか規範とかルールさらには綱領とかといったものによってそれぞれの存在理由とか目的とか任務とか性格規定とか運営指針とかを与えられているわけです。

一七世紀のイギリスの哲学者トーマス・ホッブズは、「国家」commonwealthを一つの比喩的表現として「人工的人間」artificial manと呼びましたが、この呼び名の下で彼は、人工物である「国家」を、人間と同じく〈理性〉と〈意志〉と〈力〉（しかしもちろん、いずれも人工的なそれら）を備えた存在として諒解しておりました。そしてこの場合、そこでの〈人工性〉を支え方向づけていたものは、国家の構成員となるはずの人間たちの集団的合意＝共同社会契約だとされていましたが、合意ならびに約束といったものは、言葉によって成り立っているものにほかなりません。（いまホッブズを引き合いに出しましたが、それは、私がホッブズの国家論の内容を何もかも肯定してそれを読者にも宣伝したいからというわけではなくて、要するに、組織とか機構などの人為的な所産の持つ現実性にとっては広義における言語的規定が先行しているという事実を、ここで読者とともにまず確認しておくための一つの手掛かりとしてなのでありまして、それ以上のことではありません。）

ところで、人為的な組織や機構に対する言語的規定の先行性ということ、じつはとりわけこのことのうちにこそ、矛盾律の絶対化に固執しようとする「矛盾律神話」とでも言うべきものの発生源が潜んでいるのではないか、と思われるのです。そしてこの指摘の内容については、もう一歩ふみこんだ説明が必要でしょう。

「矛盾律神話」の由来

私たちがここでまずもう一度注目しなければならないのは、実在する事物（自然によって与えられたものも人工的なものも含む）における〈自己同一性〉と言語や記号そのものにおける〈自己同一性〉とのちがいです。私たちは先に、実在する事物の〈自己同一性〉は絶対的ではありえず相対的であり、それぞれの仕方で〈区別や変化〉と（いわゆる〈よそよそしく〉どころか、むしろしばしば〈密接に〉）関わりあっていることを見ましたが、これに対して言語は、名詞であれ動詞であれ形容詞であれ、事物におけるそれぞれの同一性の側面との対応において用いられており、そこでの〈意味する - 意味される〉という対応関係を失ったら、如何なる言語も言語としての根本的な存在理由を否定されてしまうことになります。ところが、言語における〈自己同一性〉は、振り返ってみますと、実在する事物における〈自己同一性〉とはちょっと様子がちがうことがすぐに気づかれるはずです。念のため、このことをなにか卑近な例を引き合いに出して見てみることにしましょう。

例えば、テーブルの上に置かれた一個の林檎を思い浮かべてみてください。これを私たちは「りんご」と呼びます。ところが、言葉としてのこの「りんご」それ自身は、現実にテーブルの上に在る林檎とはちがって、これが現実に保持している姿かたちや色や諸性質や等々〈区別としての諸要素〉とも、また身に引き受けつつある諸変化とも、関わりがありません。現実の林檎が身に帯び身に引き受けている〈区別や変化〉の諸要素を言葉としての「りんご」が体現できるためには、言葉「りんご」は自らが主語となって、「りんご」とは別の〈述語となるべき〉言葉たちの応援を借りてこなければなりません。〈借りてくる〉と言っても、もちろん、その作業をするのはじつは言葉「りんご」自身なのではなくて、言葉を使い言葉に頼っている人間たちであるのは言うまでもありません。現実の林檎に迫ってそれのより具体的な表現のために苦労しなければならない人間たちをよそにしては、言葉としての「りんご」自身の〈同一性〉は、「りんご=りんご」といったいわゆる同語反復のうちに無内容=空虚に安住し続けているにすぎません。そして、一旦言葉を自分たちの表現手段=伝達手段として使い始めることになった人間たちは、いつしか、それぞれの言葉のそれ自身としては空虚な〈自己同一性〉の護持に対する忠実な奉仕者へと絶えず転化せしめられることになります。つまり、言葉も一種の道具ですから、一般に人間が本来自ら使いこなし支配すべきはずの道具との間でしばしば陥ってしまうことのある〈支配と従属との〉あるいは〈目的と手段との〉相互転倒(人間の方がかえって道具に従属し、道具に引き回されてしまうということ)が、言葉との関係においても生ずるに至ることがあったとしても特に不思議なことではないわけなのです。

「人格（およびこれの根底としての人間性）の自己目的性」という概念化を新たに確立し、これに哲学的根拠づけを与えるための偉大な足跡を哲学史のなかに残したのは、ドイツの大哲学者カント（一七二四～一八〇四年）でしたが、このカントの基本観点からすれば、いま右に指摘した人間と道具との間で生ずる、〈目的―手段〉関係の〈相互転倒〉は人間にとっての自らの本来性（自己目的性としての）が否定され失われることを意味します。そしてさらに、その〈相互転倒〉や〈人間的本来性の自己喪失〉を人間的本質そのものの〈自己疎外〉の問題として捉え返しつつ、そこに人間世界の運動の弁証法（内在的否定性の論理）を法則的に明らかにしようとしたのが、かのヘーゲルでした。

その〈自己疎外の弁証法〉一般にかんしては、後に第8章で改めて主題的に取り上げるつもりですが、今ここではそれの一特殊事例としての、言葉の使用をめぐって生ずる〈自己疎外の弁証法〉に注目しようとしているわけなのです。私たちは先ほど「矛盾律神話」という呼称を用いましたが、これこそがまさに、言葉の使用をめぐって生ずるに至る〈転倒〉や〈疎外〉に対して当てられた名称なのです。

ところでじつは、矛盾律を絶対視する「矛盾律神話」といったようなものは、いま先に例に挙げたような〈テーブルの上の林檎〉だとか、その他日常生活で人びとが出会うような具体的事物との関わりにおいては頻繁に立ち現れてくるわけではないと言うべきなのでしょう。と言いますのはこれらの場合では、(もちろん私たち人間にはともすれば言葉自身の〈自己同一性〉にこだわる傾向があるとはいえ)言葉は具体的な事物を表す手段としての自らの役割、すなわち**具体的事物の先行性**に対する(およびそれらの表現者たる人間に対する)自らの従属的地位をまるきりはみ出してしまうといったことはあまりない、と言ってよいからです。

ところが、人間たち自身による所産である組織や機構、さらには法制的諸関係一般との関係においては、事情は一変してしまいます。そこでは言葉は、組織や機構の存在に対して後続的・従属的であるどころかむしろ〈先行するもの〉となっております。もう一歩立ち入って言えば、「組織を創ろう」という人間たちの意志と基本構想がまず在って、言葉はこの基本構想の表現手段、さらには正当化手段として用いられます。新しい橋梁や建造物や機械等々の製作のためには正確な計算に基づく設計図面が必ず先行するように、人的組織のためには言語的規定によって体系化された基本構想が先行することになるわけです。そしてそのさい、そこでのそれぞれの言葉は、各自の自己同一性がしっかりと確定されていて、厳格に整合性を持った仕方で使用されていることを要求されています。すなわち、そこで使われているそれぞれの基本用語は、それらに対して最初に指定された意味〔解釈や定義〕をここで勝手にすり替えたり曖昧にしてしまったりすることは本来ゆるされないことになっております。例えば法律家にとっては、世の中が大きく変化したために現実と適合しなくなってしまった法律でも、それがしかるべき手続きによって変更されずにいる間は、「悪法も法」で、現存する条文の同一性を当初の定義に即して忠実に守りきることが「自らのいのち」ということも十分にありえます。

ここには明らかに社会的現実と言葉による法的体系との間に乖離が生じているわけですが、こうした乖離のなかでこそかえって〈生真面目な〉法律家とか役人のせいで〉法律は、現実に対する自らの先行性そして規範性に固執せざるをえないという格好になっておりますし、この固執を鼓舞する役割を担って登場してくるものこそ、言葉自身の抽象的〈自己同一性〉を後ろ盾とした「矛盾律神話」にほかならないのだと言えるのではないでしょうか。

第5章　ヘーゲルの「論理的なものの三つのモメント」

ヘーゲル以前の論理学者のもとでは、「矛盾」とは論理の否定、論理の破綻であり、したがって矛盾を容認する「弁証法」は**非論理的**なものである、と見なされてきたということ、しかしヘーゲルのもとでは弁証法は〈論理の否定〉であるどころか、〈否定性の論理〉＝〈矛盾の論理〉としてどこまでも〈論理的なもの〉であると把握し直されるに至ったことを、私たちは見てきました。すなわち、ヘーゲルにおける「論理」の意味は、〈同一律－矛盾律〉を**不可侵・不動の根本原理と見なす**「論理」理解におけるそれとは大きく異なったものとなるに至ったということでした。そのヘーゲルは、彼が新たに独自に到達した〈論理的なものの全体像把握〉について『小論理学』の中で改めてまとまった解説を読者に与えようと腐心しています（『大論理学』ではそうしたまとまった形での解説的な試みは特に行われてはおりません）。ですから、この解説を要約紹介することは、私たちのこれまでの考察のまとめとしても最適であるはずですので、以下しばしその紹介を試みてみることにします。

ヘーゲル的用法における「モメント（契機）」の意味

ヘーゲルは〈論理〉ないし〈論理的なもの〉を、それ自身のうちに内包する〈三つのモメント〉の動的連関によって織り成される〈全体〉として捉えております。ヘーゲルの用語法での「モメント」Moment に対しては邦訳では「契機」という訳語が当てられていますが、この「モメント」には、ヘーゲル的な了解では、事物や事柄に対する概念的把握のそのつどの〈全体化〉への運動を構成する内在的・本質的担い手としての**動的因子**といったほどの意味が込められております。全体とモメントとの関係はある意味ではしばしば〈全体と部分〉という関係、または〈全体とその諸側面〉という関係として読み換え可能でもありますが、後者の二つは、〈全体とモメント〉の静止的写像とも言うべきもので、これらによっては全体と部分との関係における動的連関がともすれば背後に隠されてしまいかねません。それで、どうしても**動的連関**そのものこそが問題の焦点となっているのだということを明記したい場合には、ヘーゲルは「部分」Teil や「側面」Seite ではなく「モメント」を使います。

さて、そこで「論理的なものの三つのモメント」についてですが、それらに対してヘーゲルは順次、①「抽象的あるいは悟性的」、②「弁証法的あるいは否定的理性的」、③「思弁的 spekurativ あるいは肯定的理性的」、という規定を与えておりますが、ここでの①②③の順序は、勝手に置き換えは許されない関係、論理自身の内在的発展に関わる必然的つながりだとされております。以下、これらを順次に見てゆくわけですが、その前にほんの少しだけわき道にそれて、「悟性」という訳語について説明させておいてもらいます。私たちの間では、「悟性」とか「悟性的」という言葉は日常的にはあまり多用されてはいないはずです。ここで「悟性」と訳されているもとのドイツ語を見ますと、それはVerstandですが、これは英語で言えばintellectに相当する言葉で、ですから私たち現代人の普通の用語感覚では、むしろ「知性」と訳されるべきなのでしょうが、日本語の「知性」という用語には、カントやヘーゲルがVerstandをVernunft（理性）の下位においてこれと厳密に区別したその意味合いが必ずしも明確にされておりませんので、こうした点を考慮して私もここでは一応先人に倣って「悟性」という訳語を踏襲させてもらっております。もちろん、右の事情を踏まえた上でならば、皆さんには「知性」という訳語を使用してもらっても、なんらかまわないということをお断りしておきます。

〈悟性的なもの〉の内在的超出としての〈弁証法的モメント〉

本筋に戻りましょう。ヘーゲルが〈論理的なものの全体〉の第一段階である〈悟性的なモメント〉を特徴づけている次の言葉は、ヘーゲル的諒解による「悟性」の特徴を手短にかつ的確に言い表しています。

われわれはそれら〔＝論理的なものの三つのモメント〕をすべて第一のモメントである悟性的なものの下におき、かくしてそれらを別々に分離しておくこともできる。しかしその場合、それらは真の姿においては考察されないのである。（『小論理学』（上）岩波文庫、二四〇ページ）

対象を正確に捉えるということは、その対象と他のものとの区別ばかりでなく、それが内含している諸部分や諸側面や諸要素等々の間の相互的な区別をも、曖昧に放置せずにまずははっきりさせることなしには始まりません。そしてまた、区別が明示されるということは、それぞれの区別項のそれぞれの自己同一性が明示されることでもありますが、こうした最初の知的働きを遂行するものこそがまさに「悟性」であるとされているわけなのです。

このようにヘーゲルは、論理の展開の全運動にとって「悟性」の段階が不可欠であることをまず認めています。但し彼は悟性的論理の特徴を、区別項各々の自己同一性に一面的＝抽象的に固執するという仕方のうちに見出しています。この固執のために、悟性論理の下では「区別」はもっぱら〈分離〉としての区別となり、区別項同士の間で現実に存在しうる内的連関は見失われざるをえなくなる、というのがヘーゲルの〈悟性の限界性〉批判です。悟性的な分離の視点を維持したままで区別項同士の連関や結合に目を向けようとすれば、その連関や結合は、それら区別項にとっては外的な他者としてそれらから切り離される、という結果を来たします。つまり、そこに成立することになる関係は、わかり易くイメージ化して言えば、他所から縄を持ってきて竹や木の棒切れを束ねるとか、飴玉や煎餅を紙の袋に一緒に詰め込む、といったそれであって、そこでは「連関」はせいぜいのところこの例での縄とか紙の袋といった程度のものに成り下がってしまうことになります（すなわち、竹の棒切れや木の棒切れ同士それら自身の連関、飴玉や煎餅同士それら自身の連関は、棚上げされたままにとどまることになります）。ここでの縄とか紙袋とかが連関をも結合をも代弁するには至りえないものであることははっきりしていますが、さらに一歩進めてみて、縄で束ねられるものが棒切れではなく人間たちだと考えてみれば、ここに至ってはもはや、そこに見出されるものが結合どころか、外部からの無理矢理の〈拘束〉以外のなにものでもないわけですから、そこでの〈縄〉が、〈連関〉や〈結合〉を論理化する上で「悟性」が陥らざるをえない破綻であることは、ますます歴然としていると言えるでしょう。それでは、この破綻を乗り越える手立てとは何でしょうか。

ヘーゲルは、区別項同士の間の連関がまさにそれら自身の連関として論理化されることを可能にする途は、〈右に指摘された点との関連においてみれば〉それらを規定している〈悟性的区別〉に対する「内在的超出（つまりは内在的否定）」以外にはないと考えます。そして〈悟性的論理〉のこの「内在的超出」こそが〈論理的なものの第二段階〉である「弁証法的モメント」にほかならない、と言うのです。ヘーゲル自身の言葉を示しておきましょう。

弁証法は内在的超出であって、そのうちで有限で一面的な悟性的規定は**これの真の姿において、すなわちそれの否定として**示される。（同前、二四五ページ、太字化は引用者）

〈論理的なもの〉の進展の右のような経過をまとめ直してみますと、――

（a）第一のモメントは第二のモメントに先行してこれの不可欠の前提となっていますが、この関係を第二のモメントの側から見ますと、第二のモメンは第一のモメントを〈不可欠の前提〉として**自己のうちに取り込むことによって成立している**、ということになります。（ところで、ここでの第一のモメントと第二のモメントとの関係に見られるように、後者は前者の〈否定〉でありながら、前者をまったくの他者として捨て去ってしまっているわけではなく、〈これを超え出てこれを自己のうちに含み込んでもいる〉という否定のあり方は、ヘーゲルによって独自に Aufheben

〔これの邦訳語は「止揚」または「揚棄」〕という言葉で概念化されていることはわりと一般に知られていることですが、念のために一応ここでこの用語法の再確認をさせてもらっておきます。〕

（b）しかしながら、（a）において見られたような弁証法的関係も、〔先ほどヘーゲルが指摘していたとおり〕これを私たちが、再び悟性的視点に突き戻されてそこから見返すということはいつでも起こりえるわけですし、そうなれば第一のモメントと第二のモメントとの関係は、〈肯定〉と〈否定〉とに分離し固定された、〈外的区別〉のうちに置かれることになります。すなわち、第二の弁証法的モメント自身が〈悟性的〉＝〈非弁証法的〉に位置づけ返されてしまうことになります。

以上のように見返してみますと、はじめは前後の順序を追う仕方で登場してきた①「悟性的モメント」と②「弁証法的モメント」とは、いまや対立的に向き合う一対の関係〔しかも例えば一枚の紙の表と裏のように互いに切り離せぬ関係〕のなかにそれぞれ立っていると言えます。そして一枚の紙の場合、表だけでなく裏だけでもなく、**両面を含んで〔あるいは併せ持って〕**こそはじめて一枚の紙であるように、〈論理的なものの全体〉も、第一と第二の対立的な両モメントを包括し統一するものとしてはじめて**自らの全体性**を表し示すのだとされておりまして、この〈全体〉が、ヘーゲルにとって〈論理的なものの第三のモメント〉でもあるわけです。

ところで、いま右に挙げた〈一枚の紙とその表と裏〉という喩えはヘーゲル自身が用いたものではなく、これにかんする限り、その文責は私にあります。この喩えを私が用いたのは、それが〈第三のモメント〉に対する読者の理解を助ける役割の一端を分け持つことにはなるだろうと思ってのことですが、とにかく、このイメージ化は、運動する〈論理的なものの全体〉をその静止的写像に移し変えてみた場合にはじめて通用する比喩にすぎませんから、この点に対する注意だけは付言させておいてもらいます。

この第三のモメントを特徴づけるためにヘーゲルが用いた言葉が「思弁的」という形容詞であったことについてはすでに紹介しておきましたが、この用語にヘーゲルが独自に込めた含意は彼の以下の説明の中に示されています。——「思弁的なものは、その本当の意味からすれば、一時的にも究極的にもたんに主観的なものではなく、悟性がそこに立ち止まっているような諸対立を、したがってまた主観と客観との対立をも、揚棄（Aufheben）されたものとして自己のうちに含んでいるものであり、まさに具体的で全体的なものである。したがってまた思弁的内容は一面的命題によっては言い表すことができないのである。」（同前、二五四ページ）

〈主観的なもの〉と〈客観的なもの〉との統一でもある〈思弁的なもの〉

再度少々見返しておきます。最初の紹介のところで示しておいたとおり、「思弁的」は「肯定的理性的」ということでしたし、これの前段階に位置する第二のモメントが「弁証法的」で、これは「否定的理性的」とも呼ばれておりました。ここに表面化されている表現上の区別にそう限りでは、「思弁的」は「否定的」ではなく、「弁証法的」でもなく、そしてもっぱら「肯定的」であるかのようにも見えます。しかしながら右の引用中の最後の部分に見られるように、ヘーゲルは、「思弁的内容は一面的命題によっては言い表すことができない」と述べております。彼の把握に従えば、「思弁的なもの」における〈肯定性〉は「弁証法的モメント」における〈否定性〉によって媒介され、**〈否定性〉を自らのうちに含んだ肯定性**であるとされております。このようなわけで、総合と統一の段階である第三番目の「思弁的モメント」はもはや弁証法（否定性の論理）からの訣別だというわけではなく、そこにおいてもまさに弁証法的論理（否定性の論理）は貫徹されていることがわかります。

ところで、この引用箇所の前半部分には、「思弁的なものは……たんに主観的なものではなく、……主観と客観との対立をも揚棄されたものとして自己のうちに含んでいる」という言葉が見られましたが、これについては、ある程度解説しておくべきかもしれません。ここまでの場面でのヘーゲルの説明の経過のなかでは「主観」とか「客観」とか、「両者の対立」とかといった言葉はいきなり立ち現れてきたという感じがするからです。

そこでまず、いったん初歩的なところにまで話を戻して、そこから始めようと思いますが、「主観」という用語は、普通、私たち人間の〈認識や判断〉の働きに関わって用いられています。私たちの認識活動は、外界とそれぞれの仕方で関わりを持つ感覚や知覚を基礎においたいわゆる知的判断能力によって営まれており、そこでは〈認識する〉側と〈認識される〉側との区別および対応関係が生まれ、その関係が〈主観と客観との関係〉とも呼ばれ、そして私たちの認識内容にかんして、基本的には、〈主観〉と〈客観〉との一致が求められております。しかし私たちの認識や判断は、私たちの側での例えば錯覚とか勝手な速断とか片寄りとか不十分な予測とかのせいで、客観的な事柄とずれてしまうことも稀ではありません。そのような場合には、私たちの認識は「主観的なものにすぎない」と言われ、〈主観〉と〈客観〉との間にはずれとか離反とか対立といった相互に否定的な関係が生じます。ところが、普通の形式論理学にあっては、こうした認識論上の〈主観―客観〉関係の論議は問題領域の外におかれます。すなわち、形式論理学が取り扱うのは、言語や記号の使用それ自身の内部での論理的整合性（つまりは、矛盾律の遵守）の確認に関わる問題であってそれ以外ではないとされている、と言ってよいでしょう。

しかしながらヘーゲルから見れば、〈主観―客観〉関係における認識論的真理問題には無関係であると自称している形式論理学の観点は、片やたんなる同語反復としての〈抽象的同一性〉と、そして片や同一性の側面を無視した〈外的区別〉とに固執するものである限り、〈悟性〉のレベルにとどまるものでしかありませんし、こうした悟性的対応は、そのままでは、私たちも先に見たとおり、客観的領域からの分離へと決定づけられざるをえない運命にあったわけですから、形式論理学は〈主観─客観〉関係に対して中立であるどころか、むしろ〈客観〉を振り捨てて〈主観〉の内部での自己完結性に立てこもろうとするものとなってしまっていた、とも言えそうなのです。

このように見てみますと、論理的なものの第一のモメントである〈悟性〉の立場に対する「内在的超出」としての第二のモメントを介して、これら対立的両者を〈揚棄〉されたものとして自らのうちに含む第三のモメントへという、〈論理的なものの全体化〉への進展は、ヘーゲルにとってはもともと〈主観的なもの〉と〈客観的なもの〉との対立を踏まえ、しかもこの対立をも〈乗り越え〉て、「論理」に対して客観的真理の地平への資格を賦与するための運動でもあったのだということがわかります。

第6章　発展の論理としての弁証法――「即自」「対自」「即かつ対‐自」

前章の最後で私たちは、ヘーゲルに導かれながら弁証法論理の、〈全体化の論理〉としての一面に注目したのでしたが、「弁証法とは何か」の基礎論的理解を意図した第Ⅰ部を閉じるに当たって最後にもう一つ、〈弁証法論理〉にかんして、〈発展の論理〉としての面についての確認をも忘れるわけにはまいりません。これを忘れては、まさに〈画竜点睛を欠く〉ということになってしまうでしょう。

さて、ここでもまたヘーゲルに依拠することになるのですが、彼は発展の論理構造を〈即自―対自―即かつ対‐自〉という（またもや）三段階の連関において捉えました。

ここに掲げた「即自」とか「対自」といった用語法については、第2章で一瞥程度の言及はしておいたはずですが、ヘーゲルと関わりを持ったことのない一般の日本人にとっては殆ど耳慣れない、むしろ奇妙とも言える用語のはずですし、私自身もかつてそれらの理解にいささか手こずった経験がありますので、やはりここでもある程度の用語説明から始めざるをえないだろうと思います。

ドイツ語表記について

元のドイツ語の単語の意味から入ることにします。邦訳とその元となっているドイツ語との対応をまず示しておきますと、「即自」は an sich で「対自」は für sich、「即かつ対 - 自」は an und für sich です（これらのドイツ語は、ここでの邦訳では仮に名詞の形で表示しておきましたが、じつは「〜的に（は）」というように、副詞的に用いられるべき言葉です）。そしてこれらの中の an や für は前置詞で、für は英語の for にやや近いのですが、an に対しては正確に対応する英語の前置詞はなく、それぞれの文脈の中で in に対応させたり on に対応させたり、接触を意味する場合の by に対応させることは可能ですが、これらのどれか一つの前置詞だけに置き換えることはできません。

次に sich ですが、これは「再帰代名詞」と呼ばれる（三人称の）代名詞で、これにそのまま対応する英語の単語はありません。これに近い英単語を求めるなら、self がそれですが、しかし sich の方は、他動詞と一緒に用いられると、その他動詞が自動詞化したり、受動形の動詞に意味変換したりしますが、英語の self は単独ではそのような役割を果たすことはなく、それは普通の人称代名詞に付着して myself（私自身）や yourself（君自身）や herself（彼女自身）や himself（彼自身）等々としてはじめて自らの立ち位置を確保することが許されております。

カントの〈Ding an sich〉

さて、それではいよいよ「即自」や「対自」や「即かつ対‐自」がヘーゲルにおいて意味するところを見ていくことになります。はじめに述べておいたとおり、これらの用語はそれら三者が揃ったところではじめて事柄や認識内容にかんする発展の論理の内部構造を示すはずのものとなっております。もちろん、an sich や für sich にかんしては、ヘーゲル的な意味づけや位置づけには捉われない普通の日常的な用法は存在しておりますし、ヘーゲルの先行者であるカントを思い返してみても、カント独自の用語 Ding an sich（「物自体」という邦訳が一般化されています）の構成要素をなしている an sich の場合には、ヘーゲル的な〈発展の論理〉へとつながっていくような位置づけは、そこにはなんら含まれてはおりません。ついでですから、カントの「物自体」についてごく簡単に一言しておきましょう。

カントでは「物自体」とは、むしろ変化とか発展とかが問題とはなりえない（すなわち、これらとは次元を異にした）存在と見なされております。私たちは、事物一般に対して私たちの五感を介して関わっていますが、カントはこれら五感を介して関わっている〈物の在り方〉を〈物の現れ／現象〉Erscheinungと呼んで、物の〈それ自体〉すなわちDing an sichから厳しく切り分けてしまい、そして、変化や発展が問題となりうるのは現象にかんしてだけであると見なそうとしていました。ですから、事物の具体的な有り様から切り離されて概念的には事実上空虚な抽象物と化してしまっている「物自体」なるものは、それの生みの親であるカントの手を離れた当初から、絶えず物議をかもす謎多きXとなってしまい、そもそもカントは、現象における変化や多様性がもっぱら私たちの五感にのみ帰せられるべきものと考えていたのか、それとも物の側もそれ相応の責任の一半は負うべきだと考えていたのかという問いにかんしてさえ、決着の決め手が与えられないまま放置されてきたとも言えるのです。ですが、この問題へのこれ以上の取り組みは私たちの当面の問題領域をはみ出してしまうことになりますので、私たちはここでは、an sichという言葉が、同じドイツ語圏で四六歳の年齢差があるだけの大哲学者同士の間でさえ、その使われ方にかんしても意味するところにかんしてもかなり異なっているということを確認しただけで当面は満足し、話を再びヘーゲルの方へ戻したいと思います。

ヘーゲルにおける〈発展の端緒〉としての〈即自態〉An-sich-sein

sichという単語は、主語が〈私〉ich（一人称）や〈君〉du（二人称）以外の三人称代名詞や名詞である場合の、これらに対応する再帰代名詞であることについてはすでに述べました。ところで、an sich は、これの主語として表されているものがそれ自身と**一体となっている**、あるいは**密着している**、あるいは**自己同一的である**といった有り様（状態）を示している言葉ですが、ヘーゲルにとってはこの状態は、成長あるいは発達／発展との関係で見れば、その当のものの発達の未だ端緒／出発点の段階（未展開の状態）を意味しています。この即自的な状態は、発展する主語となるもの（主体）の発展の進行の中ではやがて否定されます。しかし、即自的状態のなかでいわば〈素質〉という仕方でその主体に密着していた主体自身の本質はその否定によって全くの〈無〉に帰してしまうわけではなく、したがって〈即自〉の否定態である〈対自〉の過程にあっても、素質（基底）としての〈即自〉は当の主体の〈自己同一性〉を支えるものとして〈根底においては〉保持され続けていると言えるのであり、だからこそ、最後の段階である〈即かつ対‐自〉の中にも〈即自〉は再び顔を出すことになる、というわけなのです。

なお、成長／発展の〈端緒〉としての〈即自〉を事例的な説明の助けを借りて示しておきますと、（Ⅰ）現実の発展過程の事例として例えば人間の成長／発育の場合について言えば、生まれたばかりの赤ん坊がそれですし、あるいはまた、現実の歴史の中で新たに登場したばかりの社会体制がそれですが、（Ⅱ）他方、概念的把握の深化／発展を示す「論理的なものの三つのモメント」の例で言えば、最初の「悟性的な段階」(「悟性的なモメント」)がそれである、と言ってよいでしょう。

〈抽象的自己同一性〉と〈具体的自己同一性〉

〈即自〉の段階に続く〈対自〉の段階は、主体が自らの〈即自態〉において素質として持っていた潜在的可能性が新たな現実態へと向かって顕在化してゆく過程だと言えます。このような過程をなぜ「対自(もしくは向自)」と呼ぶのでしょうか。この問いに答えるために私たちはまず、〈自己同一性〉問題に関わる〈抽象的な論理の次元の話〉から始めることにします。

論理学者たちは論理学の基礎となる「同一律」(「同一性」identity の原則)を「AはAである」という命題や「A＝A」という等式で表現してきましたが、これらの命題や等式をよく見てみますと、主語Aの自己同一性を言うのに、じつは、背後に区別すなわち否定が隠されていることがわかります。すなわちAは、〈主語としてのA〉と〈述語としてのA〉とに、または等式の左辺と右辺とにいったん区別され切り離されており、そのうえで、そこでの区別(否定)が〈じつは区別(否定)ではない〉こと(すなわち、否定の再否定)を示すための「〜である」という繫辞や等号〈＝〉が用いられているわけです。しかしもちろん(再度言いますが)同一律の命題の中では、「否定」も「否定の否定」も〈陰の立役者〉にすぎません。陰の役者が素顔を現した形が、同一性原理に関するもう一つの表現として「Aは非Aではない」とか「A　non A」ということになりますが、これは矛盾律（矛盾禁止の原則）の基本形とも言えるものです。

ところで、同一性命題「A＝A」は、記号Aに代えて、例えば「バラ」だとか「人間」だとか「太郎」だとか「民主主義」だとか、如何なる名詞を当てはめてみたとしても、同じ言葉が二度反復されただけのものとなっているわけですから、当の主語の指示するもの（Aが何であるか、あるいは、Aはどのようであるか）について、じつは何も言っていない空虚な命題でしかないことになります。もっとも、「A≠non A」に見られる二重否定の形にあっては、Aではないすべての他者との違い（否定的規定）が指示されることによって何事かは語られていることになってはいますが、Aそのものの正体が空白のままにとどまっている点にかんしては変わりがありません。

この内容的空虚さは、家出人の捜索者が山中で捜し当てた一人の男を家出人のA氏であるかどうかを同定しようとする場合を考えてみれば実感されるはずです。そこでは同一律の命題を何度繰り返し掲げてみても何の役にも立たないことははっきりしています。目の前にした男XがA氏であることを確認することができるためには、「A氏がA氏である」ための既知のデータ（容貌や身長その他の身体的特徴、運転免許証やその他の身分証明書の類を持っているかどうか、家族や代表的な知人の名前に対する当人の記憶、等々）を男Xにかんして確かめる必要があります。また、覚醒剤捜査班が家宅捜査によってクッションの中から探し出した白い粉が、目指した覚醒剤そのものであるかどうかを同定するためには、臭いや外見の特徴から始めて、熱や試薬による反応を通して、その諸性質を明らかにしていかなければならないでしょう。つまり、現実に存在する事物や人物にかんして、「A＝A」の同定を果たすことができるためには、問題とされる当該の主語についての把握が具体的でなければならないということです。具体的であるということは、当該の主語とされているものが、それの述語となるべき様々な諸要素（姿形や諸性質や、あるいは分類上帰属すべき種別等々）の総合態として存在しているということに他ならないでしょう。このことは、事物や事柄にしろ、人物にしろ、それらの同定（同一性確認）のためには、それらの各々が身にまとったり内包したりしている、それら自身に帰属する〈区別項〉としての諸要因が不可欠であるということを意味しています。これが「具体的な自己同一性」ということの意味でしょう。現実の発展過程においてにしろ、深化／発展する概念的把握における〈論理的なもの〉においてにしろ、そこでの展開の担い手〈当事者〉となることができるのは〈**具体的**同一性〉なのであって、〈**抽象的**同一性〉ではありません。

〈対自〉と〈対他〉

〈対自〉は、成長／発展の端緒としての〈即自態〉に見られる主体の未分化な自己同一性の内側から、主体の成長／発展に伴う区別・対立が現れ出て、〈自己が自己に向かい立つ〉過程を意味します。このことは例えば、（喩えに頼るのは多少気が引けるのですが、その一つをここに持ち込むのを敢えて許してもらえば）固い花芽がしだいに膨らみをましてゆき、開花へ向けてほどけてゆくようなものです。つまり、〈対自〉は〈即自〉に対して、明らかにこれの否定です。しかしこの場合の〈否定〉は、成長／発展する主体にとっては、外部からの否定ではなく、成長／発展につねに付随する〈内在的否定〉です。そしてこの〈内在的否定〉も、やはり〈否定〉である以上は、極端な場合には、否定をこうむる側の〈分裂から、さらには解体／消滅へ〉という可能性をも含みはします。しかし消滅の可能性が克服されるところでは、それは新たなものの形成／産出へとつながります。すなわち、これこそがまさに〈発展〉そのものに他なりません。

ところで、主語とされているものにとって、それの「自己」とは何でしょうか。「自己」とか「自分」という言葉は、言うまでもなく、「他者」とか「相手」とかに対する反対語です。つまり、「自己」と「他者」とは、〈否定〉を介して不可分な関係にある対概念だと言うことができます。ですから〈自己〉とはつねに、そこに明示されていると否とにかかわらず、〈他者ではない〉もの〈他者との区別〉としてのみ存在しているところのものです。ということは、如何なるものにあっても、〈他者〉との関係がより一層頻繁になり、その中でこそ〈他者〉との区別（否定的関係）もまた一層浮き立ってくるというその度合いに応じて、〈自己〉もまたその所在を具体的にしてゆく、ということに通ずると言えるでしょう。ここに見られる〈他者との否定的媒介〉をつうじて〈自己〉に回帰するという〈自己関係〉の進展、これもまた〈対自〉の過程の中に含まれるもう一方の側面ですが、ここからわかるのは、〈対他関係〉なしには〈対自〉の展開は無く、〈対自〉と〈対他〉とは表裏の関係にあるということです。

〈否定〉に媒介された肯定的成果としての〈即かつ対-自〉

イメージ的に描きやすく単純化した言い方をさせてもらいますなら、〈即自〉から〈対自〉への進展は、〈自己密着〉から〈自己分裂〉への歩みです。そして〈自己分裂〉はすなわち〈自己矛盾の露呈〉に他なりませんが、〈自己矛盾〉はつねに、なんらかの程度、〈解体および消滅〉の危機をも懐胎したものでもあります。しかしこの〈消滅の危機〉が主体自身において〈乗り越えられる（否定し返される）〉ところでは、まさに〈より進んだ新たなもの〉が形成されるということ、これについては先ほどすでに述べましたが、これが〈即かつ対-自〉です。〈即自〉と〈対自〉との統一を意味するこの表記によってヘーゲルは、〈消滅の危機〉を乗り越えて新たな段階（新たな次元）に進んだ主体の内にはそれまでの過程が自らのいわば血肉となって保存されていることを言い表そうとしていた、と受け取られるべきでしょう。

ところで、「弁証法とは〈対立物の統一〉の論理である」という命題がこれまでしばしば言われてきた経緯が確かにあります。この命題は「即かつ対‐自」の概念内容の説明にそのまま符合したものとなっている、とある面では言ってもよいのかもしれません。しかし「即かつ対‐自」を帰結点とする論理の展開は、「対立物の統一」という命題化だけでは汲み尽くせぬ内容を持っています。その内容とは〈発展の論理〉です。ヘーゲルの弁証法が「否定」や「否定性」の概念を根底に据えたものでありながらもニヒリズムへの奉仕者とならない理由は、この点に存しています。私は、この点は簡単に見過ごされてはならない重要なところだと思っています。〈即かつ対‐自〉は、主体がそれの〈即自〉としての肯定的な〈本来性〉を回復する地点であるとともに、そこにおいては「対自」も、「即自」に対する否定としてのレベルにとどまるだけでなく、それを越えて、für sich というドイツ語の日常的用法がもともともっている「（他者に頼らず）自分だけで」という積極的意味（すなわち「自立」を表す意味）を回復する地点でもあるわけなのです。

「否定の否定」とも比較してみる

それでは、〈即自―対自―即かつ対‐自〉の論理と〈肯定―否定―否定の否定〉の論理との比較も一応こころみておきましょう。後者の〈否定の否定〉の論理をも（ここでの二重否定の〈肯定的なものの回復〉としての意義を大きく捉えて）〈発展の論理〉として諒解する見方は一般的となっている、と言ってよいでしょう。私もまた、このような、ヘーゲルやマルクスたち自身の語法に則った一般的諒解に異議はありません。ただ、テオドール・アドルノの『啓蒙の弁証法』や『否定の弁証法』における、「否定一元論的」とも評されうる「弁証法」理解の登場を目の当たりにしてみますと、改めて思い知らされることがあります。それは、「否定の否定」の論理展開の記述においては、いったん最初の〈肯定〉が〈否定〉によって置き換わったその後は、もはや〈否定〉の独壇場となって、記述上は、〈肯定的なもの〉はもはや背後に身を引いた形になっているということです。「否定」のみを立役者にしておく「否定主義」とでも評されるべき観点が一人歩きしてゆけば、それはいずれはニヒリズムへと帰着せざるをえないだろうと思われます。しかしヘーゲルやマルクスにあっては、〈即かつ対‐自〉への論理展開と〈否定の否定〉の論理とは相互に補完しあう一体のものとして諒解されていた、と言うことができます。すなわち、これら両人にとっては、発展の論理はたんなる〈変化〉たんなる〈否定〉のたんなる平板な無限連鎖の論理ではないということなのです。

三段階として捉えられる連関のそのつどの帰結が、先行の過程に対する否定を不可欠な内容として含みながら、〈より高い〉あるいは〈より豊かな〉あるいは〈より包括的な〉新しいものの形成／産出となっている点が重要なのです。

第Ⅱ部　人間存在の弁証法

第7章　〈人間の自己疎外〉と弁証法

いよいよこの章以下の諸章において、本書第Ⅱ部が設定した課題の領域に本格的に足を踏み入れることになります。そこで最初に取り上げられるのが本章に掲げられたテーマです。

「人間の自己疎外」——これほどに弁証法的な（しかも私たち人間存在に直接関わるものであるだけに、他の何にも増してこれほどにドラマティックな）テーマは見当たりません。私たちが先に第4章でこの「人間の自己疎外」という概念について、ついでながらほんの少しだけ言及し、そしてこの第7章の予告をもしておきましたが、その予告がなされたのは、「矛盾律神話」に言及しつつ、そこで人間の営み一般において生じうる〈目的と手段との相互転倒〉という否定的現象に注目したさいのことでした。この〈目的と手段の相互転倒〉は、人間が自然環境および社会環境の中で、自分たちの生活必要を満たすためのものを**積極的に作り出していく場面**でこそ生じます。そしてそれは、〈人間の自己疎外〉の結果としての現れ方の一つなのですが、勿論、〈人間の自己疎外〉の現れ方はこれに尽きるわけではなく、後に見るように、それは人間自身における〈本質と現実存在との、あるいは個人と全体との分裂＝乖離〉としてとか、さらには人間たち同士の間の〈支配と隷属〉の関係の発生とそれの**現実的に体系化した存続として**とか等々……様々な姿をとってきました。ですがこの章の導入部としては、まずは、〈目的と手段との相互転倒〉の問題を改めて考察することから始めることにしようと思います。

一 目的と手段の相互転倒

〈生きる〉ために〈食う〉のか、〈食う〉ために〈生きる〉のか

私たちの日常生活に関わるごく通俗的とも言える問いとして、例えば、「ひとは生きるために食うのか、食うために生きるのか」といった設問が、時に面白半分に語られることがあります。これに対して、「そんな暇つぶしの問題ごっこに付き合っている暇はない！」と言下に無視を決めこむひとも多いかもしれませんが、じつはこの設問は、思い直してみれば、まじめに向かい立ってみるに値する内容を含んでもいるのです。

この問いに対する正解は、普通に素直に考えれば、「ひとは〈**生きるために**食う〉のであって、〈**食うために**生きる〉、のではない」ということになるでしょう。ここでの「ために」はこれの前に置かれた言葉を〈目的〉として指定する言葉ですから、この正解では〈生きること〉が目的で〈食

うこと〉は、この目的に奉仕する〈手段〉の位置に立つことになります。ここでの〈目的―手段〉関係をもう一つ別の形で言い換えてみますと、「生きる」という動詞はそれの主語である〈人間〉自身を指し示していますが、「食う」という行為は人間自身にとっての他者、すなわち〈食物〉という客体（対象）へともっぱら差し向けられています。というわけで、〈生きること〉対〈食うこと〉との関係にかんして見られる〈目的―手段〉関係は、〈（生きる主体である）人間と（食べられる客体／対象である）食物〉との関係にかんして言われるべきものでもあった（すなわち、「人間自身こそ人間にとっての目的である」というところに帰着するのである）というわけなのです。この最後の括弧内の命題は、中間の導入部をとびこしてかなり先回りしすぎた結論ではありますが、今のところはそのままにして、先へ話をすすめることにします。そして以下では一旦、私たちがいま関わりを持ち始めた「目的」や「手段」のカテゴリーをはっきりとさせておくために、ここでもまたヘーゲルのカテゴリー論的考察に少しばかり目を向けておこうと思います。

ヘーゲルにおける目的論的考察

私たちは以上の中では、「目的」と「手段」とを相関関係の図式のなかに置いて見てきました。これはこれでなにか間違いを犯しているというわけではありませんが、ヘーゲル論理学においては「目的」や「手段」のカテゴリーが登場するのは『大論理学』では第三巻「概念論」の第二編「客観性」の最後の章「目的論」Teleologie においてでありまして、この章は、〈目的の設定〉とこれの〈現実的達成／実現〉という観点から、これらを両端とした中間の媒介項として〈手段と一体化した実行行為〉が挿入されて、三者の推論関係として構成されております。すなわち、ここに見られる推論式は——

（α）主観性としての〈**内的目的**〉が、

（β）自分の否定態である〈**客体性の領域**〉を介して、

（γ）〈**主観—客観の統一**〉としての自己実現を達成し、〈自己自身に立ち帰る〉

——という形をとっており、そしてこの〈自己回帰〉の推論式こそが「目的論」の基本構図とされております。そしてこの基本構図（これを「構図A」と呼ぶことにします）は、どこまでも〈目的〉こそが〈主〉であって〈手段〉は〈従〉すなわち副次的であることを示していると言えますし、ゆくゆくは、先ほど括弧内に補足的に先取りして言及した「人間の自己目的性」という観点にもつながるものであるわけなのです。勿論、「人間の自己目的性」という目的論的関係は〈無限な自己関係〉を表しておりますし、私たちが特定の〈有限な〉外的目的を設定してこれの実現を目指すといったいわゆる〈有限な目的論的関係〉とは次元を異にするものと言われるべきでしょう。

さらに見てみますとヘーゲルは、この〈有限な目的論的関係〉を特定する仕方としては『小論理学』の二〇六節では次のように述べています。

目的論的関係は、その中で主観的目的がこれにとって外的な客観性と、中間項をつうじて連結するところの推論関係であり、この中間項は、合目的活動としては、主観的目的と外的客体性との統一であり、目的の下へと直接に定立された客体性としては、手段である。（『小論理学』（下）岩波文庫、二〇一ページ）

この節で語られている「目的論的関係」は、いま先に示された（β）の段階（〈目的の実現〉へと向かう中間段階）が内包している推論関係で、これの構成要素は（イ）〈主観的目的〉と（ロ）これの実現のために使用される客体としての〈手段〉と、（ハ）この〈手段〉を〈目的〉の観点から実際的に支配し・使用する〈活動〉Tätigkeit、という三者です（この三者の関係を「構図B」と呼んでおきます）。そしてこれら三者による推論式は六通りが、すなわち①〈目的―手段―活動〉、②〈目的―活動―手段〉、③〈活動―目的―手段〉、④〈活動―手段―目的〉、⑤〈手段―目的―活動〉、⑥〈手段―活動―目的〉が考えられ、それぞれの連関の真ん中に位置している項が両端の項を結び付ける媒介の役割を果たしていることになります。

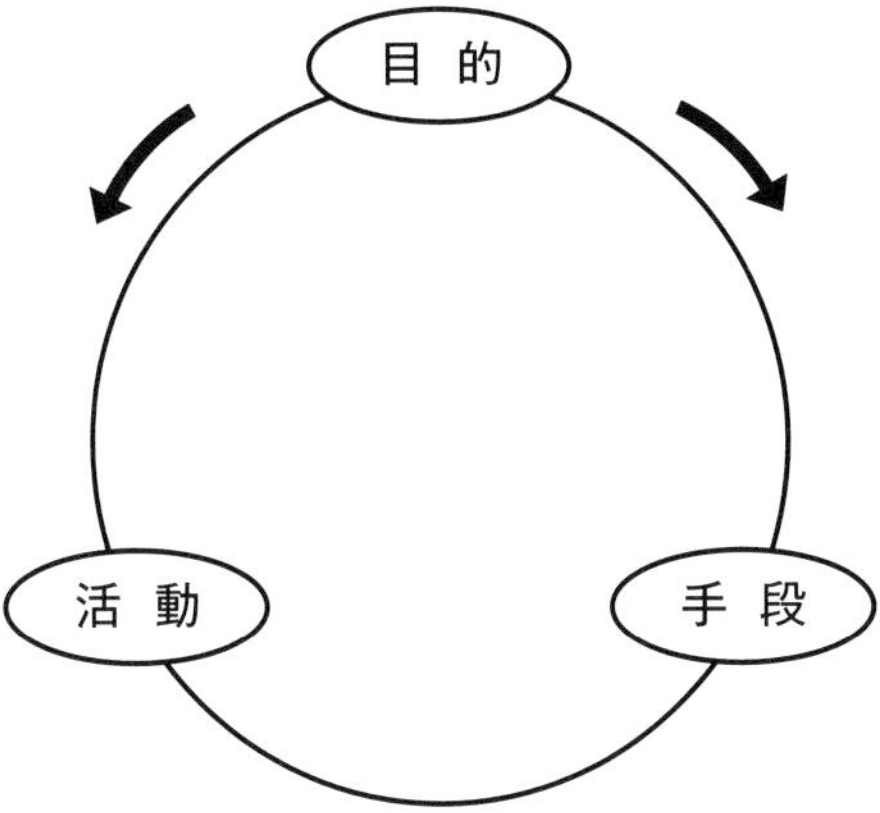

これら六通りの変化は、図示の助けを借りて説明すれば、次のようにして生じます。すなわち、上記の（β）の段階としての同一平面上の一つの輪の上に〈目的〉と〈活動〉と〈手段〉の三項が配置されている右の図を見てください。これら三者の関係は、このままでは、〈どれが起点で、

どれが終点で、どれが中間か〉、あるいは〈どれが主でどれが従でどれが脇役か〉がはっきりしていません。三者のうちでどれを起点にとってもよいわけなのです。そこで起点を三者のそれぞれに順繰りに移してみた場合、まずは三通り連関のちがいがそこに生ずるわけですが、それぞれの連関がそれぞれの起点から右回りに進むのか左回りに進むのかによって、さらにそこにそれぞれ二通りのちがいが生じますから、以上全部で2×3で六通りのパターンが可能になる、というわけなのです。そしてこれら六通りの推論式の間には特に軽重や順位に関わる違いが初めから決められているわけではありませんし、むしろこの点にこそ中間段階としての（β）の段階の特質が存していると言えますので、したがってそこから〈目的〉と〈手段〉との二つの項を取り出してみた場合にも、それら両者の間には未だ一方的に方向づけられた〈主と従〉の関係は存在してはいない、つまりそこでは、〈目的〉と〈手段〉はいつでもいわば〈比重の交替〉が起こりうる関係に立たされている、と言うべきでしょう。ということは、この次元にあっては、〈目的〉と見られていたものが〈手段〉に、そしてまた、〈手段〉と見られていたものが〈目的〉に、という仕方の反転もまた、外的情況如何によって容易に起こりうるということでもあるということです。

さて、以上を再度振り返っておきますと、「目的論的関係」にかんするヘーゲルの把握は、目的の自己回帰的な推論関係（構図A）を基本に置き、構図Bにかんしてはこれを構図Aの中間段階（β）

に帰属するものとして位置づける、という形になっているということです。そしてこの確認のところまでは、私たちは「目的論的関係」の理解にかんしてヘーゲルと歩みを共にしていきたいと思います。しかしこの先の解釈にかんする限りでは、私たちは分かれ道を別々の方向に進まざるをえないと思っています。

目的論的世界像か人間の〈自己目的性〉か

その分かれ道を決定するのは、構図Aとしての合目的的活動の担い手である〈人間存在〉それ自身を〈目的〉的存在として位置づけるべきかどうか、という選択肢です。『エンツィクロペディー』〈哲学体系〉の著者ヘーゲルは、目的論的な世界理解の立場をとります。「目的論的世界理解」とは、〈目的の実現〉を目指す合目的的活動の究極的担い手を〈人間を超えた存在〉つまりは〈世界全体の包括者＝神〉として諒解する立場です。ヘーゲルがこの立場をとるのは、目的合理性の自己実現を支えている〈自己回帰〉の論理が〈主観―客観の統一〉の究極の自己完結性に達するのは、本源の主観性である〈合目的的理性〉が〈客観〉としての世界全体を包括し尽くしうることによってのみであり、そしてこの〈究極の自己完結性〉は〈絶対者＝神〉の領域において以外ではありえない、との考えに基づいていたと思われます。

これに対して、合目的的活動の担い手〈主体〉は、どこまでも現実の人間〈個人としておよび集団としての〉以外ではありえない、と捉える立場からすれば、「目的論的世界理解」なるものは実証科学のレベルを踏み越えた「形而上学ないしは宗教」の次元内の構想物にほかならないことになります。人間は確かに、〈目的の現実化〉へのそのつどの対象的活動の中で、そのつど絶えず自らをより高いレベルでの〈合目的的活動の主体〉へと形成し続けてもいると言えます。しかし現実の人間存在は「時間性」の規定を身に帯びた有限な存在ですから、自らのそうした主体形成自身は自己完結することはありえません。そしてまた、ヘーゲルにとっての〈神＝絶対者〉はそれ自身〈合目的的存在〉として自己完結しうるゆえに、自分の外に究極的には如何なる他者をも持たず、したがって他者の手段となることもないのに対して、人間は確かに一方で、〈合目的的活動の主体〉としての自己形成のうちに自らの存在根拠〈本質〉を持つ存在でありながら、他方では、他の人間たちと結びつきあい支えあいもすれば対立しあいもする、すなわち〈互いを手段としあいもすれば互いに手段となりあい〈あるいは手段とされあい〉もする〉、といった大きな制約〈他面では、〈支え＝救い〉かもしれません〉から免れてはおりません。カントはこのような人間的制約を踏まえながらも、「人間の尊厳」の根拠を人間各人が〈合目的的行為の主体〉としての在り方を自らにおいて確立し維持しうる存在であるということのうちに見定め、このような〈尊厳の自覚〉

への実践的呼びかけを「最高の道徳法則」と見なして、それを次のように命題化しました。

君の人格やほかのあらゆるひとの人格のうちにある人間性を、いつも同時に目的として扱い、けっしてたんに手段としてのみ扱わないように行為せよ。(『世界の名著』第三九巻「カント」中央公論社、二七四ページ、『訳注 カント「道徳形而上学の基礎づけ」』以文社、一二九ページ)

この命題は、宗教を持ち出さずに現実の人間の立場から「人間の尊厳」の問題と原理的に関わることのできるぎりぎりの限界線に迫ったものだと私は思っています。そしてこの〈人間の本質〉把握のうちに見出されるものは、人間をたんに〈使い捨てのモノ並みに〉扱ってはならぬという厳粛な覚悟の表明でもあります。

私は、少なくとも私たちがいま考察中の〈人間の尊厳〉問題に限って言えば、カント対ヘーゲルの対決に対する判定の旗は安易に宗教〈神〉に回答を委ねてしまわないカントの側に上げたいと思いますが、この確認をした上で私たちの当初の問題、〈生きること〉と〈食うこと〉との間の〈目的―手段〉関係に関わる相互転倒の問題にここで再び立ち戻ることにします。私たちはこの〈相互転倒〉の考察に入りかかろうとしたところで、ヘーゲルの「目的論」について予備的に学習しておくという横道にそれてしまったのでした。そしてその予備的学習つまり準備は一応果たせたと思います。

〈目的と手段〉の相互転倒が生ずるわけ

私たちがいま問題にしている〈目的と手段〉は、例えば〈内と外〉や〈上と下〉や〈表と裏〉、〈原因と結果〉、〈友好と敵対〉等々……のように、相関関係にある両者です。これら相関関係にある両者にかんしては皆さんも小中学生の頃、国語の試験で、それぞれの一方が提示されていてそこにそれぞれの反対語を示すような問題と取り組まされた経験を持っていると思います。ここに示されたような相関関係にある両者の間の区別に対してヘーゲルは、「区別」一般における〈特定化〉において（そしてたんなる「差異」とのちがいにおいて）「対立」というカテゴリーを指定しました。

念のため、その特定化の含意について一言しておきますと、雲―泥の〈差〉や月とすっぽんとの間の〈区別〉は〈対立〉ではありませんし、さらには、（もう少し密接ではあっても）〈西と北〉や〈東と南〉におけるそれぞれの両者は互い区別されてはいても、〈西と東〉や〈南と北〉におけるようには〈互いに反対極として向かい立って＝対立しあって〉おりません。

また、もうひとつ付け加えて言えば、〈月とすっぽんとの間に見られる〉ような区別は互いに無関係（少なくとも、関係がごく薄い）という形の区別ですが、〈内と外〉とか〈売りと買い〉とか〈原因と結果〉とか〈目的と手段〉といった対立的相関としての区別は、区別されている両項が互いに反対極となって向かい立っているもっとも鋭い区別でありながら、（むしろだからこそ）両項のいずれもが互いに相手を無くてはならぬ固有の他者としてもっている区別、すなわち〈切っても切れない〉つながりを持ってもいる区別だと言えます。――すなわち、〈表は裏あっての表。つまり裏のまたその裏が表。裏もまた表あっての裏。〉、〈いかなるものも他のなにかの結果として在る。そして或るものが結果であるのは、これとは別になにか原因があってこそのこと。いかなるモノも事態も、それら単独では結果でもなければ原因でもない。〉等々……という具合です。

相関関係にある両者は互いに比重が同等（対称的）な場合も、どちらか一方に偏っている（非対称的な）場合もあるでしょう。例えば、一枚の紙片の場合を見てみますと、文字が書かれている側と書かれていない側あるいは紙幣の裏と表のような場合もあれば、まだ何も書かれも印刷されもしていない、ほぼ同質な両面を持った白紙の場合もあります。後者の場合ですと、そのままではどちらが表でどちらが裏かわかりません。どちらかを表と決めれば、その反対側が裏となるだけのことです（ただ、その紙片も、表裏未定のままであり続けることはできず、いずれは使用されることによって表裏に分かれることにならざるをえないでしょう）。

では、こうした表―裏の関係と比べてみて、いま私たちが問題にしている〈目的と手段〉の相関関係の場合はどうでしょうか。目的論的地平の上で向かい立つこれら両者においては、比重の優位は明らかに〈目的〉の側にあると見られるべきでしょう。すなわち、〈目的〉と〈手段〉との間の非対称的相関関係の向きそのものは変わらないと言ってよいでしょう。ですから、今あらためて正確を期して言えば、私たちが問題にしようとしている〈相互転倒〉が生ずるのは、〈目的―手段〉関係それ自身の在り方に関してというのではなく、この関係の座標の中に自らの立ち位置を持つ内実の側においてなのです。すなわち、私たちが当初に着目した、〈生きること〉と〈食うこと〉との関係の問題に立ち戻って言いますと、〈生きること〉が〈目的〉から〈手段〉へと反転し、〈食うこと〉が〈〈手段〉だったはずなのが〉いつしか〈目的〉の座を占めてしまうというように、〈相互転倒〉を演じているのは、それらの立ち位置をめぐっての〈生きること〉や〈食うこと〉の方であるわけです。

ところで、本当のところを言えば「生きるために食うのか、それとも、食うために生きるのか?」という問いを立てて、それをただちに〈目的―手段〉関係に移行させて取り扱うというのはいささか粗雑なところがあります。しかしはじめに話の糸口としてこのような問いを持ち出してきた成り行き上、差し当たりそのまま進めることにします。

さて、〈生きること〉と〈食うこと〉との位置関係が反転してしまう（少なくとも、どちらが先かわからなくなってしまう）といったことは、じつは容易に起こりうることだと言ってよいでしょう。例えば、急激な天変地異に連続的に見舞われて、野にも山にも海にも食べ物を探すことが極端に困難になってしまうという場合です。このような窮迫した状況の中に絶えず立たされ続けた場合、私たちの生存の全集中力は〈食うこと〉に向けて吸い寄せられ、そこでは私たちにはむしろ、〈食うこと〉がいま生きつづけていることの第一義（目的）となってしまっているということは十分にありうることです。このような窮迫の中での転倒した〈生き方〉は、たんなる「生存」survivalには違いなくとも、もはや人間的な（＝豊かな多様性へと開かれた）「生活」lifeとは言えないでしょう。

ところで、いま着目した窮迫状態は、自然の大災害によって、人力を超え、万人に等しく否応なしに降りかかってくるものですから、これに対して誰かに恨みを言うというわけにもゆかない種類のものだと言えます。ところがこれに対して、この世には、人為によって惹き起こされる（すなわち、社会現象としての）窮迫というものもあります。すなわち、〈人間の人間に対する〉支配とか収奪とか酷使とか、そして「経済恐慌」や戦争、つまり「人災」です。規模の大小の差はもちろんありますが、この種の〈人災〉では必ず、〈窮迫に追い込む側〉と〈窮迫に追い込まれる側〉

との区別、〈勝者と敗者との〉、〈加害者と被害者＝犠牲者との〉、〈富者と貧者との〉等々の区別が随伴しています。自然大災害の場合とはちがって、世の中に食べものが逼迫しているわけではない場合でも、それら〈人災〉の被害者／窮迫者は、自然大災害の場合に劣らず、〈食うこと〉に追い回されて、自らの〈生存〉を、〈食う〉という〈目的〉の手段に供さざるをえなくされるということも珍しくはありません。そしてこのような、人間の命そのものが（人災によって、すなわち人間による社会的仕業の結果として）たんなる〈手段〉の位置におとしめられざるをえなくなるという〈否定的〉状況のうちに、マルクスは「人間の自己疎外」として概念化されうる構造を見て取ったのでした。しかし私たちはまだ、この「疎外」概念との直接的取り組みに向かい立つ前に、〈発展する多様性の総合〉としての〈人間的生（生命／生活）〉の意味についてもうしばらく考察を試みておこうと思います。

多様性の発展としての〈人間的生〉における〈統一と分裂〉の矛盾

文化人類学の成果が私たちに伝えてくれているところによれば、この地球上での長いながい生命の進化史の最後の先端において、人類が類人猿諸種からもさらに枝分かれして最初の歩みを始めたのは近年では七百万年程前のアフリカ大陸においてだとされているようですが、その開始点を示すメルクマールとしては、直立歩行（そしてこれと同時の、手の働きの自由度の獲得）だとか、火の使用（調理や暖房）、さらには器具（土器や石器）や作業のための道具の製作と使用など、が挙げられています。このことは、〈モノづくり〉の労働が〈この新種のサル、つまりヒト〉に対して〈自然との物質代謝〉の飛躍的活発化をもたらしたと同時に、技術的ならびに知的自己形成への全く新しい通路を切り開く結果ともなったことを示しております。もっとも、人間の〈知的・精神的〉働きの分野のその後の飛躍的な発達にかんして言えば、それは、コミュニケーション手段としての言語能力の自己形成（これも身体的な発声機能の開発可能性という点で、直立歩行と無関係ではない）および言語の文字化ならびに記号化の発明、に支えられてこそ現実的となってきたと見なされるわけで、こうしたことが本格的になったのは、「ヒト」（人類）が「ホモ・サピエンス」と呼ばれるようになる二〇万年前くらいだと言われているようですが、ここでは詳しく立ち入ることは差し控えておきます。とにかくこのようにして人類は、当初すでに与えられていた自然的素質とこれに付随した本能とを基礎にしながらも、その限界線を大きく踏み越える仕方で自らの生活空間をも自らの生活能力をも絶えず自らの新たな所産として打ち広げてゆく歴史のプロセスを歩みはじめました。この発展的な自己形成のプロセスは、「人間の絶えざる〈人間化〉の過程」と呼ばれたりもしています。

自らの本質そのものの新たな自己創造であるこの〈人間化〉の過程は、一方の側面としては、(イ)生活の営みそのものの高度化および多様な細分化を、他方の側面としては、(ロ)知的・精神的発達や多方面の諸能力の開発に促された〈自然的な群れとしての集団の内部での**個人の自立化**〉、見方を少し変えて言えば、〈自立化した個々人に支えられた集団〉としての「社会」の形成、をもたらしましたし、今もなおその進行は続いています。

これらの両面はいずれも明らかに、肯定的な意味で〈人間化〉の過程における進歩であり発達であると言われるべきでしょう。しかしながら、それらのいずれの面においても、その進歩・発達はそれぞれの仕方で次々と新たな〈否定的な〉側面(したがって内部矛盾)を生み出す結果をも伴ったことも確かで、ここにまさに人類史の現実的弁証法があります。

この歴史的過程としての弁証法を、まず(イ)の面から見ていくことにしましょう。この側面は、人類史の総体という観点から見れば、確かに〈人間の生活の営み〉が多彩な豊かさを増進させてきたことを意味するでしょう。しかしながら、それら成果に対する個々人の側からする修得や享受という点に関して見れば、あまりに多岐にわたりすぎていって誰もがそれらの成果すべてをわがものとすることはますます完全に不可能になってきたというだけでなく、それらのうちのごく僅かな領域にかんしてさえ、それぞれに高度化しそれゆえ専門化を進めてきた最先端の水準を極めるということは、ごく限られた少数の専門家たちによってのみ可能となってきていると言えます。

さあそうなるとどうでしょう。人類総体の立場から見ている限りでは、人間の生活の営みの多様な分野のすべてにかんしてそれらの主役はどこまでも〈人間〉自身であって、それら諸分野は〈人間〉のもとに包括されて〈人間的生活〉を豊かにするために奉仕するものとなっていると言って差し支えないでしょうが、個々人の立場に視点を移して見返してみますと、それら諸分野に対して各人は必ずしも首座の位置に安定して立っているとは言い切れないところがあります。すなわち、様々な〈モノづくりの技術〉をはじめ、学問や文芸や美術の諸分野にせよ歌舞音曲やその他のエンターテインメントさらにはスポーツの諸分野にせよ、それらにおける高度化した水準をわがものとし、かつ競争の中でそれを〈より高く維持する（あるいはより深く極める）〉ために努力するという問題を考えてみますと、それらの努力は、（厳しく考えれば）各人においてそれこそ「命を懸けた」あるいは「そこに生涯を捧げた」仕事として受け止められるというところにまで至りうるという面をも持っています。

こうなると、そこではもはや、〈生きている人間（あるいは人間の命）〉と〈人間的生の営みのそれぞれの分野〉との間で〈どちらが主役なのか、あるいは、どちらが目的でどちらが手段なのか〉という問いへの答えは絶えず揺れにゆれて、両者の間での絶えざる相互的な位置転換はむしろ常態的なものとさせられていると言えましょう。もちろん、私たちがいま取り上げた〈より高く〉とか〈より深く〉とか〈より精緻に〉とかをめぐっての〈競争〉の問題にかんして言えば、私たちは、それが純粋に個々人における〈学識〉とか〈能力〉とか〈わざ〉の領域内だけで収束するわけではなく、個々人が現実の社会のなかでそれぞれに〈自分たちの暮らしをたてていかねばならぬ〉という根本前提との関わりに規定されながら進行し展開されざるをえないものとなっているということは、当然ながらつねに念頭においておかなければならないでしょう。

次に、（ロ）の側面について見ていきます。

この側面において指摘される〈個々人の自立化〉は、自然的な形で与えられてきた〈群れとしての集団性〉に対しては、いきなり破壊として機能するわけではなくとも、〈そこからの離脱〉としてのヴェクトルをつねに内在させていることは確かです。すなわち、血縁的さらには地縁的集団のもつ〈類的絆〉は、個人にとっての〈支えとしての基盤〉であり、いわば懐かしい〈ふるさと〉でもあることは確かでありはするものの、しかし同時にしばしば、個人の自立化に対しては否定的な束縛とも障碍ともならざるをえないものでもあるはずなのです。この矛盾は、人類史の文明化（これの根底を支えている経済的発展）の進展度合いに応じたそれぞれの時代ごとの変容を見せてはきましたが、全体としては（そこに内在する緊張関係にかんして言えば）その矛盾はますます深まってきたことは確実で、**競争原理を内実とする〈資本の論理〉が支配する近・現代**に至っては特に、〈類的共同性〉と〈個人の自立化〉との二元化した分裂状態の永続化の中でついに頂点にまで達してしまっている、と言えるかもしれません。そしてこの矛盾はとどのつまりは、地球環境破壊や核戦争による人類総体の自殺行為の危機をもひたすら深めていかざるを得ないはずのものなので、その矛盾の解決にかんしては、私たちはそのための時間をいつまでも引き伸ばしにしておくわけにはいかないはずなのです。

とは言っても、その解決を私たちはもはや、文明化を捨て、原始状態に戻って手にするというわけにゆかないのは言うまでもありません。であれば前方に向かって乗り越える手立てしか残されていないわけで、その到達点は一言で言えば要するに、**真の意味での**「諸個人各々の自立化によってこそ支えられ生かされる人類的共同性の樹立」の道の創出ということに尽きるでしょう。

しかしながら、抽象的な理念の形では一行で言いきることはできても、その解決は、具体的実際的なレベルでは、全人類的・国際的規模での真に徹底した民主主義的制度化に支えられたものとなってこそはじめて現実となりうる、と言えるわけでしょうから、その現実化過程はいくつもの大小の抜本的な変革、（つまり越えねばならぬ難所の数々）を含んだ途方も無い大仕事にならざるをえないのは確かです。しかしこの話はここでは一旦打ち切りにして私たちの予定のコースに立ち戻ることにしようと思います。

二　対象化と疎外

日常語に見られる「疎外」概念から

いよいよ「疎外」概念そのものと正面から向き合うに当たって、読者にまず注意を喚起しておかねばならないのは、これから私たちが歩を進めてゆく道は必ずしも見通しのよい道ではなく、したがって私たちは、道すがらの多少の煩瑣にはある程度耐えなければならないかもしれないということです。その第一の理由は、わたしたちがこれから「弁証法」問題との関わりで付き合うことになる「疎外」概念の意味内容は、この概念が日常的な用語法のなかでわりと頻繁に登場してくるさいのそれとは（もちろん、まったくつながりが無いわけではないにしても）必ずしも同列には扱えないという点にあります。

例えば、この言葉は、日常用語的には、「疎外される」という受身形の表現で使われることが多いかもしれません。「疎外される」のは主にあれこれの個人であって、その中で当の個人が抱く実感が「疎外感」ですが、この場合、「疎外」は個人にとって、社会における人間的な絆の持つ親密圏からの隔絶あるいは締め出しを、そして人間的絆そのものの喪失を、意味しているでしょう。したがって「疎外感」とは、個人における〈社会そのものとの間の疎隔感〉でもあれば対個人的な孤立感でもあります。最近のこの国では、都会の路上などで突然に、見ず知らずの不特定の複数の他人に向かって傷害や殺人の行為を暴発させるひとが出てきたりして、私たちは言いようの無い衝撃にとらわれることがときにありますが、こうした行為に個人を突き動かした原因の一つとして、新聞などでは、その当人の中で「疎外感」の増幅やあるいは濃縮を挙げて説明がなされることがしばしば見受けられます。また、私たちの同胞の年間の自殺者がこのところ何年間にもわたって三万人を下回らない〈交通事故死の三倍強〉という深刻な社会現象も、右のような暴発とは方向を逆向きにした、やはり「疎外感」の現れとして括られるかもしれません。

これらはいずれもすべて胸の痛む辛い事柄ですが、しかし私たちがこれから取り組もうとしている〈人間の自己疎外の弁証法〉問題の考察は、現実社会の表面に現れ出た疎外現象のこうした一端を指摘するだけというレベルに止まるものではなく、もっと深く掘り進めてその根源を構造的に明らかにしようとするものだと、まず言っておきましょう。

邦訳の「疎外」はドイツ語ではEntfremdung、中国語では「異化」

日常語的なレベルを超える第一歩としては私たちは、ヘーゲルやマルクスが用いていたEntfremdungに対する訳語問題から入ることにします。訳語についてあれこれ穿鑿するのは、本題にとりかかる前の余計な足踏みにすぎないように見なされるおそれもありますが、検討対象となっている当の概念がもともとは日本語になかったものですし、それに、私たちの使う漢字の誕生の地である中国では「疎外」という訳語は存在せず、私たちの言う「疎外」に相当する元のドイツ語は「異化」と訳されているのですから、この違いはそのまま無視しておいていいのかどうか、一応は問われなければならないわけなのです。

つまり、私たちのところで「疎外」と訳されているEntfremdungは、果たして中国では「異化」によってヘーゲルやマルクスの意味に即して適切に理解されえているのかどうかが、かなり心配になるわけなのです。と言いますのも、この「異化」にかんして私たちになじみの使い方を思いめぐらしてみますと、それは〈同化と異化〉という生物学的な用例です。この用語は、地上の動物に当てはめて具体的に言い換えてみれば、例えば、呼吸や〈摂食と排泄〉です。地上動物の呼吸は大気から酸素を取り入れて二酸化炭素を出しますが、植物の場合は逆で、二酸化炭素を取り入れて酸素を出します。〈同化と異化〉は、このような、生物と自然環境との間の物質代謝にかんして言われてきています。すなわち、これらの例での「異化」は、呼気や排泄に見られるように生物体の体内の一部が分解されて体外に排出されることを意味しています。

中国では「異化」にかんして、もっと違った用法が存在してきたのかどうかはわかりませんが、やはりもしも「同化」に対する反対語程度に理解されていて、それ以上ではないとすると、それではとてもとてもEntfremdungの内容を汲み尽くすことはできないと言わなければなりません。もっとも、「異化」という中国語訳は、Entfremdungの中に含まれているfremdという形容詞に焦点を合わせて選び出されたものでしょうし、ドイツ語のこのfremdは、フランス語のetrangerや英語のstrangeやalienと同じように、「疎遠な」あるいは「無縁な」とか、「外部の」あるいは「異国の」とか等々の意味を持った言葉ですので、まったく見当はずれなものとなっているというわけではありません。ですから後は、問題とされるべきなのは、その訳語をとおしてどれだけの理解がそこに組み込まれているかどうかに尽きるわけなのですが、私が今まで見るところでは、この点になるとますます中国語訳の「異化」は役不足の働きしかしておりません。

さてそこで、Entfremdungの日本語訳の問題にかんしては、直截にヨーロッパ語圏そのものの中に足を踏み入れることにしましょう。

Entfremdung は英仏語の alienation のドイツ語訳

英語圏やフランスでは、alienation（フランス語では aliénation）は法律用語としては〈自分に属する権利や財貨を他者に譲渡する（つまり自分のもとから手放す）〉という意味で用いられていましたが、これをドイツ語の表現に移したものが Entfremdung である、とされています（そしてそれぞれを動詞に戻して言えば、entfremden と alienate と aliéner）。ところで、こうした文脈のレベルに留まっていたままでは、この言葉からは、ヘーゲルが彼の『精神現象学』（一八〇七年）の中で、古代ギリシャ都市国家に見出される〈個人と共同体との統一〉（「美しき人倫的共同性」）に取って代わった「法的状態」としての「世界帝国ローマ」以後の世界を「自己疎外的精神」der sich entfremdete Geist と特徴づけた観点は、生まれようがなかったと言うべきでしょう。

ここでの「精神」という言葉はヘーゲルにおいては、人間たちとかれらの社会関係の全体を包括する普遍的な「客観精神」を意味しており、これは究極的にはそのまま〈絶対者＝神〉に通ずるものとして諒解されています。そしてヘーゲルは、人間たちが織り成す共同体が大規模になり、それに応じてその共同的結合の統一性の側面である国家権力もまた次第に大規模化してそれ自身の自立化を強め、それとともに人民との距離もますます遠のいてゆき、人民同士の結合の維持がもはや〈人倫的な統一性〉に頼るだけでは間に合わなくなっている状態を――その「客観精神」の観点に身をおいて（つまり、「客観的精神」を主語に立てて）――「精神の自己疎外」として、すなわち、「精神」の本来的自己統一性の解体／否定として、捉え返したのでした。

こうして見ますと、はじめに指摘しましたように、もともとは権利や物件の譲渡を意味するalienationと『精神現象学』におけるEntfremdungとでは（単語の翻訳上ではつながっているとしても）概念内容的にはかなりの段差または開きがあるように見えます。したがってこの両者をつなぐには、間に媒介項が必要ですが、この媒介項の役割を果たしているのがトーマス・ホッブズ（一五八八～一六七九年）以降の社会契約論的な観点だろうと思います。ごく簡単に述べておきますと、ホッブズはなんらの共同体的絆をも持たぬばらばらの個々人の状態を、先行の共同体的つながりの解体の結果と見るのではなく、むしろ逆にそれらをこそ社会や国家の成立以前の原点と捉えました。ヘーゲルとはちょうど逆方向を向いていたと言えるでしょう。つまりホッブズは、あらゆる共同体や国家の存在理由を「自由な個人」を原点に置いて説明しようとしました。彼にとっての原点である〈ばらばらな諸個人〉は、各々が「自己保存の性向」をあらゆる道徳や法律に先立つ「自然の権利」として持っているだけで、そこにはそれ以外の一切の規制が未だ存在してはおりません。そうしますと、そこから生ずるのは全体的な〈無秩序〉であって、これは必ず、殺人をも含む争いの全面化を帰結するはずのものでしかなく、ホッブズと言えども、その不都合さを放置してよいと居直るわけにはゆかず、「自己保存のためにはあらゆる自由をもっている」はずの個々人は、原点であるその「自己保存性向」のゆえにこそ今度はあらためて、各人の自発的な意志を〈争いの全面化の防止と平和の回復〉の方途の探索と樹立とへ方向づけるに至る、というのもまた次なる必然の道であるとして描き出します。

そこに導き出されるとされるのが、ホッブズ流に解釈し直された〈根本法としての〉「自然法」なのですが、さらにこれに導かれ基礎づけられて生み出されるのが、言わば〈地上の神〉とも言うべき超絶した権力としての〈国家〉だというわけなのです。

かなり圧縮されすぎた要約で申しわけありませんが、私たちの当面の問題にとって重要なのは、この一連の道筋のなかに、ホッブズの「自然法」の中の最初の具体的命令として「自然権の譲渡」という項目が含まれている点です。すべての個人において遂行されるべきこの「譲渡」transference/alienation の集約こそが普遍的・統一的な公的権力たる〈国家〉commonwealth の誕生へと帰結するとされているわけなのです。ここに描かれている構図を見てみますと、一方の極に①〈ばらばらに分散した諸個人〉が位置し、その反対極に②〈普遍的統一的公共体（国家）〉が立ち、これら両極を媒介する行為として③「自然権の譲渡 alienation(Entfremdung)」が配置されているわけですが、ホッブズが描いた①から②への運動を②から①へと逆向きに反転させてみれば、そこにはほぼ、ヘーゲルの「精神（普遍的統一体としての）の自己疎外Sich-entfremdung」論の構図が見えてくるとも言えるわけです。そして両者の構図のいずれの場合においても、①の側面と②の側面との関係は〈相互に否定的な対立〉としての関係になっている（すなわち、両極の媒介項となっている③は両極を関係づけながらも同時に対立させてもいる）という点にかんする限りでは共通した性格をもっていると言えるでしょう。要するに、「譲渡」としてのalienationにもともと内含されていた〈自己自身〉と〈自己のもの〉との分裂／離反という否定的側面が（ホッブズやヘーゲルを経て〈人間〉と〈人間が織り成す社会総体〉との関係を展望する観点の中に引き移されるに及んで）表立つに至ったその結果が、ヘーゲル以降の「疎外」概念への変貌なのだと言ってよいでしょう。

ヘーゲル的な疎外論の構図を再び転倒し返したフォイエルバッハ

右の見出しに示したように、ヘーゲル批判者フォイエルバッハによる「疎外」概念の使用は、図式的な構図だけの面から見れば、ヘーゲルからホッブズの方へと上下の向きを引っくり返しただけのようにも見えます。構図を逆向きにしたのは確かです。しかしその構図の中に配置されている中身とその意味づけにはかなりの変更が見られます。すなわち、フォイエルバッハによって原点として再び据えられることになった個々の人間は、もはやホッブズにおけるように〈自己保存〉の原理だけで動く言わば〈社会の原子〉としての存在ではなく、「自然的な愛」を根底に持つ感性豊かな存在として位置づけられております。また、彼がこうした〈現実の人間〉に対置する普遍者は、ホッブズ流の「共同社会契約」による人為的所産ではなく、ホッブズ以前からのヨーロッパ社会のヘブライズム的＝キリスト教的伝統の中で描き続けられてきた〈絶対的普遍者たる神〉であり続けています。そしてそこでヘーゲルへと向き直り「疎外」を改めて問題にするというのであれば、ヘーゲルとは逆に、この〈神〉の方こそが人間の〈自己疎外〉の所産、すなわち**疎外された**〈人間の普遍的＝類的本質〉にほかならない、と見返すに至るわけなのです。つまり、神とは、もともとは人間自身の内なる「類的本質」であるものが〈疎外〉によって観念的に人間から切り離されて天上世界に住み着いたものだ、と見るのが彼のヘーゲル批判の立場、「現実的人間主義」の立場である、ということになります。

こうしたフォイエルバッハの観点から見れば、観念の領域内での〈人間の自己疎外〉の温存や維持のための専門的な機関が教会ということになるわけでしょうが、ただ彼においては、このような〈人間疎外〉が根本のところで如何なる原因によって生ずるのか（言い換えれば、人間たちの社会生活の中での〈人間疎外〉への現実的決定要因は何なのか）は、最後まで未検討したがって未解決のままに残されました。とは言え、このような〈疎外〉、すなわち、善をも正義をも無謬をも自らに吸い上げ独占してしまっている〈神〉の立場、に立って現実の生身の人間をもっぱら〈根源において罪深き存在〉〈神の助けと許しをもってのみ存在意義を持ちうる存在〉と見なすような〈（宗教的）疎外〉の観点は、〈現実の人間〉の擁護の立場に立って克服されるべきである〉ということにかんしては、彼においては基本的には揺らぐことなく主張し続けられました。ここには、〈人間の尊厳〉を人間自身の努力によって獲得することができるための理論的根拠を追求した、あのカントの姿勢に通ずるものがあると言えるかもしれません。

「対象化」概念の意味について

フォイエルバッハの残した未解決の問題はマルクスが解き明かすことになります。その解明の鍵は、「対象化活動」としての生産的労働の持つ、人間にとっての本来的な積極的意義の掘り起こしでした。

ここでも少しだけ訳語問題の話をさせてもらいますが、「対象化」と訳されている英語やフランス語は objectivation、ドイツ語は Vergegenständlichung で、それぞれの中に含まれている object（フランス語では objet）やドイツ語での Gegenstand は物体や事物や対象または客体を意味する言葉ですが、objektiveという形容詞になりますと、それは〈対象として目に見たり手でさわったりできる〉といった意味で「対象的」と訳されるだけでなく、「主観的」に対する「客観的」という語に訳されたりもする意味射程を内包しています。したがって、こうした連関においては、objectivationは「客観化」と訳される方がより適切である場合もあります。

以上の関連を踏まえて、「対象化」という言葉も二通りに用いられることがあります。一つは、①自分の考えや性質や生き様など、自分自身に密着しすぎていて日頃はあまり見返すことも少ないものを、想定の中で一旦自分から引き離して〈対象として見返す（つまり客観視する）〉という意味で使われますが、もう一つの意味は、②例えば〈構想されたものを、材料を用い、手作業などをとおして、現実に存在するもの／対象として作り出す〉ということです。そして、私たちがここで、「疎外」との関連において問題にするのは、主としてこの後者の意味での「対象化」なのですが、さらに付言しておきますと、〈現実的産出〉としての意味を持つこの「対象化」の成果はたんに事物のレベルに限定されているわけではなく、人間たち自身がその構成因子として関与する組織とか機構とか体制をも含みうるものとなっていることにも注意をはらっておいて頂きたいと思います。――さて、用語の翻訳問題の話も一応済みましたから、再び本筋の方へ話を戻すことができます。

フォイエルバッハ的構図の枠内での「疎外」概念

一八四三年中にマルクス（二五歳）が書いた論文を見てみますと、フォイエルバッハのヘーゲル批判から大きな感銘を受けていた彼がこの時点では、フォイエルバッハの理論的構図の枠内にほとんどとどまったままで〈人間疎外〉の克服の課題と相対していることがわかります。一箇所だけ引用しておきましょう。

> 現実の個別的人間が抽象的な公民を自分のうちにとりもどし、個別的な人間のままでありながら、その経験的な生活において、その個人的な労働において、その個人的な関係において、**類**的存在となったときはじめて、つまり人間が「**自分固有の力**」forces propres を社会的な力として認識し組織し、したがって**社会的力をもはや政治的な力の形で自分から切り離さない**ときにはじめて、**人間的解放**は完成されたことになるのである。（「ユダヤ人問題によせて」、『マルクス・エンゲルス全集』第一巻、大月書店、四〇七ページ、太字化は引用者）

右の引用は、マルクスを多少でも研究したひとにとっては上掲の論文の中ではかなり有名な〈まとめ〉の箇所で、これの解説のためには詳しい説明が要求されるところではあるのですが、ここでは最短の説明で済まさせてもらうことにします。

まず、邦訳全集の文中ではたんに「固有の力」と訳されている原文中の forces propres について一言しておく必要があります。原文ではドイツ語の文章の中で、この部分だけがあえてフランス語になっています。なぜでしょう。そのわけを考えてみますと、『人間不平等起源論』(一七五〇年)でのあのルソーの用語法が念頭におかれているからだと考えざるをえません。この著作でルソーは amour de soi と amour propre というふたつの言葉を使っており、どちらも「自己愛」と訳してもよい言葉なのですが、前者の「自己愛」はホッブズの「自己保存」性向のようにただちに〈排他性〉や〈闘争性〉に結びつくことのない自然な感情（すなわち、もう一つの自然な感情である「思いやり」pitié と相伴った平和的な感情）であるのに対して、後者は、〈社会と文明〉との中で歪められ変質した、言わば〈自己中心的で利己的な〉感情として、前者とは鋭く区別されておりま す。引用文中の propre も右のルソーの amour propre の用法におけるそれと相通ずる意味において用いられていると解されるべきでしょう。すなわち、マルクスもまたここでは、forces propres をたんに「固有な力」という意味においてではなく、そのままでは〈共同的あるいは連帯的な力〉とは対立せざるをえない「利己的な力」という意味で用いていると解するのが適切だと思います。

ですから、「引用中に「forces proores を社会的な力として認識し組織し」とあるのは、「利己的な力」と「社会的・共同的な力」との対立および分裂の状態を乗り越えて統一へと方向づけようとすることを意味していると解されるべきでしょう。

補足的解説の部分のはずが少し長くなりすぎました。本題の中心部に焦点距離を合わせ直しますと、引用文のテーマは「人間解放」ということになっています。この「人間解放」という言葉は、普通に考えれば、既存の「人間抑圧体制」の否定=克服を意味するはずの言葉だと言えましょう。しかしここでは「抑圧からの解放」といった言い方は直接には一言も表立てられてはおりません。語られているのは、ご覧になったように、もっとずうっと抽象的な事柄です。すなわち、前提として問題にされているのは、近世以降の西欧社会においてますます進行を速め・深めている〈個人的・私的なものと社会的共同性との分裂〉という事態です。この〈分裂〉は、じつは、ヘーゲル的な〈古代史の美化〉によって古典古代のギリシャには存在したと見なされていた〈個人と共同体との親密な関係(「美しき人倫的統一」)〉が崩壊し分裂した後の西欧的歴史時代の基本的特徴であり、これをヘーゲルが〈(客観的)精神の自己疎外態〉として意味づけたことについては、私たちはすでに見ました。ヘーゲルの歴史観によれば、この歴史的な現象としての〈精神の自己疎外〉は〈精神〉自身によってやがて乗り越えられ、〈精神〉は自らの〈本源的な統一性〉をより高い次元において回復することになっていますが、フォイエルバッハやマルクスはむしろ逆に、このような「精神（＝神）」こそかえって現実の人間の〈類的＝普遍的本質〉の〈疎外態〉であると見返し、そして近世以降の西欧社会が内包する〈分裂〉の克服にかんしても、これを〈精神〉にとってのではなく、〈現実の人間〉にとっての〈自己疎外克服〉の問題として捉え返そうとしたのでした。

現実の個々人からの彼らの〈類的本質〉の分裂と離反という形での〈人間の自己疎外〉は、宗教のレベルでは〈神〉の存在をもたらし、政治的・法制的レベルでは「政治的国家」の出現という形をとった、とマルクスは捉えます。すなわちここでのマルクスの諒解では、「政治的力」とは人民自身の〈社会的結合力＝自発的共同性の基盤〉が崩壊したところに登場する代替物としての〈外的強制力〉にすぎませんし、〈個人と共同体との統一〉の維持のために〈外的強制力〉が要請されるということは、〈進行しつつある分裂の存在〉という事実を逆に裏書きしているわけですから、この意味においてまさに、「政治的なもの」の存在は、〈人間の自己疎外〉の現実を表明し続けていることになっている、というのがマルクスの受け止め方です。ですから、こうした文脈においてまさに、「現実の個別的人間が……**社会的な力**をもはや、**政治的な力**の形で自分から引き離さないとき」という表現は、真の〈自己疎外克服〉の達成を意味するものとなっており、この〈克服〉が「人間の解放」と呼ばれているわけなのです。

そこで最後に、なぜ「人間の自己疎外」の克服に対して、「抑圧」の対抗概念である「解放」という呼び名が当てられているのか、という問いに暫定的にでもここで一応答えておかなければならないでしょう。マルクスはかねてから、「青年ヘーゲル派」を代表する一人として、〈人間の本質〉を〈自由な主体としてのたえざる自己形成〉という点に見定めるという観点に立っていましたが、その彼にとって、現実生活のなかでのこの〈人間的本質〉の自己実現を阻むものとしての〈人間の自己疎外〉には〈抑圧〉の構造〈〈支配と従属〉の社会関係〉が癒着している、との認識はすでに前提されたものとなっていた、と考えられます。すなわち、〈人間的本質の自己実現〉は、この世のあらゆる抑圧からの〈解放〉が終局的にそこへと集約されるべき到達点であり、それゆえにそれは「普遍的人間解放」と呼ばれるに値するものと受け止められていたということなのです。ただ、この時点のマルクスのこうした観点は明確な理論的確立に支えられたものというよりは、どちらかといえば予想とか予感の水準のもの、あるいは彼を包み込んでいた「青年ヘーゲル派」的共通諒解にとどまるもの、であったと言えるかもしれません。それが明確な理論的水準を彼自身の中で獲得するに至るのは、上記論文の発表からほぼ半年後の、後に『経済学・哲学草稿』と名付けられることになる、当時としては未発表の労作中の「疎外された労働」論においてでした。

若きマルクスの疎外論における「対象化」概念の役割

人間存在にとって本来肯定的／積極的意味を持つ行為およびその成果が自己否定的なものに反転してしまうという、言わば逆説的な事態の進行、――これが〈人間の自己疎外〉の展開の一つの形ですし、ここに従来の〈人間社会に特有の弁証法〉が見出されるわけですが、マルクスは、こうした事態を人間生活のもっとも根元的なところで決定づけているものが「労働の疎外」であることに対して、遂に重大な関心をはらうに至りました。ここで彼の中で遂行された根元的（ラディカル）な視点転換は、他の「青年ヘーゲル派」の面々の誰によっても提起されたことはありませんでした。その視点転換が行われうるためには、その前提としてまず、人類史の総過程の中で進行してきた〈人間の人間化〉の発展にとって〈生産的労働〉の果たしてきた本来的な積極的意義が認識されていなければなりませんが、この認識にかんしてはむしろ、「青年ヘーゲル派」がすでに乗り越えたつもりになっていた当のヘーゲルの方がかえって先駆けており、マルクスはそれをヘーゲルから謙虚に学び取ることになんのためらいをも示してはおりませんでした。一箇所だけ証拠を示しておきましょう。

『ヘーゲルの精神現象学』とその終局的成果における偉大なものは、ヘーゲルが……（中略）

……、このようにして**労働の本質**を捉え、対象的な人間、現実的なるがゆえに真なる人間を、人間自身の労働の成果として**概念的に把握**begreifenしていることである。(『経済学・哲学草稿』国民文庫、二一六ページ、太字化およびドイツ語挿入は引用者)

この引用は、右の『草稿』中の第三草稿の最後の章に当たる「ヘーゲルの弁証法および哲学一般の批判」からのものです。この章全体はヘーゲル批判を目指したものでありながら、弁証法理解にかんしては終生ヘーゲルの弟子であることを自認していたマルクスは、自分が「ヘーゲル批判」の旗印を掲げているからといって、ヘーゲルの理論と思想の何もかもを悪しざまに扱って屑篭に捨て去ろうとするような失礼かつ非学問的な態度はとってはいなかったということ、このことをまぎれもなくこの文章から私たちは汲み取ることができます。ここには弁証法家たることを自らに課している若き哲学者の面目躍如とも言える心意気が滲み出ていると言えましょう。

ところでじつは、引用中の省略した部分の中に**Ver**gegenständlichungという言葉と**Ent**gegen**stän**dlichungという言葉が登場させられているのですが、これらの前者には先ほどすでに紹介した「対象化」という訳語が当てられていたことを記憶しておられることと思います。但し、後者のドイツ語にかんしては、私から見れば、その邦訳は未だ確定されたものとなってはおりません。それの邦訳問題でなんらか論争があったことは確かなのです。煩瑣になりますから、この場でその論争を再現するつもりはありません。ただ、その論争は決着を見ないままに、雰囲気としては『国民文庫』本における「対象性剥奪」という藤野氏の訳がなんとなく否認とも黙認ともつかぬままに放置された状態になっているというのが現状のようです。この現状に対して私はここでは、（藤野訳にはとらわれずに、しかも論争の蒸し返しは抜きにして）私の独自訳にそって話を進めさせてもらおうと思います。但し、上記引用中の省略部分を以下に改めて呼び戻すことにします。

上掲引用中の「労働の本質を捉え」という文節は私が省略した部分のまとめの意味で述べられているのですが、その省略した部分は「対象化を、**自己から切り離す対象化**（Entgegenständlichung）すなわち**外部への表出**（Äusserung）として、およびその Äusserung の**揚棄**としてとらえる」という文章になっています。これを「否定の否定」の論理構造に対応させてみますと、次のようになります。

①労働の対象化活動の開始〔**肯定**〕、
②自己からの**分離的**表出（＝自己喪失）としての対象化〔**否定**〕

③その外的分離の**揚棄**＝労働主体の自己確証としての対象的自己獲得〔**否定の否定**〕

右の③は〈対象化〉の終局的・肯定的到達点ですが、このようにいきなり私なりの解釈を突きつけられた読者諸氏のためには、私としてはやはりEntgegenständlichungについて最低限、以下の説明ぐらいは補足しておくべきかもしれません。このドイツ語は、「対象的」(gegenständlich)という形容詞が核となって出来ていますが、この形容詞に前綴りent-をつけたうえでさらに動詞化した形が**ent**gegenständlich**en**（「分離的に対象化する」）という言葉で、これをさらに名詞化したものがEntgegenständlichungです。普通の「対象化」Vergegenständlichungとは前綴りの部分（verとent）が違っているだけですが、ent-という前綴りには「切断」や「分離」や「除去」などの意味を付与する働きがあります。先ほど見た『国民文庫』中の「対象性剥奪」という訳語は「除去」を意味する用法に依拠したものと思われますが、この訳語は「自己からの分離的対象化」とはむしろ反対の肯定的な意味で使われていて、いま私たちが見た「否定の否定」の三段階論理の成立する余地を不可能にしてしまいますので、結論だけ言いますと、それは誤訳であると言わざるをえません。

そこで、ヘーゲル／マルクスの〈労働の本質〉把握に関わる〈否定の否定〉の論理として私が整理した上記の図式にもう一度話を戻します。これら両人が〈労働の本質〉を言うとき、そこで念頭においているのは、人類史の総過程において〈人間の人間化〉に労働が果たしてきたその**本来的役割**です。この本来性の次元においては、「疎外」が登場する余地は未だありません。つまり、二本足で立って自由に解き放たれた手を持つに至った人類種が、動物学的なレベルをもいつしか突破して、〈人間化〉へ向かう〈新たな次元での自己形成〉の道に歩み出したさいの立役者が、人間自身の〈生産的労働〉であったということ、――この点が基本として確認されることが、少なくともマルクスにおいては大前提であり、この大前提に立ってこそ彼らは、実際に展開してきた人類史における「労働の疎外」〈労働の本来性の否定〉の現実に対しては、〈厳しく〉〈心痛の想いをこめて〉見返すことが可能になったのだと言ってよいと思います。

とにかくここまでのところから私たちが確認できるのは、ヘーゲルとマルクスがともに、〈人間の人間化〉=〈人間の人間的自己形成〉にとって〈労働〉が果たしてきた積極的役割を、肯定的に受け止めているという点です。ところがそこから先でこれら両者は相別れることになります。ヘーゲルは、〈労働〉をその本来性の次元で捉えるところからさらに現実の歴史の中での〈労働〉の具体的展開を注視し続ける、というところにまで考察を推し進めることを、とにかく事実上、中断してしまっています。そのわけは、彼の生前のドイツ圏ではマニファクチャー工場の存在は未だ身近に目にすることができなかったということにあったのかもしれません。その本来性の次元において描き出される〈人間にとっての労働の自己肯定的図式〉は、当時として身近にイメージ化して捉えようとすれば、それは例えば、封建的くびきから解放された独立自営農民たちであったり、西欧世界の各所に増えつつある〈自由都市〉に住む〈一本立ち〉した職人たちだったでしょう。そしてここまでは、ヘーゲルも自らの直接的見聞でもって確認することができたでしょう。しかし、従来の封建的な農奴制や徒弟制から〈自由〉になった人間たちは、自分の労働力以外にはなんの支えをも持たないという意味でのその〈自由〉のゆえに、今度はたちまち、〈資本〉という新たな支配者によって作り出され始めたシステムの中に（皮肉にも、「自由な」労働力というレッテルは貼り付けられたままで）組み込まれていったということ、要するに、ヨーロッパ近代のこの新たな現実とは未だヘーゲルは、直接分析の対象として向かい立つまでに至っていなかった、というわけなのです。

もしもそうならば、これに対して、ヘーゲル弁証法の自称弟子である若きマルクスの方は、ドイツを逃れパリに移住した（一八四三年）ことによって身近に関わりを持つことができた社会主義者をも含む新しい労働者たちの生活状態をとおして、まさにそのヨーロッパ近代の現実と相対することができたのでした。そしてそこでマルクスが見たものは、**新しいシステム**に組み込まれた〈自由な〉労働者たちが自らの日々の〈労働の対象化〉をとおして自らにもたらしている現実は、〈自立としての自由と自らの生活の充実〉であるどころか、〈不自由と日々の貧困〉でしかないという事実でした。とはいえ、若き哲学者マルクスにとっては、人間にとっての〈労働〉の持つ**本来的な**肯定的意義は、たんに無視され否定しさられるわけにゆかないはずのものでした。

かくして、人間にとっての〈労働〉の存在意義をめぐる、〈本来性〉と〈現実〉との乖離＝分裂＝背反＝矛盾、等々としてまさに進行しつつある〈現実の歴史の弁証法〉に対してどう立ち向かうべきなのか、この問題に解答を見出すことが、若きマルクスにとっての新たな中心的課題として浮かび上がってきたことになります。

〈生産物の疎外〉は〈生産行為＝労働そのものの疎外〉の帰結＝要約

再確認から始めることにします。〈労働の対象化〉は**労働主体**にとって本来は、①一方では、諸対象と関わりを持ちそれらを変革するということによる、新たな対象的富の獲得としての側面を、②他方では、自らの構想、自らのプラン、自らの能力の〈対象的実現及び自己確証〉という側面を——というように二つの肯定的側面を含んでいます。

ところが、肯定的な成果としてのこれら両側面が、〈労働の対象化〉のただなかで否定され・反転されるに至る事態が、マルクスによって〈労働の疎外〉あるいは〈疎外された労働〉と名付けられたものの現実の姿です。すなわち、システムの中に組み込まれた労働主体にとって、自らの行為の結果を見てみれば、〈対象化〉Vergegenständlichungは、①一方ではむしろ〈対象の喪失〉Entgegenständlichungとして現れ、②他方では、〈対象的に実現され〉た〈構想〉や〈プラン〉は、〈労働主体自身の〉ではなく〈他者（雇い主／資本家）の〉それらでしかないということ、――これが現実だったのです。

ここでの文脈における「疎外」概念には、ヘーゲルの言う〈**精神**の自己疎外〉および、これに対するフォイエルバッハによる視点転倒としての〈**人間**の自己疎外〉において認められる**それ**（すなわち〈個人と共同体との分裂／離反〉としての〈疎外〉）とは、問題次元をやや異にしたところがあるように見えます。しかし、マルクス自身とすれば、〈労働の疎外〉に焦点を据えた彼自身の新たな立脚点は、それらとは無関係であるどころか、むしろ逆に、この新たな立脚点からこそはじめて、「人間の自己疎外」一般がその根本原因から統一的・総括的に把握可能となったのだという自己確信にたどり着いたわけなのです。すなわち、例えば彼の以下の言葉は、この確信の要約とも言えるものです、生産に対する労働者の関係の中に、人間の全隷属関係が含まれており、またすべての隷属関係はこの関係のたんなる帰結であり変容であるにすぎない。（『経済学・哲学草稿』岩波文庫、一〇四ページ）

ここまで見てきたところで、私たちは、マルクスの「疎外」概念をめぐってかつて存在しそして一部には今なお根強く生き続けている誤解について、やはり一応の注意を払っておく必要があります。その「誤解」とは、マルクスの疎外論を、狭く個人レベルで捉えられた「労働の疎外」の範囲内に限定して受け止めてしまう解釈のことを指しています。

私たちがすでに見てきましたように、たしかに、マルクスにおいて「疎外」問題がはじめて正式に主題的に取り上げられたのは『経済学・哲学草稿』中の「第一草稿」の最後の（後に編集者によって「疎外された労働」と表題を付された）まとめの部分においてでありまして、それの前にも後にも「疎外」問題が彼自身によってまともに主題的に考察されたことはありませんでした。マルクスの疎外論全体を早とちりに「疎外された労働」論に押し縮めて受け止める向きが生まれたとしても、そうした経緯を勘案してみれば、それはそれなりに無理からぬところもあったのかなと、一応は妥協しておいてよいのかもしれません。しかしこの妥協も、誤解者の視野狭窄が「第一草稿」そのものにおけるマルクス自身の観点からはすでに大きくずれてしまっているのだという事実を見逃すことを許す権限までは与えられておりません。

確かに、疎外されてしまう「労働」の直接の担い手は、労働者個々人です。だからといってこの「疎外」が、個人レベルでの〈労働主体と労働対象と生産物〉の関係において完結されうるものでないことは言うまでもないことで、マルクスの視野の中ではそれが、近代化を進行させつつあるヨーロッパの社会関係（やがて「物象化」という概念によっても特徴づけられることになる社会関係）そのものの在り方の根幹として捉えられていたことは、当の「第一草稿」がアダム・スミスの『諸国民の富』第一部の総括部分である〈賃労働―資本利潤―地代〉にかんする叙述に対する批判的考察を基にして組み立てられていることからしても明らかなのです。いよいよ「疎外」問題に取り掛かろうとするに当たってマルクスが述べている次の言葉を証拠として挙げておきましょう。

われわれはいまや、私的所有や貪欲や、労働と資本と地代の分離やの間の本質的連関、交換と競争との、価値と人間の価値剥奪との、独占と諸競争との等々の本質的連関、すなわちこうした一切の**疎外**と貨幣制度との本質的連関を、**概念的に把握**しなければならない。（『経済学・哲学草稿』岩波文庫、八七ページ、国民文庫、九七ページ、太字化は引用者）

確かにマルクスは、右の言葉に続くまとめ部分を、労働の成果が労働者個人からは疎遠なものとされている事実、だれもが日頃直接に目にすることが出来るこの事実の確認から出発していま す。そこでマルクスを導いていたのは、「人間にとって肯定的であるはずの労働の〈対象化〉が、個々の労働者にとって労働の〈疎外〉となっているのはなぜなのか」という問いなのですが、この問いは、そこでのマルクスにとっては始めから終わりまで、「社会科学的」な意味での問い以外ではない(つまり、例えばいわゆる「詩的・文学的慨嘆」にとどまるものではない)ということです。〈対象化された〉労働(労働の成果)が〈疎外された〉労働となって現れているということ、これは労働者にとってはまぎれもない現実です。現実のこの現象から出発して、そのことの〈なぜか?〉を問うことは、それの〈原因〉あるいは〈根拠〉を、もっと広く取ればその現象を規定している〈本質〉を、明らかにしていくための出発点にほかなりません。

詳細を省いて、話の進行を速めますが、マルクスは、「生産物の疎外」としての現実を一通り見渡したのちに、その現実に対する本質的な確認を次のように開始します。

われわれはこれまで、労働者の疎外 Entfremdung、疎外化 Entäusserung を一つの側面において、すなわち**労働の生産物に対する労働者の関係**において、考察してきた。だが、疎外はただ生産の結果の中に現れるばかりでなく、生産の行為において、すなわち生産しつつある活動そのものの内部でも現れる。もしも労働者が生産の行為そのものの中で**疎外されて** sich entfremdet いないとしたら、どうして彼は彼の活動の生産物に対して疎遠に立ち向かうことがありえようか。生産物はじっさいただ活動の、生産の、要約にすぎない。だから、もし労働の生産物が疎外であるなら、**生産そのものが活動的疎外、活動の疎外、疎外の活動**であるにちがいない。労働の対象の疎外の中に要約されているのは、労働の活動そのものの疎外、疎外化にほかならない。(『経済学・哲学草稿』国民文庫、一〇二ページ、文中の太字化およびドイツ語単語の挿入は引用者)

ところで、右の引用中の Entäusserung の訳語の変更について説明をさせておいてもらいます。まずなによりも、邦訳文の中には「疎外」に対しても、「疎外化」に対しても、もとのドイツ語は表示されておりませんし、「疎外化」ではなく「外化」という訳語が割り当てられています。ところが、「外化」という訳語は、前綴り ent- の付いていない Äusserung にも対応可能で、こちらの「外化」には必ずしも〈疎外的な〉意味は含まれておらず、ですから私たちは先には「表出」という訳語を当てておきました。というわけですので、この違いを明示しておくために、たんなる「外化」の頭に「疎外」の「疎」を付けて「疎外化」と表示したわけなのです。意味の上では、Entfremdungも別のものを表しているわけではなく、Entäusserungだけが単独で使用されている場合には、なんのためらいも無く「疎外」と訳されているのが普通なのですが、二つが並んで出てこられますと、同義ではあっても言葉は違うのですから、やはり訳し分けが必要で、それで「外化」となったのでしょう。ですが、再度言いますが、それではやはり原語に含まれている「疎外的＝否定的」意味合いが薄められてしまうという不都合さが残ります。以上の断り書きのついでに、「異化」という中国語訳の不都合さにも触れておきますが、「異化」では、「対象化」や「外化／表出」といった本来は肯定的な意味を持った人間的行為およびその所産が否定的なものに転化してしまうという「疎外」Entäusserungの弁証法〈内在的否定性〉の関係）が見え難くされてしまうと言わざるをえません。これが、「異化」が「疎外」に代わってEntäusserungの訳語とはなりえないと私が考える理由です。

いま直前に述べたことは、訳注に類することにすぎませんが、今度は引用の内容そのものの方にもうちょっと目を向けてみようと思います。と言っても、そこで述べられていることは、一見してわかり易そうで、したがって特に改めて説明を加えるまでもなさそうに見えます。ですが、強いて言えば、やはり注目しておきたい箇所が一箇所だけあります。それは、冒頭のところでの「労働者の疎外」という表現です。私がこれに注目して、ふと足を止めたいと思ったのは、この『草稿』をここまで読みすすめてきた読者の中には、次のような質問、すなわち、「マルクスがまず取り上げてきたのは〈労働者の疎外〉ではなく、〈労働の生産物の〈労働者からの〉疎外〉のことだったのではなかったのか？　現に、すぐに続く二行目では、〈疎外はただ生産の結果〔つまり生産物〕のなかで現れる**ばかりでなく**〉と述べられているではないか？」といった生真面目な反問を発するひとが出てきても不思議ではない、と思ったからです。そこで、この予想質問には念のため一応答えておくことにします。じつはマルクス自身もこうした質問を予測したのか、はじめの「労働者の疎外」という提示の仕方を、「労働者の労働の諸生産物に対する彼の関係」という表現でもって補足していますね。つまり、「疎外」は〈生産物と労働者〉の相互関係そのものの在り方を規定したものとなっておりますから、この相互性においては、〈生産物〉の側が**労働者**から〈疎外されて〉いるならば、必然的に〈労働者〉の側もまた、**生産物**から〈疎外されて〉いると言われざるをえない、というわけなのです。

三 「疎外された労働」論の全体構図

〈労働者の疎外〉と〈人間の自己疎外〉

ここで一旦、『草稿』の「疎外論」の行程の全体を先取りして見渡しておこうと思います。それは以下のようになっています。

①労働の成果（生産物）の労働者からの（およびその逆向きの）疎外
②労働（生産行為そのもの）の人間からの（およびその逆向きの）疎外
③現実の個別的人間存在からの人間的本質／類の（およびその逆向きの）疎外
④③の結果としての、人間の人間からの疎外（諸個人間の分離／分裂と相克）
⑤〈労働と資本との対立〉としての〈私的所有の体系〉――以上です。

以上のように区分される内容が、邦訳の文庫本ではわずか二三ページの分量の中に、しかも内容的には驚くほどの理論的な緻密さと十分な重みを持って、述べられているのです。私たちは、大雑把ながら、これらのうちの②のところにまでたどってきました。そして①については、〈生産物の疎外〉と〈労働者の疎外〉との相関について確認し終えたところです。この①の部分は、マルクスが「国民経済学的（national-ökonomisch）な事実」と名付けていた、当時の初期資本主義の〈表面的現象として直接に与えられている〉ありのままの現実についての叙述となっています。そしてこの叙述を一通り果たし終えたところで、「労働の生産物が疎外であるなら、生産活動そのものが活動的疎外、疎外の活動にほかならない（はずである）」という反省的視点に立って、もはや〈生産物〉のではなく、〈（人間の）労働そのもの〉の疎外へと探索の目を向けるに至ったのでした。

　この②の段階は、労働者が他の動物たちの生活行動とは異なる〈人間的な生産活動〉である自らの**労働のただ中**でかえって〈自分は**自分の外に**在る〉と感じ、労働の外ではじめて〈自分のうちに立ち戻っている〉と感じる（つまり、やっとそこでほっとする）、という事実によって証拠立てられています。ここに示されているのは、もはや〈**物からの疎外**〉ではなく、〈**自分自身からの疎外**〉、〈**自己自身の二重化／分裂**〉にほかなりません。すなわち、①では、〈疎外の相互性〉は〈生産物〉と〈労働者〉との間のそれでしたが、②では、二重化された自分自身の間のそれとなっております。この〈人間の自己疎外〉の意味をさらに掘り下げて捉え直したもの、それが③です。

　③においては、「自由な意識的活動」としての労働が動物からの区別において、各人における人間的本質、〈人間としての〉類的存在、を決定づけていることを明らかにすることによって、②の〈労働そのものの疎外〉が〈現実の個々人からの**人間的本質／類の疎外**〉にほかならないことが確

認され、そしてこの確認とともに、②における〈人間の自己疎外／二重化〉は、〈個人の現実存在〉と〈人間的本質／類〉との**疎外の相互性**（分裂）として見返されることになります。

〈現象から本質へ〉そして〈本質から現象へ〉

マルクスの疎外論的考察を以上の③までたどってきたところで、⑤までの全体の展開の意味について予備的に解説しておくのが適切かもしれません。このことは、いざ疎外論的考察へと出発しようとするに当たって彼が口にした「概念的に把握する」（begreifen）という言葉の意味を、今あらためて解説することでもあります。彼は、『経済学・哲学草稿』の第一草稿で疎外論的考察を開始した冒頭から二番目の段落のところで、次のように述べていました。

国民経済学は私的所有の事実から出発するが、これをわれわれに解明してはくれない。それは私的所有が現実のなかで経る物質的過程を、一般的な抽象的諸公式で表現する。するとこれらの公式は国民経済学にとって諸法則と見なされる。**国民経済学はこれらの法則を概念的に把握しない**。すなわち、これらがどのようにして私的所有の本質から生じるのかを説明しない。（『経済学・哲学草稿』国民文庫、九六ページ、太字化は引用者）

この文章を読みますと、マルクスは、事柄の表面に現れている規則性のようなものを公式化してこれをそのままただちに「法則」と呼んでそこに安住してしまうことには同意していない、ということがわかります。すなわち、彼にとって重要なのは、そのような表面的規則性を支えている**根底の本質**を明らかにし、その規則性をその本質の現象として捉え返すことであると見られますが、そのわけは、そのようにしてはじめて、その規則性の〈なぜ?〉を、すなわち根拠/理由を明らかにできたことになるからだ、と言えるでしょう。もちろん、「事実から出発する」ことに難癖をつけようとしているのでないことは明らかです。〈本質を明らかにする〉ためにも、〈事実としての現象〉を飛ばしていきなりそこへたどりつくことはできません。そのようなことをしようとすれば、それは自分勝手な空想となってしまいます。

〈事実としての現象〉から出発し、諸現象の分析をとおしてそれらの背後の本質を探り出し、そして今度は、その本質から現象を捉え返し、本質と現象との内的‐必然的連関を明らかにすることによって本質自身の自己証明をも果たすということ、こうした一連の思索的作業がマルクスにとっての「概念的に把握する」ということの意味ですが、この用語法はヘーゲル弁証法の遺産の重要な一部でもあります(すなわち、begreifen をわが国での一般的な用法に準じてたんに「理解する」と訳したのでは、ヘーゲルやマルクスにおいてこの言葉が内に蔵している重層的な構造が、すなわち普通の〈悟性的理解〉を意味するverstehenとの違いが、見落とされてしまいかねない、というわけなのです)。

さて、以上に見てきたような〈概念的把握〉の観点に即して①から⑤までの流れを整理してみますと、①-②から③への過程が〈現象から本質へ〉という前半の展開、そして③から④-⑤への過程が〈本質から現象へ〉という後半の展開、ということになっています。いま仮に「現象」を記号Pで表し「本質」を記号Wで表してひと続きの流れとして対応させてみますと、以下のようになります。

①②	→	③	→	④⑤
P	→	W	→	P′

上の図式の中で、最初の直接的に与えられた仕方での〈疎外的事実としての現象〉Pに対して、〈疎外された労働の本質把握〉Wの観点から捉え返された〈現象〉の領域をたんにPではなくP′と記しておいたのは、これが最初の直接的現象のレベルにたんに舞い戻ったにすぎないものではないからです。④も⑤もこのP′のなかにそれぞれに異なった仕方で含まれるわけですが、『草稿』中の続く叙述の中でそれぞれが導き出されてゆく経過についても以下簡単に見ておくことにしましょう。

「人間の人間からの疎外」というように呼ばれている④における「疎外」は、現実の社会生活の中での諸個人同士の関係にかんして述べられたもので、これは現実に生活している諸個人が敵対的な関係をも含んだ形で相互に疎遠にばらばらになっている状態を指しています。ここに見られる〈共通基盤を喪失した〉諸個人は、まさに本質的次元においては〈類からの疎外〉として捉えられざるをえない〈人間の自己疎外〉に対して、これの現象形態の一つにほかならない、と言うことができます。マルクスが『草稿』の前年に書き上げた論文「ユダヤ人問題によせて」（『独仏年誌』所収）には、例えば次のような言葉があります。

政治的国家が真に発達を遂げたところでは、人間はただ思考や意識においてばかりでなく、**現実**において、**生活**において、**天上**と**地上**の二重の生活を営む。すなわち、一つは**政治的共同体**における生活であり、そのなかで人間は自分で自分を**共同的存在**だと思っている。もうひとつは**市民社会**における生活であって、そのなかでは人間は**私人**として活動し、他人を手段と見なし、自分自身をも手段にまで下落させて、ほかの勢力の玩弄物となっている。（『マルクス・エンゲルス全集』第一巻、三九二ページ）

右の引用は、資本主義化の過程に入った近代社会における、〈政治的国家〉と〈市民社会〉とへの二重化／分裂、そしてこれに対応した、人間自身における〈共同的存在／公人〉と〈私人（すなわち利己的な個人）〉とへの分裂、について言及した文章ですが、ここで指摘されている「私人」としての存在様態こそが、『草稿』で「人間の人間からの疎外」と表現しているものの具体的内容にほかなりません。

〈利己的諸個人の間の闘争場裏〉と化してしまっている現代社会の一面にかんする〈なぜ?〉の問いに対する答えが、このように、〈人間の自己疎外〉の本質的把握の次元から見返されることによって明らかにされるに至っているわけで、ここでの結びの言葉としては、以下のように語られています。

> 一般に、人間から彼の類的存在が疎外されているという命題は、ある人間が他の人間から疎外され、また彼らの各々が人間的本質から疎外されているということなのである。（『経済学・哲学草稿』国民文庫、一〇八ページ）

〈人間の自己疎外〉のもう一方の現れとしての〈私的所有〉の体系

『草稿』の疎外論における〈本質から現象へ〉のもう一方の途が⑤ですが、これこそマルクスが

「国民経済学的事実」と呼んでいたものの核心部分である「私的所有」の体系そのものです。この⑤の考察を始めるに当たっての彼の最初の問いはこうです。

われわれは一つの国民経済学的事実……（中略）……から出発した。われわれはこの事実の概念を**疎外された労働**と言い表した。……

こんどはわれわれは、この疎外された労働の概念が、さらに現実においてはどのようにおのれを表わし示さずにはおかないかを見よう。

もし労働の生産物が私に疎遠であり、疎遠な力として私に立ち向かうなら、それは一体、だれに属するのか？

もし私自身の活動が私に属さず、ある疎遠な、ある強制された活動であるなら、それは一体、だれに属するのか？（『経済学・哲学草稿』国民文庫、一一一ページ）

この問いに答えるに当たっても彼の指標とされているのは、④の「疎外」の考察のさいにも掲げられていた命題、すなわち「人間の自分自身に対する〔自己疎外としての〕関係は、他の人間に対する彼の関係をつうじてはじめて**対象的、現実的**である」という命題です。この命題に即して導き出された答えが以下です。

もし労働の生産物が労働者に属さず、彼に対する疎遠な力であるなら、このことはただ、その生産物が労働者以外の他の間に属するということによってのみ可能である。もし労働者の活動が彼にとって苦悩であるなら、他の者にとってはそれは享楽であり、他の者の生の喜びであるにちがいない。（『経済学・哲学草稿』国民文庫、一一一ページ）

この確認によってマルクスが私たちに告げようとしているのは、〈労働者に対する他者（資本家など）〉の〈労働者の）労働に対する関係、すなわち〈私的所有〉と、〈疎外された労働〉＝〈人間の自己疎外〉との、必然的関係なのです。

ところで、マルクスが用いている「私的所有」という用語の意味については、ほんの少しだけ説明しておく必要があります。「私的」private という言葉と「個人的」personal という言葉（いずれも英語）は、これまでも今も、互いに重なり合い通じ合って用いられる場合が多いと言えましょう。J・ロックが『市民政府論』（一六九〇年）で、所有の究極の正当性根拠を労働に求めて「自己労働にもとづく所有」という表現を用いたとき、そのさいの「所有」は〈個人的所有〉のことなのですが、そのさい「個人的所有」と「私的所有」との区別は彼のもとでは必ずしも明確に意識されてはおりませんでした。この区別は『不平等起源論』（一七五〇年）のＪ・Ｊ・ルソーにおいても不明確なままでしたが、但し彼は、「私的所有」propriété privée をもっぱら〈横領と排他的占有〉という否定的な意味に用いました。これに対してマルクスですが、彼は、「私的所有」の意味づけにかんしては、ルソーのそれを継承していると言えます。かと言って、ロックの「自己労働にもとづく所有」をも、さらには「個人的所有」をも否定しているわけではありません（彼はのちに「**私的所有**を否定して**個人的所有**を再建する」という命題を提示しています）から、彼の場合は「私的所有」と「個人的所有」とは区別して処遇されていると見られるべきでしょう。したがって彼にとっては「私的所有」における所有主体は個人でなければならないわけではなく、集団（組織体）でもありうることになります。集団であれ個人であれ、そこにおいて〈他人の労働の成果〉に対する〈横領的・排他的〉支配が行われているかどうかが、また、そのような〈私的所有〉が社会体制として維持されたものとなっているかどうかが、問題とされているわけです。そして「国民経済学的事実」とは、こうした〈私的所有の体系〉としての現実にほかなりませんでした。

〈私的所有〉が先か〈労働の疎外〉が先か、という問題

もう一度かんたんに振り返ります。〈労働における人間の自己疎外〉を直視しながら、〈人間にとって労働そのもののもつ本質的意義〉を問い返したのが③における考察でした。あるいは、逆の言い方もできます。すなわち、人類史の総過程における〈人間の人間化〉にとっての〈労働の本質的意義〉の解明に照らして、〈人間の自己疎外〉の全般に対する〈労働の疎外〉の原基的位置を見定めたのが③における考察であったし、これが〈労働の疎外〉の本質的把握そのものでもあったのだ、と。

いささかくどい言い方になってしまいましたが、この再確認を引き受けながら、以下ではかつてちょっとした論争になったことのある問題、すなわち、〈疎外された労働〉は〈私的所有〉からの結果なのかそれとも〈私的所有〉が〈疎外された労働〉からの結果なのかという問題、について一応言及しておこうと思います。

〔A〕「**疎外された労働**をつうじて労働者は、労働に疎遠な、労働の外に立っている人間の、この労働に対する関係を生み出す。すなわち、労働にたいする労働者の関係は、労働に対する資本家の関係を生み出す。**私的所有**はしたがって、**疎外化された労働**の……所産であり、結果であり、必然的帰結である。(『経済学・哲学草稿』国民文庫、一一三ページ)

〔B〕「われわれが**疎外化された労働**の概念を**私的所有の運動**からの結果として国民経済学から獲得したのはたしかだ。しかしこの概念の分析にさいして明らかになるのは、たとえ私的所有が疎外化された労働の根拠のように見えるとしても、むしろ私的所有が疎外化された労働の帰結なのであって、ちょうど神々もまた**根源的には**、人間の知性の迷いの原因ではなくて〔逆に〕結果であるのと同様だということである。のちになると、この関係は相互作用に変わる。(『経済学・哲学草稿』国民文庫、一一四ページ)

右の二つの引用は、ここまでの考察を振り返って一つのまとめが試みられている文章ですが、ほぼひと続きの文章をここでは便宜のため二つに分けて示しておきました。

さて、ここでのマルクスの文章ですが、正確さを期すならば、すなわち誤解を避けるならば、本当はそのための補足説明がもっと必要だったのでした。と言いますのは、ここで問題とされているのは、ご覧のように〈社会関係としての私的所有〉と〈疎外された労働〉との関係についてなのですが、それがここでは「根拠/原因」と「結果/帰結」との関係という形で述べられているようにみえます。ところで、「原因」と「結果」という両カテゴリーはカテゴリー論的には、〈互いに相手を前提し合う〉相関関係にある両者ですが、現実に適用される場合には必ず〈原因が先に在って、結果が後続する〉という時間的な先後関係をとります。すなわち、与えられた事実を前にしてそれの〈原因〉を探るということは、この事実を結果としてもたらした先行の事実関係を明らかにするために、思索を時間的に遡らせることを意味します。

それではマルクスはここで、〈私的所有の体系〉と〈疎外された労働〉との関係にかんして、どこまでも現実の過程における両者の因果関係を問題にしようとしていたのでしょうか。その語り口からみれば、確かに一見そのように見えます。そしてこれまで事実上、そのように受け止めてきた人びとは多数派だったと言ってよいかもしれません。しかし私は、その多数派の受け止め方は誤解に基づいているし、しかもその誤解の責任の一半は、誤解を避けるための整理をしっかりしておかなかったマルクス自身も負うべきだろうと思っています（もちろん全部を負わせるのは酷ですし、やりすぎです）。

そこで、もう一度読み返してみましょう。彼は「結果」とか「帰結」という言葉は使っていますが、これに対して「原因」という言葉はじつは使っておりません。ということは、〈私的所有〉と〈疎外された労働〉との間の現実の因果関係をここで問題にしているとは限らないということです。彼が述べているのは、まず始めには、〈私的所有の体系〉という事実を前提にすえてそれをよく見つめてみれば、そこに見出されるのは〈疎外された労働〉（すなわち、労働者と労働の生産物との間の〈疎外〉の相互性〉の現実である、ということです。ここに述べられている**先後関係**は、**事柄**そのものにかんする**それ**ではなく、事柄の**認識の順序**にかんする**それ**であり、認識の深化の過程に関わるものだと見られるべきでしょう。引用〔B〕の始めのところでは、まずこの〈認識の進化〉の順序について述べられています。そしてそれに続く二行目で「この概念の分析」と述べられていること（これがまさに認識の深化ですが）の内容が、引用〔A〕で説明されていることにほかならないわけなのです。

〔B〕のなかでは次に、「私的所有が疎外された労働の根拠のように見えるとしても」という言葉がつづきます。この言葉の前にはじつは、「認識の過程の順序をそのまま現実の過程の順序と見なしてしまうならば」という条件文が隠されていなければなりません。そしてマルクスがここで言いたいことは、〈分析の成果の側から見返されるならば、むしろ私的所有が疎外された労働の帰結と言われうるのである〉ということだろう、と私は（私なりの微調整をもこめて）受け止めておきたいと思います。

ところで、〔B〕の最後に登場してくる「のちになると、この関係は相互作用に変わる」という言葉も、このままではやはり少し変な表現のように思われます。と言いますのは、「のちになると」という言葉も、「相互作用に変わる」という言葉も、〈認識の深化〉の過程およびその成果にかんして語られたものなのか、それとも現実の事態の発展過程にかんして語られたものなのかが、依然として明確にされないままになっているからです。そこをすっきりさせるためには、次のような補足説明が必要だと思います。すなわち「〈私的所有〉と〈疎外された労働〉との関係はもともと〈現実の中で**相互に規定し合う**関係〉なのだが、この関係の全体像が見えてくるのは、考察開始の前提とされた〈私的所有〉の現実に対する分析及び認識の進化が進み、その成果としての〈疎外された労働〉の観点から改めて〈私的所有〉が捉え返されることによってなのである」と。

〈現象〉と〈本質〉の関係は時間的先後関係ではない

さて、ここまでは〈現象の次元〉の把握で、ここから先が③、すなわち〈労働の疎外〉の本質把握の領域、へと進むわけですが、ここで登場してくる〈現象〉と〈本質〉との関係は、〈現象〉のレベル内で問題とされた〈原因—結果〉の関係の場合とはちがって、そこには始めから時間的な先後関係は問題とはなりえません。〈本質〉と〈現象〉との相関関係において基底であり第一義的なのは〈本質〉の側であるとまでは言ってもよいでしょうが、このことは〈本質〉の〈現象〉に対する先行性を意味するわけではなく、両者の相互性は、対立的＝相互否定的でありながら相互依存的でもあるという仕方で同時並行的な関係として捉えられるべきでしょう。

ところで、「本質」や「現象」のカテゴリーは、ヘーゲルの『論理の学』では第二部で登場しており、この著作の編別構成については、私たちの第3章で途中までですが一応見渡しておいたとおりです。そのさいには、ただ見渡しただけで、内部の説明には立ち入ることなく、あとは、論理的カテゴリーの一般的な役割について概略的に説明しておくということにとどめておきました。しかしいまここでは、(やや詳しい説明は再び後にまわすにしても)せめて「本質」と「現象」のカテゴリーおよびその周辺については、差し当たり最低限必要とされる範囲で簡単な説明をしておかねばならないと思います。

以下の説明は、本書の54ページに示されている区分表を時々見返しながら読んでください。「本質」のカテゴリーは、ヘーゲル論理学の大きな区分では第一部「有」論の次、第三部「概念」論の手前に第二部として位置づけられています。「有」論に含まれるカテゴリーは例えば「質」にせよ「量」にせよ、それぞれが〈**直接的な**自己同一性〉によって特徴づけられていて、そのため、「有」論に属するカテゴリーによって捉えられたものはすべてが事実上は区別や変化や限界等々すなわち〈否定〉に付きまとわれていながら、その〈否定〉はつねにそれら自身にとってはたんに〈外なるもの〉に位置していて、その否定がそれら自身に関わって現れ出たときには、それら自身がすでに他者へと移行してしまっている、という形をとります。

これに対して「本質」論の段階に登場するカテゴリーはいずれも、それ自身にとっての固有の〈否定〉を反対規定としてつねに表立って伴っております。例えば、〈内と外〉〈上と下〉〈同一と区別〉〈表と裏〉〈原因と結果〉〈本質と現象〉等々と言ったようにです。すなわち、これら対の関係にある両者は、互いに一方が他方の反対である限りにおいてそれら自身でありうるという、相関的 relative な関係にあります。このような〈相関〉としての関係をヘーゲルは反省関係 Reflexionsbeziehung（互いに反射し合う関係）とも呼んでいます。それでは、「有」論の段階から「本質」論の段階に移るさいの『大論理学』中のヘーゲル自身の説明をまず見ておきましょう。

> 有は直接的なものである。知は、有の真実を認識しようとする場合には、直接的なものおよびそれの諸規定のもとに留まるのではなく、この有の背後になおもっと有自身とは別のものがあり、この背後こそ有の真理を構成している、という前提をもってこの直接的なものを突き抜けてゆくのである。（『大論理学』中巻、岩波書店、三ページ）

ここで述べられていることは、「有」論の次元のカテゴリーはすべて〈直接的なもの〉として与えられているのに対して、「本質」論の次元のカテゴリーは、もはや直接的にではなく、「有」を〈否定的なもの〉とみなしてそこを突き抜ける（あるいは乗り越える）という仕方をとおしてのみ自らを表してくるということです。この仕方は「直接性」に対しては「媒介」と呼ばれたり「端的に在る」に対して「定立される」と表現されたりしています、そしてそこで媒介の役割を果たしているのは、〈本質〉自身に内在するところの〈否定性〉です。すなわち、〈事物の直接的存在〉をそのままに放置しておかずに（すなわちそこに否定を介在させて）その背後に〈もともと在ったもの＝本質〉に光を当てるのです。

初心者およびそれに近い人たちのためにわかり易く言い直したつもりが、あるいはかえって困惑を持ちこむ結果となってしまっていたらお詫びしなければなりませんが、とにかく「本質」は「有」との否定的関係を介してのみ私たちにとって問題となりうるところのものだということを、まず頭に叩き込んでおいていただきたいわけなのです。

但し、「本質」との相関の中に置かれるに至った「有」はもはやもとのままの（すなわち、「有」論の段階の射程内での）〈直接性としての在り方〉にとどまっているわけにはいきません。つねに、「本質」の側から見返される仕方での姿をとり、「本質」論の進行はこの〈相関の在り方〉の発展ということになります。

第一段階は、たんなる〈**仮象**としての有〉に対する〈もっぱら**内的**な根拠としての本質〉の関係です。

そして〈否定〉のここでのはたらきは、もっぱら**両者の分離**としてのそれです。

第二段階は、〈本質自身の現れ〉としての有、すなわち〈**現象**〉に対する、現象するところの〈**本質**〉の関係です。ここでは〈否定〉はたんなる〈分離〉としてではなく〈**媒介**〉するはたらきとしての〈否定〉です。

最後の第三段階は、両者の相互媒介が進展し更に深まり更に具体化してゆくことによる、〈現象と本質との統一〉としての〈**現実性**〉の観点の全面化の過程です。この〈現実性〉にあっては、〈現象〉も〈本質〉も互いに相手に対する〈分離の観点〉を終局的に乗り越え、相手によって自らの頂点を極め、一点に収斂するに至ります。

右の区分は「本質」論にかんするヘーゲル自身の大区分の意味を私なりの整理によって示したものです。ヘーゲル弁証法の弟子たることを自認していたマルクスも、「本質」概念を用いるさいには、ヘーゲルのこうした「本質」把握を大筋において念頭においていたことは十分に想定されます。そこで最後に、このような諒解に立って、「③現実の個別的人間存在からの人間的本質の疎外」にかんするマルクスの把握を私たちなりに調べてみようと思います。

四　「人間の本質」概念と〈人間の尊厳〉問題

人間存在に関わる「本質」概念について

「人間の本質」を問題にするに当たって、はじめにはっきりさせておかなければならないことがあります。それは、同じ「本質」という言葉を使いながらも、（a）事物や自然現象にかんして適用される場合と（b）人間が関与する事柄や事件といったものにかんして適用される場合と（c）人間存在それ自身にかんして適用される場合とでは、それぞれの意味合いが大きく異なっていて同列には扱えないということです。なぜこのような注意をわざわざしておきたいと思ったか、その理由ですが、それは、ある書物の中で、「〈人間の本質〉の概念は存在の規定であって、〈～すべし〉といった〈当為〉を意味しない」という言葉に出会ったことがありまして、その指摘は的外れではないかと、そのとき大いに心配になった記憶があるからなのです。この引用の中での「存在の規定」と「当為」との対比は、価値的視点を含まない〈記述的概念〉に対する〈価値的さらには規範的概念〉との対比、と言い換えることもできるでしょう。

〈現象〉の背後にこれを規定している〈本質〉を探るという点に限って言えば、このことは（a）、（b）、（c）のいずれにとっても共通です。しかし、価値的視点とほぼ無関係にそこでの「本質」

が問題とされうるのは（a）にかんしてだけだと言えるでしょう。（b）と（c）の領域においては、それぞれ異なった仕方においてですが、「本質」論議はそれぞれの価値判断と無関係であり続けることはできません。「（b）にかんしては、どのようにか？」ということについての回答は、ここでは読者諸氏の宿題ということにさせていただくことにして、以下では、「人間の本質」問題が価値的視点と無関係ではありえない事情について明らかにしていこうと思います。

「人間の本質」にかんするマルクスの二つの説明

本章の第一節で私たちは、人類史の総過程を〈人間の人間化〉として特徴づける観点についてかんたんに言及しておきましたが、読者諸氏にはその内容を思い起こしながら以下の話に付き合っていただきたいと思います。

これは私の他の著作でも注目し問題にしたことがあるのですが、「人間の本質」にかんして命題化した形のマルクスの説明と言えるものには、少なくとも二種類あり、いずれも『経済学・哲学草稿』に引き続くようにして書かれたもので、それらは以下のとおりです。

（I）ひとびとは人間を意識によって、宗教によって、そのほかお好みのものによって動物から区別することができる。〔しかし〕人間自身は、自分たちの生活手段を生産しはじめるやいなや、自らを動物から区別しはじめる。（『ドイツ・イデオロギー』国民文庫、四二ページ）
（Ⅱ）人間的本質は個々の個人に内在する抽象物ではおよそない。その現実性においてはそれは、社会的諸関係のアンサンブル〔総体〕である。（「フォイエルバッハにかんするテーゼ」その六、『マルクス・エンゲルス全集』第三巻、五九三ページ）

（Ⅰ）は〈人類〉という種 species と動物一般との区別すなわち〈人類種の人間化〉を決定づけた基本的要因としての〈労働〉の意義について述べたものですが、（Ⅱ）にかんしてはじつは、これに続く以下の言葉が補われてはじめて、マルクスが言おうとしていることの真意が見えてきます。続く言葉はこうです、——「フォイエルバッハにおいては、人間的本質はただ〈類〉としてのみ、すなわち内なる無言の、多数の個人を結びつける普遍性としてのみ、とらえられるのである。」つまり、人間存在にとっての〈類〉はたんなる生物学的レベルから大きく一歩越え出て〈社会（あるいは「社会的諸関係の総体」）〉という新たな次元に高まったものとなっている、ところがフォイエルバッハは〈人間的本質／類〉をこの〈高み〉からたんなる自然的・生物学的レベルに引き戻してしまっている、というわけなのです。もうすこし解説を加えますと、（Ⅱ）の命題の中では、「現実性においては」という補足的なフレーズが重要な役割を担っています。すなわちこのフレーズは、「本質」概念を〈ヘーゲル論理学の「本質」論の構造に即してみてみれば〉という意味合いを含んでいる、と受け止められるべきでしょう。「現実性」とは、ヘーゲルの位置づけによれば、私たちが先程見たとおり、広義の「本質」概念の中の第三段階〈現象〉と〈本質〉の対立の乗り越え＝統一としての「本質」自身の〈全体化の段階〉でした。

要するにマルクスにとってフォイエルバッハは、「本質」の概念をヘーゲル論理学の「本質」論の第一段階のレベルに引き戻してそこでとどまっており、それゆえに、「人間的本質」の理解を抽象的な〈類〉としての確認でもって満足しておれた、ということでもあるのです。

ところでじつは、かつて（たぶん半世紀ほど前に）わが国のマルクス研究者の間で、「人間的本質」概念の理解に関わる上記（Ⅰ）と（Ⅱ）の命題の間の関連づけをめぐって、ほんの一時期、小さな議論が生じたことがありました。しかしその議論はあまり広がりをみせることもなく、大部分の論者は、マルクスの「人間的本質」理解を問題にするさいには、命題（Ⅱ）に注目するだけでほとんどは間に合わせてきたようにも思われます。つまり、上記（Ⅰ）と（Ⅱ）を付き合わせて、両者の関連を明らかにすることをたぶん早々にあきらめてしまったのかもしれません。ですから、（Ⅰ）の観点だけですべては満たされていると諒解していた論者も、決して少なくはなかったのですが、見られるとおり、（Ⅰ）の命題の中には、「人間的本質」という表現は直接には姿を見せておりません。「人間的本質」に対するマルクスの理解にアクセスしようとする論議がやはり（Ⅱ）に向けられる場合が大半であったのもこのためなのかとも思われます。それはそうとして、あまり勿体ぶらずにここらでやっと、両者の関連のその筋道を確認することの中で、この第四節のテーマに応えていきたいと思います。

絶えざる自己実現の目標としての〈人間的本質〉

私たちは、例えば、「太郎も花子も人間だ」、「ローザは人間だ」「ホセは人間だ」「劉邦は人間だ」等々……と言います。その場合念頭におかれているのは、これらの各命題の主語とされている各人が「人間」という〈類／共通の本質〉に包摂可能な成員として（あるいは、その〈類〉の担い手として）位置づけられているということでしょう。「人間である」という類的確認によって私たちは、自らと動物一般との本質的区別を自己諒解し合っているわけですが、この〈人間的類〉を〈人間的特性に即して〉、より具体的に概念化した表現が命題（Ⅱ）でした。しかしこの命題（Ⅱ）は、じつは、〈人間の類／本質〉が何故「社会的諸関係の総体」でなければならないのかについても、さらにはそもそも、〈動物一般との本質的区別〉を決定づけているものは何なのかについても、なにひとつ語ってはいないのです。つまり、これら二つの問いに答えてこそ真に語ったことになる、と言えるのでしょうが、しかしいわゆるアフォリズム的形式で書かれたこの命題にそこまで要求するのは所詮無理な話なのだとも言えます。

しかしながら、これらの要求に応えているのが命題（Ⅰ）の観点です。この命題では、〈「人間（人類種としての）の人間化」にとっての「労働」の根源的・積極的意義〉が述べられています。すなわち、この命題は、生産的労働への着手とともに人類は、それまでに自然によって与えられていた諸能力の限界を超え出て、新たなレベルでの〈発展的な自己形成／自己創造〉の途についた、という人類史的視点を提示しています。マルクスは、『草稿』でも『ドイツ・イデオロギー』でも『資本論』その他でも、人間は生産的労働をつうじて諸種の生産物を作り出しただけでなく、その産出を可能にする自己自身の諸能力をもたえず新たに開発し作り出してきたということを、折に触れて述べています。このような〈自己形成／自己創造〉の道は、個々人の〈自由な人格的自立化〉に通ずる道でもあるわけですが、この〈個人の自立化〉こそは、自然によって与えられた〈類的結合〉を新たな次元としての〈社会的共同性〉へ（そして人間自身を〈社会的存在〉へ）と**作り変える**推進力ともなったところのものだと言えるでしょう。しかしながら、〈自然的な類的結合〉が〈人間〉の下では〈社会的共同性〉にとって代わられるということは、自然的な類的基盤が〈人間の下では消滅した〉ということを意味するわけでは、もちろんありません。どこまでもこの基盤の上で人類の世代交代が維持されているのは確かですし、いかなる人間もこの基盤から完全に離脱しきることはできません。しかし人類が生産労働の開始によって、言わばその基盤の一隅に風穴を開け、これまでの〈自然によって与えられていた〉固定的な生活様式の枠組みをも部分的には壊しつつ、〈自らによる新たな創造の領野〉へ踏み出したのも確かなのです。

かくして、様々な社会的な結合形態はすべて、〈自然によって〉でも〈神によって〉でもなく、〈人間の人間化〉の進展とともにそのつど・新たに・〈**人間自身によって**〉創りだされてきたものにほかなりません。そしてもはや、「人間である」という〈類的本質〉の内実が、〈動物の類〉にみられるような、**固定した**〈**自然的**なもの〉にとどまるのではなく、人間自身による所産としての側面をも持ち、したがってそれ自身**発展的・歴史的**であるところの「社会的諸関係の総体」となった、というわけなのです。ということは何を意味しているかといえば、それは、人間各人は自らの「人間的本質」の有り様にかんして、ただ〈自然に委ねて〉おればそれで済むというわけにはいかなくなったということ、つまり、もしも現実の生活者である個々人と「社会的諸関係の総体」である各自の類的本質との関係が分裂／離反し、しばしば敵対的な状況の下に置かれてしまってさえいるといった場合には、そうした〈自己疎外的〉な状態は現実の諸個人自らの協働的な努力によって修復されねばならないということなのだ、と言われるべきなのではないでしょうか。要するに、人類は自らの発展的な〈人間的本質〉の**在るべき姿**にかんして、〈**自己責任**〉**を負っている**ということなのです。その〈在るべき姿〉とは、各人における〈自由な自立的主体としての自己実現〉と、広くは地球規模での〈人類社会的共同性〉との、発展的な統一の維持ということだと言えるでしょう。すなわち、こうした観点において捉えられるとき、「人間的本質」の概念は、たんに「存在するもの」として予め与えられているにすぎないものではなく、絶えざる自己実現あるいは自己獲得の対象としての〈規範的目標〉を指し示しているところのものでこそある、つまり**価値的視点をも同時に含んでいる**、と言うべきなのです。

第8章　〈支配と従属〉の弁証法

　ここでの表題は、半世紀以上も前にヘーゲルの『精神現象学』を勉強していた学生あるいは大学院生であった頃の私たちが通称で「主（主人）と奴（奴隷）の弁証法」と呼んでいたまさにそのものを指し示しています。ヘーゲル三八歳頃の著作『精神現象学』は、用語法から言っても表現の仕方から言っても、とてもとても〈読み易い〉本とは言えず、無理に噛み砕いて呑み込もうとすれば、かえって〈歯の方がくだけそうになったり喉がつかえたり〉で、大いに苦労したものでしたが、それの「自己意識」の章で、〈主と奴の弁証法〉の叙述に出会ったときには、深い感動に捉えられたことが今でも鮮明に思い出されます。

〈主と奴の弁証法〉については、今から一五年ほど前の拙著『人間主義の擁護』でも紹介したことがあるのですが、今回は「弁証法」問題の理解のためにという側面に力点を移動させて、もっと簡明な解説を試みてみようと思います。但し、私なりの〈簡明さへの努力〉のために、ここでの〈主と奴の弁証法〉の紹介は、必ずしもヘーゲルの叙述にそのまま忠実に即した形をとるとは限りません。一方ではかなり簡略化したものとなっていたり、他方では私の側からのかなり着膨れさせられた解説が付されたり、ということが大いに予想されます。これも、読者諸氏にヘーゲルをもっと近づき易いものにしたいという、筆者の切実な願いから発したものですので、その意はぜひとも汲んでいただきたいと願っています。

なお、以上に述べたように、この章はヘーゲルの〈主人と奴隷〉の弁証法から始めて、最後は、これと青年期マルクスの「民主制」の理念とのつながりを再確認する形で締め括られることになっています。

一 「相互承認」の概念

ヘーゲルの「自己意識」は「(個人対個人の)相互承認」の概念として展開

はじめにかなり思い切った言い方をしてしまいますと、『精神現象学』の「自己意識」の章は、フランス大革命の勃発(一七八九年、青年ヘーゲル一九歳頃)に際しての「人権宣言」(正式には「人間と市民の権利宣言」)の中に掲げられた〈三つの基本原理「自由・平等・友愛」の統一的実現〉という理念に対する支持ならびに、それの正当性根拠の理論的証明のために捧げられたものである、と私は受け止めています。先ほど私が「感動をもって読んだ」と述べたのは、まさにこの点にかんしてなのですが、ヘーゲルにおけるその〈理論的証明〉のための鍵となっているものは、「相互承認」の概念です。

「相互承認」という漢字四文字並びの表現はどうしても堅苦しい感じを与えてしまいますが、私たちはこれを、自分の側の構え如何によって、例えば、几帳面に堅苦しく実務的な仕方で解しかつ運用することも、あるいはもっとやわらかく情緒に溢れた（すなわち愛や思いやりに満ちた）仕方で受け止めることも可能ではあります。しかし、その「承認」は〈知・情・意〉三拍子そろった生身のまるごとの人間同士の間で交わされる事柄である以上、それらのどれか一つの側面だけを表立ててそこで「承認」が交わされる、と取るのは、〈不自然〉ですし、したがってそれは〈人間的〉な承認の仕方とは言えないでしょう。再度言いますが、「相互承認」においては、〈命ある・丸ごとの〉人間同士の関係が問題なのであり、しかもそこでは何よりも、〈相互性〉ということが欠かせないのです。

ここでの「相互性」の意味は、「非対称性」ではなく、「対称性、すなわち対等・平等性」でなければなりません。こうした〈相互性〉の中でこそ人間の〈自己〉は他人の〈自己〉を自分の〈自己〉の言わば鏡とすることによって自分自身とも向かい合い、〈自己〉を意識し、それと同時に、相手をも〈自己意識〉として認めることができる、と言うのです。この〈相互承認〉においては、自分が〈自由な主体〉であるように、相手もまた〈自由な主体〉でなければなりません。そうであってこそ、互いに相手が自分にとっての鏡となり合えるわけなのです。

ところが、人類史を振り返ってみれば、〈人間の人間化〉への歩みの出発点においては、このような〈相互承認〉の関係ははじめから現実に確立したものとなって登場したわけではなく、それは新たな〈人間的本質〉の根底に姿を見せはじめたいわば萌芽としてのもの、すなわち〈相互承認〉の顕在化＝現実化へ向けて動き始めた〈潜在的可能性〉にすぎないもの、と言われるべきでしょう。この段階における〈自己意識の形成／発展の弁証法〉を追跡して、「自己意識の相互承認」関係の実現の必然性を予告的に明らかにしたのが、「一、承認の概念」の基本的説明に続く二つの節、「二、承認のための生死を賭けた戦い」と「三、主人と奴隷」です。

第二節の表題を見ると、はじめはちょっと驚かされます。〈承認を獲得するために〉いきなり〈生死を賭けた戦い〉とは、どうしたことでしょう。〈戦い〉と言われるものの場面を特徴づけているものは、もっぱら、〈勝つか負けるか〉そしてとどのつまりは〈生きるか死ぬか〉を決する〈力の原理〉です。そして第三節の「主人と奴隷」も、その「戦い」の帰結としての〈勝ち組と負け組み〉の話にほかなりません。〈主人と奴隷〉の関係が確立されてしまえば、確かにそこでは表立った〈戦い〉は一応停止していますが、この停止は〈力の原理〉そのものにまで及んでいるわけではなく、〈主と奴〉の関係の背後には、〈力の原理〉はいつでも牙をむく形で厳然とそこに生き続けており、このことは誰もが議論の余地無くわきまえさせられている事実です。

なんということでしょう。〈殺し合い〉とか〈力による支配〉とは別次元の〈対等・平等な承認〉の話を始めたはずだったのに、ヘーゲルは私たちを騙して変な方向へ誘導しようとしているのでしょうか。じつはそうではなく、以下で見られるとおり、ここでのヘーゲルの叙述の真意は、〈力による支配〉に支えられた〈**欲望充足の追及**〉という形の〈人間化の開始以前から引きずってきた〉生存様式と、新たな次元に立った人間の**主体的自立化志向**との間の自己矛盾の必然性を明らかにし、そしてこの矛盾の自己克服なしには〈人間の人間化〉の実際の終局的な実現〈すなわち〈動物的なもの〉との区別における〈人間的なもの〉の真の解放〉は達成されえないだろうという展望を示す、というところにあるとみられるべきなのです。まさに「自己意識の相互承認」とは、この〈自己矛盾の克服〉の一般化された形式にほかならないというわけなのです。

自然的な生存欲求が満たされる仕方は〈力による他者支配〉

「自己意識」に対するヘーゲルの一般的定義をまず見ておくことから始めましょう。「自己意識」が「意識」〈対象についての意識〉とは区別されている以上、それが外部や対象にではなく、もっぱら自己の内部に向かう意識、つまりいわゆる「内向的な意識」と取られる可能性は無きにしもあらずですが、ヘーゲルが問題にしている「自己意識」は、そうしたものとはかなり違います。「自己と向き合う」と言うのはいいでしょう、しかし「他者に目を向けることなく、むしろ他者を捨象してしまっている」とまで言われかねないとすると大いに違ってしまいます。

ヘーゲルのごく一般的・抽象的定義では、「自己意識」とは、〈生ける個体〉が〈**他者との区別**（＝否定的関わり）において〉〈「私＝私」（つまり「俺は俺だ」）〉という自己確信を**実践的に**わがものとしようと目指す意識〉である、ということになります。そしてこのような「自己意識」の萌芽的原点を彼は、すべての〈生けるもの〉が持っている〈生存への自然的欲望〉のうちに見定めます。人間も〈生ける個体〉として自らの生存を維持するためには、この自然的欲望に促されて、自分たちの生存を支える食べ物や飲み物を環境としての自然の中から獲得して〈食べたり飲んだり〉しなければなりませんが、これは、食べられる側にまわった〈他者〉に対する〈力による支配〉を意味するでしょう。私たちが前章の第一節で触れたように、人類は〈労働〉の開始によって、自らの〈欲求充足〉の質的多様化および飛躍的な量的拡大を急速に推し進めることになりました。このことは確かに、〈対象としての自然〉に対する〈人間〉の側からの〈支配の拡大〉ですし、この〈支配の拡大〉はまた、〈人間にとっての自由の領域〉の拡大を意味するでしょう。そしてこの新たな次元においては、〈生存〉の欲望は〈自由の拡大〉への欲望として発現していくことにもなるでしょうし、そうした〈力による支配〉と一体化した〈自由への欲望〉のレベルでは、〈自己確信〉に対する他者からの〈承認〉も〈自己〉から他者に対する〈承認〉も、問題とはなりえないでしょう。そこでの〈自己〉は〈自由に獲物をとって食べつくす〉といった〈他者支配〉によって自己確信をわがものとしているだけの存在です。

それでは、このような〈自由の拡大〉欲望の在り方がそのまま、人間以外の動物や植物に対してだけでなく、人間同士の間にも向けられたならば、どうなるでしょうか。この問いを発してみたとき、ただちに想起されるのはあのホッブズです。ヨーロッパの一七世紀は、自然観において、人間観において、更には国家観や法の理解において、中世キリスト教会の支配的な思想伝統に対して、とにかく結果的には根本的な（すなわち、一八〇度の転換を迫る）挑戦を相次いで突きつけることとなった**思想革命**をもたらしたのでしたが、その代表戦士としては、例えば、ガリレイ（古典力学的自然観と地動説）やデカルト（自我の発見に基礎づけられた近代的合理主義）やホッブズ（脱宗教的人間論および国家論）などが挙げられます。その中でも、今私たちが取り組もうとしつつあるテーマとの関係では、ホッブズの問題提起は最も衝撃的であったと言えるかもしれません。ですから、当初はヨーロッパ世界の学術的共通語と言えるラテン語で書かれた彼の著作『リヴァイアサン』の出版以降は、人間や社会や国家等々の問題で学術世界あるいは論壇に通用しうるひとかどの論陣を展開してみせようとする論者は、直接的か間接的かを問わず、必ずホッブズ的議論に一定の対応を示したものとなっていなければならなかった、と言えるほどなのです。

そうした中で、ホッブズとの理論的格闘の最も代表的な例の一つはルソーの『不平等起源論』(一七四九年)ですが、『精神現象学』の「自己意識」の章の第二節「承認のための生死を賭けた戦い」の叙述の中にもホッブズからルソーへの議論の系譜との関わりは十分に推測されます。そのようなわけですので、ここでも参考までにホッブズの議論を、ほんの少しだけ覗いておくことにしましょう。

二　欲望と〈力の原理〉

ホッブズの国家論はひとつの思考実験であった

高校で世界史の授業を選択しなかったひとでも、中学校までの勉強によって、十五、六世紀あたりまでのほぼ千年間に及ぶ中世ヨーロッパ世界には今私たちが見聞きしているイギリスやドイツやフランスやイタリー等々の国民国家が存在していなかったことは知っています。大小の領地を支配する王侯貴族とそれらの地域的連合は存在しましたし、それら連合の或るものには「神聖ローマ帝国」といった名称がローマ・カトリック教会のお墨付きの下で付されたりしたこともありましたが、それも国家的な統一体とは程遠いものでしたし、中世末期（特に、旧教対新教の分裂以降）にはほとんど名ばかりのものとなっていました。詳しい話に立ち入ることはできませんが、ヨーロッパ世界の体制は、それ自身の成長・発展のゆえにかえって、いわゆる〈制度疲労〉を露わにせざるを得ない状況に突入しつつありました。そうした中で、ヨーロッパ世界は、すべての人びとが意識すると否とにかかわらず、（今から思えば）社会と国家の新しい編成原理を必要としていました。つまり、今までの方式の踏襲ではもはや立ち行かなくなっているところにまで達してしまっていたと言えます。ということは、ヨーロッパ世界の中で、少なくとも問題が先鋭化しつつあったところでは、内乱風の政治紛争も宗教紛争も頻発してきており、それに対応するようにして、識者たちからの種々の提言が試みられるに至ったわけで、そうした提言の中でもっとも衝撃的で、本質を突いた一つが、ホッブズの労作だったと言えます。

ここまではホッブズ紹介のまえおきにすぎません。まえおきがやや長すぎたかもしれません。以下、本題に入ります。

ホッブズは、キリスト教会の神学者たちが究極的には世界の創造主＝神の権威に由来するものとして「天上」に預けてしまっていた、実定法の基礎たる「自然法」の由来をも、政治制度及び国家の存在理由をも、この「地上」の人間たちの手許に引きずり下ろし取り込んでしまうという極め付きの大胆な思考実験を敢えて断行したのでした。これはキリスト教会の立場からすれば文字通り大変な反逆でしたし、火刑への通路ともなりえる宗教裁判に値するものでしたが、いちおう審問の場に立たされながらもともかく彼が生き延びることができたのは、英国が国王ヘンリー八世在位の一六世紀以来、ローマ・カトリック教会とは敵対的な立場に立つ英国国教会のもとにあったせいかもしれません。

自然は（そして人間も）神によって創られたものだとしても、国家は自然の中にはじめから与えられたものではなく、天地創造という神の大仕事の**後から**創られたものである――ではその作り手は誰か――もはや神ではないとすれば、人間以外にいない――それでは国家が創り出されざるをえない経緯をたどってみようではないか。

以上が、ホッブズの最初の推理です。そしてそれに続くものは〈国家とその権力の正当性根拠を糺す〉という、彼なりの一つの思考実験です。私はここで、彼のその思考実験をくわしく追い続けるつもりはありませんし、またその余裕を与えられてもおりませんが、ここでホッブズを引き合いに出したわけは、彼がこの思考実験の次の開始点に設定した、彼の独自解釈による「自然権」

の概念と、そこから導出された帰結との諸関連が、私たちの「相互承認」論の考察にとって貴重な参考になるからですし、その限りでの追跡は最低限果たすつもりです。

さて、ホッブズの究極の「人間」把握は、「すべての人間は、**自己保存のためにあらゆることをなしうる自由**を〈自然権〉として持っている」という命題によって表されています。ここでの「人間」は、国家の成立以前の状態すなわち「自然状態」における人間です。ここでの「すべての」という指摘の中には〈根源のところでの万人の平等〉という観点が強く打ち出されております。身分制を支えとしていた封建社会では抑え込まれてきたこうした平等観は、「神の前での万人の平等」を説いたイエスの思想の原点を呼び起こしたプロテスタントたちの広がりとともに時代的思想となりつつあったと言えますが、ホッブズの平等観は、もっとドライに無機質に、多様多彩な森羅万象を究極の物質である等質的なアトムに還元して捉え返そうとしたあの古代ギリシャの原子論的自然観の系譜を支えとしたものでした（ここにも、彼の思想の異教的素性が隠れも無いものとなっていました）。つまり、人間は国家―社会を構成することになる〈等質的なアトム〉だというわけなのです。

〈人間がその本質そのものの内に持っている多様な要素をどんどん単純化へ向けて捨象していって、その極限に「人間」の本質を設定しようという彼の手法の荒っぽさには面食らってしまう方々も少なくないだろうと思いますが、彼の言おうとしているところにそのままもうしばし耳を傾けてみましょう。）

次に、「自己保存のためにあらゆることをなしうる自由」ですが、ここではホッブズは、アトムとしての人間個体の究極の行動原理は唯一「自己保存」**欲望**だと言うのです。そして、各人が「自己保存」のために「何かをしたり、あるいは何かをすることを控えたり」することに対して、それを「良いとか悪いとか」、「正しいとか正しくないとか」、あるいは「なすべきである、とか、なすべきでないとか」等々、外部から判定したり〈規制したり、あるいは逆に奨励したり〉する基準や規範が一切存在しない境域、これが「自然状態」だと言うのです。つまり、「自然状態」においては自己の行動の一切にかんして、これを決定する権限は自己自身の〈自己保存性向〉以外の如何なるものにもなく、これが「自由」ということだ、と言うのです。

ここで彼の言う「自由」には、〈自己決定〉という積極的な意味合いも確かに含まれてはいますが、それよりもむしろ、〈たんに自然的な欲望のままに〉したいことをするということに対して、〈予め定められた如何なる外的規制も存在し**ない**〉という**否定的**／**消極的**な面の方が主流となっていると言えます。

次に、この〈自由〉を保証するという形の「自然権」ですが、これは法的に基礎づけられる以前の、すなわちあらゆる権利に先立つ〈根本の権利〉として位置づけられ、しかもなんと言っても「権利」であるわけなのですから、一見これによって外部からの侵害に対する保障が確保されているようにも見えますし、確かにホッブズのつもりとしては、その〈不可侵〉というバリアは神（あるいは教会）に対しては張りめぐらされている、と言えそうなのです。ところがそのバリアは、人間同士の間では少しも神聖でも頑丈でもなく、その〈権利〉を保持しているはずの当人より力の強い他人が現れてくれれば、同質の〈自然権〉同士の（すなわち自由と自由との）衝突の中で、力の弱い方が簡単に打ち破られてしまう、という仕組みになっているのです。

そうしてみますと、個人にとって至上のものは神ではなく「自己保存」の方なのかと見直しかけていたのに、それもまた違っていて、「力の原理がすべてだ」「自然権に現実性を与えるのは力にほかならない」というところに落ち着いてしまいそうなのです。

そうです。ホッブズにおいては、「天上の世界」ではいざ知らず、「地上の世界」では「力の原理」が究極のもの（アルファであり、そしてオメガでもある）とされています。しかし、そこで話は終わらず、個人にとって「自己保存」欲望はやはり消えてしまうわけではないので、「自然状態」における諸個人は、最後は、〈力か自己保存か〉の二者択一の矛盾に追い込まれるに至る、というのがホッブズにとっての〈国家創設〉直前の局面なのです。

内容的に深入りするのは省略しますが、矛盾に至る経路はこうです。――見てきたように、ホッブズの言う「自然権」は「自己保存」の欲望と結びついているだけで、他人への配慮という側面はそこには見事なまでに一切含まれておりませんから、各人の自然権は他者の自然権〈自由〉が障碍となる場合にはそれを排除して進もうとし、そのため早晩必ず衝突するに至りますし、衝突つまり争いは、必ず勝者と敗者をつくり出して終わります。ところでこの場合、ホッブズの論理の激烈さは、この結末は、勝者が敗者を殺さなかった場合では、敗者の側には恨みと復讐への執念を、そして勝者側には〈報復を受けるかも知れぬ〉との疑念と不安を残し、こうした関係の蔓延と累積はすべての人間を結局は「死の恐怖」に彩られた「相互不信の体系」のなかに引きずり込まずにはおかない、と結論づけてしまうところにあります。

つまり、力は各人の〈自己保存のための力〉のはずであったのに、人間関係の中での〈力の原理〉の貫徹は、一方では、〈力の拡大〉への際限無き競争を呼び起こすとともに、他方では、「万人の万人に対する戦い」というかたちで、〈死〉すなわち〈自己保存の否定〉の危険を絶えずますます拡大再生産し常態化させずにはおかないということ、これすなわち、〈力〉と〈自己保存〉との〈非両立性＝矛盾〉の増大及び激化へ（＝地獄へ）の道でしかなかった、ということになりました。

こうして到達するに至った情況は、もはや「前へ進むことも後ろへ退くこともままならず」といったどん詰まりの場面だと言えましょう。しかし〈力の原理〉の立場は人間にとってどこまでも逃れえぬ宿命であると見なしているホッブズは、〈力の原理〉を捨てることによってではなく〈力の原理〉そのものの新たな次元への飛躍をもってこの窮地から脱する方策を、それこそ唯一のものとして導きだします。そしてその飛躍が〈国家の創設〉だと言うのです。

このようなわけですので、国家 commonwealth とは、その下に「万人の万人に対する戦い」を包摂し抑え込んでしまえるほどの、比較を絶して巨大化した〈力の原理〉そのもののいわば化身だ、ということになります。しかもそのような巨大な（まさに怪物的な）力の産出にかんしてはもはや神に頼ることはできない以上、その巨大な力は、国家の成員となるはずの人間たちが自分たちの諸力を寄せ集め集中化することによって創りだす以外にはなく、また、創設の設計図に相当する基本的指針（これがホッブズにとっての「自然法」ですが）も、〈無際限な殺し合いの収束と平和の維持〉という大原則に基づいて当の人間たち自身が導き出す責任を負わされているのだ、とされています。

一面性を強引に押し通す論理は、ときにはかえって人びとの心を強く捉える

以上は、ホッブズが描いた〈国家の存在理由〉の論理の筋道をごくごく大雑把にたどってみた

もの〈私なりの要約の一つの試み〉ですが、ここに見られるホッブズ流の論理は現実にはまるで起こりえないような荒唐無稽な事柄の連鎖の表示にすぎないわけではありません。「言われてみれば、なるほどと思わせられるところが随所に見出される」と言ったほうが、むしろ公平な評価かもしれません。すなわち、〈生存維持の欲望〉およびその反面としての〈死の危険に対する不安や恐怖〉はほぼ誰にも生まれながらに備わっている本能的なものと言ってよいでしょうし、また、「もし可能なら、もっと強くなりたい」とか「ただ負け犬になりたくない」といった願望とまったく無縁な人間は、いたとしても、かなりの少数派にすぎない、と誰にでも思えるからです。また、「ひと〈他人〉を見たら泥棒と思え」といった格言は過激すぎるにしても、この世の中ではまったくの無防備/無警戒でいたら、いつ他人に騙されたり陥れられたり攻撃されたりしかねない、といった警告などは全く無視してよいと言い切れるひとは誰もいないでしょうし、さらにまた、危急の場に立たされて〈ひとをさしおいてまずわが身が大事〉と思う気持ちなど、「それがすべて」とまでは言わなくとも、人間の心にとっては珍しいことでもなんでもないからです。

ホッブズの議論は、誰もが〈我とわが身を〉振り返ってみて思い当たるような自らの自然的性向の一端をまじまじと見据えながら展開されているという点に、その説得力の強さの根拠を持っていたのだ、と言うことができます。つまり、全くの架空の絵空事でひとを騙して自分の構想に引きずり込んでしまおうとする、たんなる浅薄なホラ吹きだというわけではないのです。もう一度言い直しましょう。とにかく彼が指摘していることのうちには、私たちの人間世界の真実の〈一端〉に触れているところが確かに含まれているにはいるのだ、と言わざるをえません。

ただ問題なのは、まさにその〈一端〉だけ（あるいは事柄の反面だけ）を取り出し、他を無視してそれのみを断定的に究極の原理と定め、そこからひたすら単線的に論理を展開する仕方なのです。例えば、人間の〈生命体として持っている本能〉の次元にかんして見ても、各人は自分の個体的生存維持の欲求を持っているのは確かですが、人間種（類）の一員として種族維持の本能をも具えており、それは異性愛としてとか親子愛として表れたりするでしょう。固体と類の関係は、〈個体あっての類〉であるとともに、〈類に支えられてこその個体〉であって、両者は相互依存的ですが、各個人の内部では、〈個体〉の立場と〈類〉の立場は、相互に不可分であるからこそかえって相互に矛盾し、排斥しあうこともありえるのですし、そこからは様々な軋轢も悲劇も生まれえるでしょう。

ところが、ちょっと見ただけでも見えてくるこのような関係を無視してホッブズは、人間の在り方として「自己保存」（各人の個体的生存維持）だけを原点に据えて全体を捉えつくそうとしました。さらには、出発点の取り方が一面的であるだけでなく、論理の運び方にかんしても、重大な分岐点で彼はそうした一面化を絶えず断行しております。例えば、人間は〈力の原理〉からは逃れ得ないのだとする決め付けは、彼における〈一面化の独断〉の代表例の一つと言えるでしょう。

確かに、「あれかこれか」とただ迷い続けたり、「あれもこれも」とただ分別が無かったりしているよりは、一つの方向を単純化して決然と指し示してくれた方が、いかにもわかり易すく、かつ頼りがいありげに見えたりして、一般受けすることが多いかもしれません。まさにこの手の〈わかり易さ〉は時には、じつは独裁者とか、かの怪しげで危険な政治屋諸氏とかが用いる手法でもあることを私たちは忘れないでおきたいと思います。政治的に素人の私たち一般大衆は、彼らのそうした〈単純化した〉〈わかり易い〉プロパガンダに煽り立てられ、雰囲気的に乗せられて利用され、時にはいつの間にか、国家規模の戦争に引きずり込まれてしまっている、ということさえ幾度となく経験させられてきました。つまり、じつは複雑なことに対しての〈単純化したわかり易さ〉には、しばしば〈落とし穴〉も〈地獄への道〉も用意されている、と言いたいわけなのです。

ところで、「空っ風の日が続けば」必ず「桶屋が儲かる」とは限りませんし、論者の側で事柄の一面だけを取り上げつないでゆく論理は、必ずしも〈現実の必然性と対応しうるわけではない〉というだけでなく、事柄の全体像に即した適切な論理とは言えないはずなのですが、にもかかわらず私たちにとって無視できないのは、強制誘導もデマゴギーや報道操作も指導的集団の思惑ちがいも、その上、鬱屈した大衆心理とか付和雷同とか、「想定外」の自然大災害の強襲とか自然災害なみに降りかかってくる経済恐慌とか等々……、「なんでもあり」の人間世界ではかえって、ホッブズ風に一面化の論理によって導出されたにすぎないような事態の連鎖のいくつかは、〈無理矢理に集中的に構築された人為的誘導の結果〉としてとか、あるいは逆に〈奇妙な偶然の連鎖の一つ〉としてとかといった仕方によって、現実にも（多くは悲劇的に）生じてしまうということだってありえないとは言えないという点なのです。そして何はともあれ、今この時点で私がとくに注意を惹かれるのは、ホッブズがほとんど絶対視していた〈力の論理〉が生み出す〈競争原理〉ですが、これは、近代化において世界に先駆けた欧米圏の中では、〈文明化〉によって緩和されるどころか、少なくともこれまでのところでは、かえってますますテンポを速め、勢いを増し、幾何級数的な規模拡大の一途をたどり、それは文字通りグローバル化した現代世界にまで引き継がれてきているると言えますし、そしてなによりも、ハイエクやフリードマン等によって仕上げられ、ついこの間まで流行の先端を独走し、今なおくすぶり続けている「新自由主義」（競争オンリーの市場原理主義）のうちには、ホッブス主義の思想的ＤＮＡの最も正統的継承の痕跡がありありと見て取れるという点です。

ついでながら、もう少し言わせてもらえば、「新自由主義」の猛威に劣らぬ恐るべき時流としては、一九三〇年代の世界に巨大竜巻のような猛威をふるったあの〈ファシズム現象〉があります。「ファシズム」と言えば、第二次世界大戦を前にした日本、ドイツ、イタリアの枢軸国ばかりが問題にされがちですが、じつは英仏米等の連合国も、日独伊の枢軸国との戦争遂行のゆえに〈ファシズム化〉を最終的には免れるに至ったにせよ、それぞれの国内にはそれぞれ大なり小なりの〈ファシズム化〉現象の兆候はまったく無縁だったわけではありませんでした。〈ファシズム現象〉とは、差し当たってのごく簡単な総括を許してもらえば、鬱屈した大衆心理を大衆動員のバネとして利用した、排外的な民族主義と〈力の原理〉至上主義との融合の中から生じた独裁体制だと言うことができるでしょう。とにかく、「ファシズム」にせよ、「新自由主義」にせよ、それらは、人間の命をも尊厳をも〈力の原理〉に売り渡してしまっている思想であり運動である点では根底のところでつながりあったものと言ってまちがいない、と私は受け止めております。

さて、読者のなかには、ながながとホッブズに付き合わされて、「必要以上の回り道をさせられてしまった」と感じておられる方もおられるかもしれません。あるいは逆に、ホッブズへの興味をかき立てられて、彼独自の「社会契約理論」を含む国家論の内容をもう少し見てみたいと思った読者も皆無ではないかもしれません。前者の方々にはこう言いましょう、――「ヘーゲルにおける〈主体形成の弁証法〉はホッブズ主義との緊張関係を踏まえてこそ、その〈人間肯定的〉意義がより鮮明に見えてくるはずです」と。後者の方には、こう言わせてもらいます、――「私のホッブズ批判にもかかわらず、思想史上における彼のプラスの意義は消えるわけではありませんので、興味を抱かれた方は、是非ともあとはご自分でホッブズ自身の文章と取り組んでみられることをお勧めします」と。そして私としてはやはり、このあたりでヘーゲルの〈主と奴の弁証法〉を検討するという本道に立ち戻ることにしようと思います。

三 〈相互承認〉へ向けての展開

ヘーゲルにとっての〈人間的自由〉

モンテスキューは『法の精神』(一七四八年)の中で、人間同士の間の戦いはホッブズの言うようにいきなり〈個人対個人〉から「万人の万人に対する戦い」に進んだわけではなく、始めは異なった種族や部族の間の排他的な生活圏域獲得などの争いに端を発し、そこで行使された暴力による〈他集団に対する支配〉の効用がやがて反転して集団内部にも適用されてゆく、という形で(むしろ人間本来の自然的本性に反して)普遍化していったのではないか、という推測を述べていますが、発生の由来はどうあれ、〈力＝暴力〉の行使は、〈個人対個人〉か〈集団対集団〉か、の如何にかかわらず、また〈人間の本性によってか本性に反してか〉の如何にかかわらず、人間世界の歴史の中にいつからか存在し続けてきたことは確かです。ところで、すでに一瞥しておいたように、ヘーゲルはこの〈力の行使〉における〈生死を賭けた戦い〉のうちにむしろ、人間が〈動物一般の次元〉を超え出て精神的な〈相互承認〉の地平に歩み入るための媒介的役割を見出そうとしていました。

いつだったか、北海道の知床半島のひぐまの生態を追跡したテレビの番組を見たことがありますが、そこでは、自分のやっとの獲物を独り占めしなければならないときには同類同士の間でも相争う熊たちも、独り占めしきれないほどに鮭や鱒が群れを成して川を遡上してくる産卵期には、自分たちの共通の餌場で顔を突き合わしても、互いに争うこと無くそれぞれの獲物漁りに勤しんでいる様子が映されていました。

人間集団の場合ももともとは、自然環境の中で一定程度食料確保が保障されている場合には、例えばこの〈鮭の産卵期〉の熊たちのようであったわけでしょうし、人間の労働能力の発達は集団内部の協働の機会をも広げる中で、〈食料確保〉を一層安定させる結果をもたらしもしたでしょう。こうした集団の内部では、〈力による他者支配〉は、本来は、人間対人間という形で現れることはなかったというのはモンテスキューの言うとおりかもしれません。しかし、とにかく様々な経路を経て、〈他者支配〉への鉾先はいつしか人間たち相互に対しても向けられ、人間同士の〈生死を賭けた戦い〉を招来し、やがてこうした戦いが様々な形で交錯し合い常態化する中では、〈生への執着〉と一体化している〈欲望〉の原理そのものが、〈死の恐怖〉という**絶対的な威力**を前にして根底から揺さぶられるに至るという結末、――ヘーゲルは、人間が自ら招いたこの結末のうちに同時に、〈欲望〉の原理の限界を自ら踏み越えてゆくことになる最初のきっかけを見出しています。

たぶん、こうした考察のうちには、ホッブズの論述が念頭におかれていると言えそうです。ただ、ホッブズの場合は、この限界からの超出が完全な平等性のうちに置かれた諸個人が全体的な規模において同時的に遂行される「共同社会契約」の締結という、いかにも〈架空の実験場〉に相応しい形をとりましたが、ヘーゲルにあっては、もっと実際の歴史的プロセスの内在的必然性に迫ってそれを再現しようという姿勢が見られます。その試みが「自己意識」の章の第三節「主人と奴隷」の展開です。

〈承認〉の地平へと抜け出る第一歩は〈非対称的承認関係〉

自己の生存維持のための〈欲望〉の振る舞いそれ自身の中には、〈欲望の対象〉である他者に対してその〈自立〉を認め尊重するといった余地は皆無だと言ってよいでしょう。人間は、自分に力さえあれば、他者＝相手が命ある鳥や獣でも躊躇無くその命を奪い、それらをひたすら喰らい尽くすだけでした。すなわち、それらは自己の生存のための手段としてのたんなる〈モノ〉にすぎませんし、〈自立〉も〈目的〉もそこではもっぱら人間の側が独占してしまっています。しかし〈相手〉もまた人間である場合、こうした一方的対応をそのまま維持し続けるわけにはゆきません。結論を早めて言ってしまえば、お互いに相手もまた〈自立的存在〉であることを認め合うことにならなければ、〈人間同士の殺し合いの連鎖〉に引き込まれざるをえなくなります。すなわち、この〈自立性の相互承認〉は、もっぱら〈他者否定〉としての充足行為が発動される〈欲望〉の次元を抜け出たところではじめて真に可能となります。ヘーゲルは、「承認」の純粋概念を「自己意識同士が、相互的に承認し合っているものとして、承認し合っている」在り方と表現していますが、この屋上屋を重ねるような表現を彼が**意識的に**用いたのは、「承認」は〈一方的〉に終わることなく、〈相互的〉でなければならないことに対する、ダメ押し的確認のためだと言えるでしょう。

但し、繰り返し言いますが、「承認」のこうした純粋概念は、ただちには現実とはなりません。ほとんど無条件的に〈生存への執着〉に引きずり回されてきた個々人には、〈欲望と力〉の原理の尻尾はなおほぼそのまま付いて回っているからです。こうした中では、一方の自己意識が相手から〈承認〉を獲得しようとする企ても〈力ずく〉の事柄、つまり「生死を賭けた戦い」になってしまいます。この戦いは、「死の恐怖」に身をさらしながらもそれに耐え抜いて〈生への執着〉からの自らの自由・自立の〈承認〉を相手に対して勝ち取った側が勝者となり、「死の恐怖」に屈し、〈生への執着〉に対する自己の〈自立〉を放棄して、ひたすら〈相手の自立〉を〈承認〉させられるに至った側が敗者となるという仕方で収束します。――ヘーゲルは、ルソーが指摘した、人類における〈不平等の起源〉をこのように概念化して捉えます。

このようにして勝者は敗者を殺さなかった代わりに支配者（主人）となることによって戦いを収束させますが、しかしながら、それとともに〈力の原理〉までもが収束してしまったたわけではなく、新たに登場した〈支配と従属〉の体系の中では、〈力の原理〉そのものは無傷でしかも一層強化され安定した形で生き残り、そして〈承認〉の獲得は、支配者の側による一方的な独占となって落着します。ただ、このような偏頗な、したがって瑕疵を抱え込んだ形においてではありながらも、とにかく〈将来においては〈力の原理〉を包括し乗り越えるはずの〉「承認」の概念がそこに顔を出していることだけは確かですし、この点はやはり、銘記すべきことと言ってよいのでしょう。そしていよいよ私たちは、ヘーゲルによる〈主と奴〉の弁証法の分析へと足を踏み入れることになります。

〈主―奴〉関係における〈本質と現実存在〉との分裂・分離、そして矛盾

いよいよ私たちの主題そのものに差し掛かったわけですから、ここからはこれまでよりはややじっくりとヘーゲルの叙述に従って見て行こうと思います。

さて、〈主―奴〉関係において〈奴〉とは、①自己の生命の確保と引き替えにして自らの自立と自由を相手の自己意識（〈主〉）に向かって放棄し、そしてまた②生存への執着ゆえに〈モノの世界〉の自立に対しても拝跪し、さらには自己自身をも〈モノ〉としての在り方のうちに埋没せしめることに甘んじてしまっている存在です。〈奴〉がこのように二重の意味において非自立性のうちにあるとすれば、これに対して、〈死の恐怖〉に屈することなく他の自己意識（すなわち敵）と闘って自らの自由・自立を見事に証明してみせた〈主〉は、〈奴〉の場合とはちょうど反対に〈奴〉と〈モノの世界〉との双方に対して）二重の意味の自立存在をまずはわがものとしていると見られます。

ヘーゲルは、〈主―奴〉関係についての叙述を〈主〉の側から始めています。いま、〈主〉にかんして、〈奴〉と〈モノの世界〉との双方に対する支配が指摘されましたが、じつは〈奴〉は自分の自立を自ら否定して〈主〉に屈服しているにしても、〈モノの世界〉の方は自ら屈服して〈主〉の意のままになっているわけではありません。〈モノの世界〉は、これに人間が手足を動かして働きかけ変革することによってはじめて、有用なものとして人間に奉仕するものとなるだけのことにすぎま

せん。

しかし〈主〉は自ら自分の手足を動かして〈モノの世界〉と悪戦苦闘するわけではなく、自分の手足を（時には泥まみれにしたり、または傷つけたりもしながら）動かして〈モノの世界〉と格闘するのは、じつは、〈主〉への奉仕者である〈奴〉にほかなりません。〈主〉は〈奴〉を介して〈モノの世界〉を支配し、このようにして〈モノの世界〉を支配することによって、これを介して〈奴〉への支配を永続化させます。すなわち、〈奴〉と〈モノ〉とは〈主〉を中心とした右のような被支配の推論関係を形成しているわけですが、ヘーゲルのこの把握のなかには、ルソーが人間の不平等関係の発生を土地や生産用具に対する一部の人間の私的＝排他的所有との不可分な関連において捉えた観点が組み込まれていると見て取られます。

とにかくこのようにして、〈主〉は〈モノの世界〉との関わりに自分自身は煩わされることなく、これに対してはもっぱら〈自由な〉享受という仕方で関わるだけで、この〈自由〉によって〈主〉は、〈モノの世界〉に対する自らの〈自立〉をそのつど確信していることになります。

以上が、〈主〉における〈自立者としての自己確信〉の持つ一方の側面ですが、弁証法家ヘーゲルは、〈主―奴〉関係が安定的に常態化していくなかでこの側面がむしろ反対物に転化してゆくことを、以下のように私たちに明らかにしてみせます。

まず第一に、〈奴〉は〈主〉に対してひれ伏し、〈主〉が自立的存在であることを承認し続けているはずなのですが、その〈奴〉たるやじつは、自らが自立者であることすなわち〈承認の主体〉たりうる存在であることを放棄してしまっている〈非自立的意識〉でしかないのですから、〈奴〉による〈承認〉などははじめから如何なる実質的な意味をも持ちえない空虚なものにすぎず、しかも〈主〉は自己の〈自立〉の承認にかんして、こうした〈奴〉の存在に依拠せざるをえないという意味において、じつは〈非自立的存在〉となってしまっているということ。

第二に、〈モノの世界〉に対する〈主〉の支配といっても、その支配は〈奴〉の奉仕と働きなしには成り立たない以上、〈主〉は〈奴〉への依存を不可欠としており、その点でじつは〈モノの世界〉に対する自らの〈自立性〉を喪失してしまっているということ。

第三に、〈享受〉という仕方でのみ〈モノの世界〉と関わる（つまり、その関わりから如何なる労苦をも身に引き受けていない）ことによって〈モノの世界〉からの自由と自立を確保しているように見えながら、一見きらびやかなその〈享受〉としての〈主〉の関わり方が、じつは〈形成行為から切り離された消費〉としてのみの〈欲望〉の次元をじつは超え出たものとなってはおらず、このことは結局、例えば〈食うために生きる〉に見られるような、〈モノの世界〉に引きずられ続けるだけの〈受動性＝依存性＝非自立性〉に突き戻されていることを意味するにすぎないということ。

このように、〈奴〉に対して〈自己意識の自立〉を獲得し確立したはずの〈主〉が、〈主―奴〉関係の永続化の中で、表面に現れ続けている〈現存在〉Existenzとしての在り方とは逆に、**その真実においては**(in Wahlheit)自立性を喪失して〈非自立的意識〉に反転してしまっていることを、ヘーゲルは「主の奴への転化」と表現しています。ここで指摘されていることは、〈主―奴〉関係におけるそれの〈根底に隠れた真実〉と表面に現れ出ている〈現存在〉との分裂そして矛盾です。そして自らの存立に関わるこうした〈真理(本質)と現実態との離反と相克〉は、当然に〈奴〉の側においても見られます。

〈奴〉における労働の持つ〈人間的本質の自己形成〉としての意義

〈主〉と対称的に、〈死の恐怖〉の威圧に骨の髄まで浸透しつくされ、自己の〈自立〉の獲得を早々に断念し放棄してしまった〈奴〉は、「地べたに這いつくばって」でも、ひたすら〈主〉への〈奉仕〉に生きる存在と化してしまっているわけですが、この〈奉仕〉は、〈主〉のために〈モノの世界〉と格闘する〈労働〉の遂行という形をとって表現されることになります。もともとは〈主〉を前にしての自己の〈自立〉の否定の中で始まった〈奴〉の労働の〈自立的主体形成に対して持つ〉

本質的意義を、ヘーゲルはおおよそ次のように分析し把握しています。

①まず第一に、労働はあの〈享受の満足〉の場合とはちがって、〈欲望〉の抑制＝中断であり、このことは〈欲望〉の対象たる〈モノの世界〉に結果的に次々と引き回される〈受動性〉としての在り方に対する否定を意味しているとともに、また他方で、労働による〈モノの世界〉との否定的関わりは、〈消費〉におけるように対象の単なる消失ではない。

②その否定的関わりはむしろ形成行為、すなわち、〈モノの世界〉の中での、〈新たな形相〉の対象的産出という仕方での対象変革の行為であるが、労働主体はこの行為をつうじて、自分自身をも、このような形成行為の遂行者として形成する。

④さらに、この形成行為をつうじて〈モノの世界〉のうちに新たな存続を獲得する〈形相〉にかんして言えば、これはまずはじめは労働に携わる主体自身の意識によってつくり出されたプランとして〈内なるもの〉であり、したがって労働の成果とは、この〈形相〉にかんするかぎり、その〈内なるもの〉の対象的表出にほかならない。この関連で言えば、労働主体は自らの労働の成果のうちにたんなる他者ではなく対象化された自らの〈自己〉を見出すに至るはずであり、しかもその〈自己〉は、対象化による客観的存立を獲得したことによって、

労働主体の〈個別性〉の次元を越えて、〈普遍性〉の境域に歩み入っているところの〈自己〉である。(ヘーゲル『精神現象学』上巻、岩波書店、一九〇〜一九七ページ)

以上の把握によってヘーゲルは、ほんとうは in Wahlheit 〈奴〉こそが、自らの労働における〈自己形成〉をとおして〈自己意識の自立〉を日々獲得しつつある存在であることを立証してみせているのです(〈奴〉の〈主〉への転化)。先に私たちは、「ヘーゲルは人間の自己産出を一つの過程として捉え、……現実的なるがゆえに真なる人間を人間自身の労働の成果として把握する」という青年マルクスの言葉を取り上げましたが、マルクスのこの指摘が、ここでの一連のヘーゲルの把握に着目してのことだったことは容易に納得していただけるものと思います。〈奴〉こそがその労働によって〈人間の人間化〉の真実の担い手である、と捉えられているのです。

〈主―奴〉関係に見出される〈本質〉と〈現存在〉との矛盾は実在的な意味を持つか

ここで一旦、これまでの考察の中間的総括をさせてもらいます。ヘーゲルは、まず「自己意識」を、人間が「私は(他の何物でもなく)私自身である」との確信に立ってこれの実践的自己確証に向かうところの意識と捉え、次いで、①この「自己意識」の成立基盤が「生命」であり、②そして「生命」

は「個体」と「類」の統一であるが、③しかし「自己意識」の生成は「個体」としての生命の、〈類的生命〉からの（ある意味で、離反を含むところの）「自立」化の過程でもある、との確認へと考察の歩みをすすめました。

私は、このヘーゲル的な考察がその根底において目指していたものは、〈自己意識の自立化〉の真の実現を、〈類〉への埋没から抜け出した〈対等・平等な**自立的諸個人**〉によって新たに担い直される〈**類的共同性の再建**〉と一体のものとして展望するということであった、と受け止めています。（この新たな次元での、〈個体〉と〈類〉との統一である普遍的〈生〉Leben は、青年期のヘーゲルによって、〈動物的生命〉一般との区別において〈**精神的生**〉das **geistige** Leben と名付けられていました。そして類的なものとして諸個人を支える〈精神的生〉、これは〈社会的共同性〉にほかなりません。）

ヘーゲルの考察の次の段階では、〈自己意識〉の真の自立の実現（右の若きヘーゲルの用語法で言えば、「精神的生」の基盤の真の確立）は、〈力による他者支配〉というレベルを脱して、諸個人の間の「自立の相互承認」の関係を打ちたてる以外には達せられないという〈必然性〉を証明してみせることが課題となっていました。そしてこの証明は、〈主と奴〉のような非対称的関係にあっては、〈自立者〉たることを自称している〈主〉が**その内実において**はかえって〈奴〉への依存者＝非自立的存在に反転せざるをえないということ、またそれとは逆に〈奴〉の方こそむしろ、〈労働〉における自己形成をつうじて自立者たる資格を獲得しているということ、を明らかにする仕方で果たされておりました。

この〈相互転倒〉にかんしてヘーゲルは、「主が奴となり、奴が主となる」という端的な表現を用いていましたが、ただここで問題となるのは、この〈相互転倒〉が、与えられた〈現存在 Existenz〉と同一の次元において生じている、というのではなく、その〈転倒〉には、「背後の真実の相（＝本質）においては」とか、あるいはまた「〈自立〉の概念の本来の意味に即して見れば」といった但し書きが付されている点です。つまり、仮にその内実（背後の真実）がどのようであろうとも、現存の姿では〈主〉はやはり〈主〉であり続け、〈奴〉もまた〈奴〉であり続けており、そこではとにかくその限りにおいて〈存在〉の同一律・矛盾律は維持されております。そのため、こうした現存の姿に固執して〈主〉に味方する立場からすれば、「指摘されているような〈主―奴〉関係において右に指摘されたような〈相互転倒〉はたんなる〈観念的なもの〉にすぎず、なんら現実的な意味を持ちえない」との反撃の余地は残されていることになります。

しかしながら、こうした予想される反撃に対するヘーゲルからのなんらかの直接的応答は、『精神現象学』の当の「自己意識」の章自身のうちには特に見出されません。ですから、もし「応答すべきだ」と強く頑張る人が出てくれれば、その応答は（おそれながら）私たちが代わってさせてもらうしかないことになります。そこで、その応答を少しばかり、以下において試みてみようと思います。

「現存在」にとって「本質」や「内なる真実」は「観念的なもの」にすぎないか

まず、カテゴリー論の範囲に属する話から始めようと思いますが、その前に念のためにどうしてもほんの少しだけ、用語の翻訳に関係した説明をさせておいてもらわなければなりません。と言いますのは、私たちが関わっているカテゴリーに対するそれぞれのドイツ語表記が、例えばハイデッカーなどではヘーゲルとは異なる意味で使われておりますので、そのことを知らずに読んでいますと、それらの用語の理解にかんして無用の混乱に引き込まれる恐れが大いにありうるからです。例えば、私たちは今、「現存在」という言葉を使って念のため時々それにExistenzというドイツ語を付記していますが、このドイツ語はハイデッカーの『存在と時間』の邦訳では「実存」という訳語が当てられているのが普通です。そして『存在と時間』の中で「現存在」という訳語を当てられているもとのドイツ語は何かと言えば、それはExistenzではなくDaseinです。では、ヘーゲルの『大論理学』や『小論理学』ではこのDaseinにどのような訳語が当てられているかと言いますと、

「定在」とか「定有」とかです。わが国では何故このような訳語の違いがなんのクレイムもつけられずに横行しているのかと言いますと、それなりの理由が十分にありまして、ハイデッカーではDasein も Existenz も、もっぱら**人間存在**の在り方にかんして用いられており、普通の事物や動植物を相手に用いられている用語ではないのです。（例えば、普通の事物に対するニュートラルな呼び方は Vorhandensein ですが、その中で特に、人間が手にする道具や器具類は Zuhandensein と呼ばれています。）なぜ改めてわざわざこのような新語法を持ちこんで混乱させてくれるのかと言うひともいないではありませんが、とにかくそのようになっています。そして Dasein と Existenz との違いですが、Dasein の方は普通の日常性の中での表面的な「人間存在」の在り方を指しますが、Existenz の方は、この言葉によって、自らの**主体存在**としての在り方に徹した人間の生き方を表現しようとしたキルケゴール（一八一三～五五年）の用語法の系譜を引いたものとなっており、ハイデッカーもまた、この言葉をして、「根源性」としての次元における〈人間の主体存在〉を意味させようとしています。

しかしヘーゲルにあっては Existenz は中世のスコラ哲学の用語法 essentia 対 **existentia**（本質-対-**現存在**）をほぼ引き継いだものとなっており、そして Dasein も Existenz も人間存在に特定されてはおりません。もう少し言いますと、Sein が、〈在る〉にとっての主語をも捨象した、抽象的な〈在ること〉一般を指示しているのに対して、Dasein は、例えば〈どこに〉とか〈どのように〉とかの〈規定〉が加わった（すなわち、もう一歩具体化した）〈在り方〉を意味しています（そしてそこにはすでに、da-sein の主語となるべき或るなにか etwas/something が前提されています）。さらに Existenz ですが、これはヘーゲルの論理学体系の中では、〈根拠〉Grund に対する相関者として位置づけられ、〈根拠によって根拠づけられ、しかも根拠から現れ出ている在り方〉を意味するものとされています。――訳語問題は以上です。

それでは以下、本題に入りますが、「観念」（英語では idea、ドイツ語では Idee）という言葉は現代では普通には「実在」（reality / Realität）に対置される言葉ですが、古代ギリシャの哲学者プラトンでは「イデア」こそ真の実在で、変化にさらされている「ヒュレー」（質料すなわち物質的なもの）は真の実在性を持たないものと考えられていましたし、西洋中世の神学の前半期にはこのプラトンの観点が継承されていましたので、そこで使用されている realism という用語はこの意を帯した邦訳では「実在論」ではなく「実念論」という苦心の訳語が選ばれているほどなのです（つまり、そこでは「観念論」idealism と「実在論」realism とは交差し逆転してしまっている感じです）。

というようなわけで、言葉というものは、同じ言葉でも以前とは違った（はげしくは正反対の）意味を負わされてしまうことさえありますから、使う方も読む方もうっかりしておれませんが、しかし先ほどの反論者が語った「観念的なものにすぎない」という言い方の中に「非実在的」という意味が込められていた点は、ぶれる余地がありません。そしてこの否定的な決め付けを支えているのは、次のような見解、すなわち、直接に見たり触ったり……等々、つまり私たちの五感をとおして認知できたと言えるもの以外はたんなる主観的空想や幻想や願望や錯覚の産物でしかなく、それ自身としては「客観的実在」としての意味を持ちえない、とする見解だと言ってよいでしょう。

　しかしながら、事物や事柄の生成や消滅を伴う運動・変化および発展にかんして、それらの「実在性」を第一義的に承認する観点に立つ弁証法家ヘーゲルやマルクスは、五感をとおして**直接には与えられていない**もの（本質）をただちに「非実在的」と見なすことはありませんでしたし、また、プラトンのように、恒常・不変なものとしての「形相」（イデア）と、絶えざる変化にさらされている「質料」（ヒュレー）とを二世界的に峻別し、その上で「形相」にのみ真の実在としての資格を容認する、という見方もとりませんでした。

　弁証法的見方からは否定されるべき右の二つの観点を、〈本質―現象〉関係の捉え方に適用させて言えば、いずれの観点も「本質」と「現象」とを**分離的に捉え**た上で、前者は「現象」の側にのみ「実在性」の資格を認めるのに対して、後者は「本質」の側にのみ「実在性（ないしは真理）」の資格を与えようとしている、と言うことができるでしょう。

これらの観点に反して、弁証法的観点にとっては、例えば〈根拠と現存在〉とか〈内容と形式〉とか〈本質と現象〉等々のような相関関係にある両項の間の区別（否定）は、いずれも**〈実在性〉の地平内**での区別であり、しかもこの**区別**は固定した〈分離〉ではなく、いわゆる「岡目八目」的に見れば、基本的には〈媒介〉であり〈相互依存〉であり、そしてこれら〈媒介〉や〈相互依存〉は**〈区別されたもの〉の間の〈連関（すなわち「同一性」の側面）〉**を表しておりますが、つまりは〈運動〉ですから、時間性によって規定されていることになります。

以下は、右の六行に対する補足的説明です。——すなわち、この観点に立って言えば、「現存在」は〈根拠によって根拠づけられる〉ものとしての限りにおいて「現存在」であり、逆に「根拠」は「現存在」を〈根拠づける〉限りにおいてのみ「根拠」たりえている（つまり、「現存在」との関わり抜きに「根拠」の存在意義はない）わけでありますし、また、「本質」とは〈現象し（自らを現し）〉つつ、同時にこの現れとの区別において、その背後にとどまるところのものでもあり、そして「現象」とは、どこまでも「本質」あってのそれの〈現れ〉である（すなわち、〈本質〉の存在を前提するところのものである（逆から見れば、「現象」はこのような形で「本質」を呼び出すところのものである)、と言うことができます。

「現象」をとおして把握されているところの「本質」それ自身は、直接に見たり手で掴んだりできるものではありませんから、いわゆる「観念的」なものとも言えますが、これを「現象」から遊離させないならば、これこそ「現象」の存在証明を果たしえるものであることによって、まさに〈実在性〉の圏内のものと言われるべきなのです。そしてこのような意味で〈観念的なもの〉の実在性の事例を探し出そうとするならば、私たちはそれらを事物や事柄の成長や発展の事実のなかに、また人間の営みや社会の諸現象の中に至るところで見出すことができるはずです。ここでは差し当たり「成長」や「発展」の問題を取り上げてみることにします。

四 〈潜在的真実〉の顕在化と〈発展の論理〉

〈発展の論理〉における〈潜在的なもの〉の実在性

私たちは本書の第Ⅰ部の第6章で、弁証法論理の実例の一つとしての「発展」の概念を取り上げました。ここでもそれを思い出していただきたいと思います。

〈発展〉は、〈変化〉としての在り方の中にその一形態として位置づけられることができますが、〈発展〉に固有なその特殊性は、例えば以下の諸点のうちに見出されます。

第一に、〈変化をつらぬく同一性〉の存在のうちに見られます。但し、ここで言っている〈変化をつらぬく同一性〉は、例えば古典力学的な意味での物体の位置変化（あるいは位置変化のなかにある物体の自己同一性）といった場合とは違います。この場合の〈位置変化〉は、本来、その〈位置変化としての運動〉を続けている当の物体の質とか内部構造とかに対してほとんど影響を及ぼすことのない、外的で無関与なものです（というより、古典力学にとっては、位置変化している物体がその位置変化によってそれの内的構造や質に多少の変化が生じようが、当の物体の質量に変動が来たさない限り、それはどうでもよいこととされています）。ところが、〈発展〉に付随している〈変化〉にかんして問題となっているのは、発展過程にある事物や事柄（すなわち発展の主体）の質や内的構造自身に関わる変化です。このような変化（否定）のただ中にありながら、主体自身の同一性がその変化の中につらぬかれているということ、これが発展自身の存立の第一条件です。

第二には、〈発展〉としての変化は、変化に先立つ事物や事柄の状態とか姿形の**たんなる否定＝消滅**というのではなく、これらを自らのうちに取り込み同化してゆく、前方へ向かっての新たな展開だということです。

したがって第三に、〈発展〉としての変化は、より複雑でより高度な、あるいはより包括的なもの形成／実現でもあります。

以上の整理に尽きるものではもちろんなく、「発展」の特質について列記しようと思えば、挙げられるべきものはもっとありますが、今ここでは（すなわち、私たちの当面の問題意識との関連では）第一の点が重要です。私たちがすでに第6章で見たように、ヘーゲルは〈発展の論理〉を〈即自—対自—即かつ対‐自〉という形で示しました。ここに提示された三つの用語は、発展主体がたどる三つの発展段階のそれぞれに対応したものとなっています。つまり、それらは、各段階ごとの発展主体の在り方を示しています。発展主体を仮に大文字のSで表記しておきますと、Sは例えば、①桜の花芽です、あるいは②開花したばかりの桃の花です、あるいは③二十日鼠の受精卵です、あるいは④誕生したばかりの資本制あるいは〈資本の論理〉です。④については次の章で詳しく主題的に取り上げられることになっておりますので、ここでは③までの事例について見てみることにしましょう。

まず①についてですが、桜の花芽は、それが生まれ出たときにすでにそこには桜の開花はプログラム化されたものとなっています。そのプログラム化されたものは、未だ現実の桜の花そのものではありません。すなわち、花びらそのものは未だどこにも存在しておりませんし、したがってそれの〈存在〉が問題になりうるとしても、**潜在的可能性として**であるにすぎません。そしてこの「**潜在的可能性**」（〈内なるもの〉としての〈即自〉）は未だ桜の花の〈現実性〉の一契機ではあっても〈現実性〉そのものではない以上、その限りにおいて、未だ「観念的なもの」にすぎないと言ってもよいでしょう。しかしこの場合の「観念的なもの」は、現存している当の花芽とは無関係に、たんに私たちの頭の中で〈勝手に思い浮かべられたもの〉という意味でのそれとはちがいます。どこまでも当の〈花芽〉そのものの〈現存〉そしてそれの〈本質〉そのもののうちにプログラム化されているところの、すなわちその〈花芽〉の存在の〈実在性〉の一環としての〈観念的なもの〉と言われるべきでしょう。（ヘーゲルは、現実性 Wirklichkeit の一契機としての「可能性」を、〈たんなる可能性〉とは区別して、「実在的可能性」と呼んでいます。）

但し、この〈潜在的可能性〉は〈桜の花〉としてはそのまま「現実性」ではなく、現実化以前の一段階にほかならないわけですから、〈現実化しないこともありうる〉ところのものでもあります。すなわち例えば、その花芽の付いている枝が誰かに折り取られてしまったとか、予想外の天変地異にみまわれて異常な低温の日々あるいは渇水の日々がいつまでも続いたとかで開花の機会から見放されてしまうといった場合です。プログラム化された開花の実現のためには、一定の気温の上昇の連続した維持だとか、必要な水分の補給だとか等々の諸条件が必要です。**桜の花**の潜在的可能性としての〈花芽〉は開花への必要な諸条件を取り込みそれらと一体化してのみ、開花を実現することができます。但し、それらの必要な諸条件が一粒の石ころに与えられても、その石ころが桜の開花へと実現するわけではないのは言うまでもありません。

ところで、いま私たちが花芽と開花との間の関連のうち見たものは、②の桃の花と美味しい桃の実の実現との関連や、③の二十日鼠の受精卵と二十日鼠の可愛い赤ちゃんの誕生との関連についても言えることで、それらにかんして共通に指摘可能なのは、潜在的可能性としてのそれぞれの内的本質である〈即自〉態が、それぞれの諸条件との関わりを介して〈対自〉的に展開を開始し、この媒介を経て〈顕在化〉、すなわち〈即かつ対‐自〉としての自己実現、を果たすという点です。但し、③の場合には、受精卵を胎内に抱えた母体が一定の水や食料に恵まれて生き続けていることが絶対の必要条件となりますが、これが保障されうる確率は、桜の開花や桃の実の成熟の場合と比べれば、格段に低いものであることは十分に想定されることではあります。

以上は、ほんの僅かな事例についてしかもごくあっさりと、〈発展の論理〉を見返してみたわけですが、それは、〈発展〉という事実が、現存するものの背後に隠されている（「観念的」と言うほかはないところの）〈実在的可能性〉の現実化の過程であるということ（そしてこれはまた多くの場合、それまで表出されていなかったものがそれなりの必然性を持って表出されてくることでもあるということ）を再確認しておきたいためでした。この再確認は、「現実性」Wirklichkeit というカテゴリーが「時間性」という規定を内包した〈過程的なもの〉であり、そこには〈観念的なもの〉も包括されているのだということを、私たちに知らせてくれるはずです。そしてこの観点に立てば、私たちはもはや、常態化された〈主―奴〉関係の中では、〈主が奴となり、奴が主となる〉という〈反対物への相互転化〉こそが隠れた真実であるという現実洞察を「観念的にすぎない」とか「たんなる勝手な空想物だ」とか、無反省に言い放とうとは思わなくなるはずなのです。

五　人間的本質の現実化の観点から見た民主主義と共産主義

マルクスにおける理念としての「共産主義」

さて、ここまで見てきたところで、これを踏まえて改めて私たちは、若きマルクスが『経済学・哲学草稿』の中で「共産主義」の理念的本質についてぎりぎりに圧縮された形で表現した文章に注目しておきたいと思います。早速その文章をまず一読した上で私たち自身の考察を進めることにしますが、この総括的文章は、当時の既存の「共産主義」がマルクスから見れば、あるいは「**粗野な**共産主義」として、あるいは「**たんに政治的な**共産主義」として、いずれも「真の人間主義」の観点に立ちきれないままで、じつは依然として〈排他的＝私的所有〉にそれぞれの仕方で「とられ続けている」ところの「共産主義もどき」でしかない、とその不十分さを彼が批判した後の冒頭に提示されたものです。

人間の**自己疎外**としての**私的所有**の、**積極的な**揚棄としての共産主義、それゆえに、人間による、人間のための、**人間的**本質の現実的な獲得としての共産主義。……（中略）……。この共産主義は完成された自然主義として＝人間主義であり、完成された人間主義として＝自然主義である。それは、人間と自然との間の、また人間と人間との間、本質と現存在との、対象化と自己獲得との、自由と必然との、個と類との間の抗争の真の解決である。それは解決された歴史の謎であり、自らをこの解決として自覚している。（『経済学・哲学草稿』国民文庫、一四五ページ、岩波文庫一三〇ページ）

見られたとおり、ここには具体的なマニフェスト風な文言は未だ何一つ含まれてはおりません。共産主義が立脚すべき〈理念的本質〉が語られているにすぎません。そして私たちの考察の当面の行程との関係で注目すべきなのは、引用の後半部で指摘されている「本質と現存在との間の」及び「対象化と自己獲得との間の」〈分裂・分離と抗争〉と指摘されている事態です。白状しますと、私が学生時代に始めてこの文章と向かい合ったときには、いきなりでしたのでじつは、この「本質と現存在との抗争」と表現されている言葉の意味がよく理解できないでおりました。そのわけは、第一に、ここで登場させられている「本質」をも「現存在」をも〈本質一般〉〈現存在一般〉と受け取ってしまっていたからでした。第二に、その上で、〈本質と現存在〉の関係はそもそも〈抗争〉の関係ではあるまい、と思ったからでした。しかしながら、後になって思い直してみれば、ここで問題とされているのは、〈本質一般〉でも〈現存在一般〉でもなく、**人間存在における**〈本質と現存在〉の関係でした。そしてここでマルクスの念頭にあったものは、まさに〈主と奴〉の弁証法だったのです。わかってみればほんの「コロンブスの卵」というわけでしたが、〈主—奴〉関係の下では、〈奴〉が〈主〉によって抑圧されているというだけでなく、〈人間的本質〉が〈人間の現存在〉の下に押し込められ、姿を現すことができなくされている、すなわち〈自立的自己意識〉としての実際的形成の場面が〈非自立的自己意識〉のたんなる〈非自立的＝従属的な、すなわち人間的に非本質的な営み〉の場面と見なされ遇され続けている、わけなのです。この〈転倒〉はまさに『精神現象学』のヘーゲル自身はこれに「人間の自己疎外」という呼称を与えてはおりませんでしたが）マルクス的には「人間の自己疎外」にほかなりません。そして、上記引用の中で指摘されている「人間と自然との間の」および「人間と人間との間の」抗争も、帰するところは、「人間の自己疎外」

からの帰結（その現象形態）と見なされることができます。

ついでながら、「個と類との抗争」についても一言しておきます。もちろんここでも、抗争が問題とされている〈個と類〉の関係は人間存在におけるそれです。すでに見てきたように、〈人間の人間化〉の過程の開始は、生命一般に見られる〈類〉と〈個〉との相互依存的な親密な関係の中に、〈個〉の側からの〈自立化〉の楔が、動物一般に見られるレベルとは画期的に次元を異にした仕方で打ち込まれたことを意味していました。すなわち、人類の進化以前の段階では、生命体における〈類と個〉の相互依存関係は（個体のうちにときとして表面化することのある〈突然変異〉によって新種の系譜が開始されるといった場合を除いては）概ね〈類〉の優位の下に維持されているると見られますが、人類における〈個の自立の進化〉は、この関係の比重を逆転させてゆく過程だと言うことができるでしょう。人間個々人も、人類に固有のＤＮＡにつながりＤＮＡを次世代に継承させてゆく生命体である以上、自らの〈類〉から全く離れてしまうことはできないにしても、人間世界にあっては〈類〉の在り方は、自立化を推し進めてゆく〈個〉の側の主導性によって絶えず継続的な仕方で次々に**より新たなもの・より多様なもの・より豊かなもの**等々へと形成されるに至っています。〈個〉の主導によるこれほどに活発で発展的な〈個〉と〈類〉との相互依存関係は、人類以外の如何なる生命体の中にも見出されません。

但し右に述べた、人間世界における〈個と類〉の関係の在り方は、〈個の自立化〉の（これこそが「本来の」と言われるべき）**肯定的な面にのみ**光を当てた見方にすぎません。ところが、すでに注目してきたとおり、〈個の自立化〉には、〈類〉からの**分離としての側面**、すなわち〈類〉に対する〈個〉の自由度の広がりとしての側面も含まれております。この自由度の広がりの中で個々の人間が獲得したものは〈諸個人間の離反と抗争〉の余地の拡大でもあり、これは〈類〉に対する〈個〉の反逆にほかならないと言えるでしょう。この反逆の帰結は、希薄となった共通の絆から遊離したばらばらな諸個人間の対立と、その中で〈類〉としての領域を〈勝ち組と負け組み〉とに二分してしまう、〈主―奴〉関係への人為的な再編成でした。そしてこの再編成の意味は、〈個〉との間に亀裂の生じた〈類的なものすなわち社会的共同性〉が、〈主〉すなわち〈支配集団〉によって簒奪されるということでしかありませんでした。すなわち、その〈再編〉は〈個〉と〈類〉との間に生じた亀裂・分裂の修復および再統合であるどころか、むしろ〈力による支配〉を支えとした、分裂・抗争の永続化（そして制度化）だったと言われざるをえないものでした。

いろいろ述べてきましたが、それらによって私が言おうとしてきたことは、要するに、〈共産主義の理念〉の基本骨格にかんするマルクスの先の抽象的文言の中には、例えば以上に披瀝されたような含意が凝縮されていたのだ、と読者に幾度でも念を押しておきたいからなのでした。

〈個〉と〈類〉の抗争はいかに解決・克服されうるのか

以上の考察の後でぜひとも振り返っておきたいのは、マルクスが『独仏年誌』に寄稿した二論文執筆の前にすでに書き上げていた、今では「ヘーゲル国法論批判」と命名されているかなり分厚な研究ノートについてです。これはヘーゲルの『法哲学要綱』中の国家論の部分の内容について逐一批判的精査を試みた労作で、この中での「官僚制」に対する本質的批判は圧巻だと思いますが、私がここで取り上げようとしているのは、「民主制／民主主義」Demokratie に対するマルクスの理念的把握です。「人民の自己規定」というのが、それの内容です。ちょっと抽象的な論議ですし、やや長い引用となりますが、マルクス自身の言葉を一応まず見ておきましょう。ここで民主制との関わりにおいて位置づけられる「人民」は、社会的共同性の能動的な担い手たろうとする〈自由・平等な諸個人〉としてイメージされたものと受け取っておいてください。

君主制においては、全体である人民はそれの定在様式の一つである政治制度の下に包摂されている。〔だが〕民主制においては、制度それ自身は一つの規定、しかも**人民の自己規定**としてのみ現れる。われわれは君主制においては国家制度の人民を持ち、民主制においては人民の国家制度を持つ。民主制はあらゆる国家制度の解かれた謎である。ここでは国家制度は、たんに即自的にだけ、すなわち本質にかんしてだけでなく、現存にかんして、現実性にかんしても、それの**現実的根拠たる現実の人民**へとたえずつれもどされており、人民自身の作品として定立されているのである。(『マルクス・エンゲルス全集』第一巻、二六三ページ、太字化は引用者)

右の引用の前半部分で述べられているのは、民主制以外の国家制度の下では、国家制度が人民に対する主語となって、人民(生身の人間たち)の方はこの制度に従属するたんなる述語の地位に置かれており、人民/人間が本来在るべき主語としての地位を回復するのは、民主制においてのみであって、この**本来の在り方**からすれば、あらゆる国家制度は「人民の自己規定」の所産として、人間=主語に対する述語として位置づけ直されるべきである、ということです。

後半部に入って「民主制はあらゆる国家制度の解かれた謎だ」という言葉は、〈民主制においてはじめて、国家制度なるものの**本来の存在理由**が明らかとなる〉ということを意味しているわけですが、ここでも、民主制以外の国家制度の下では、〈本質〉と〈現存在〉との背反=抗争すなわち〈**人間の自己疎外**〉が進行していることが、暗に指摘されていることに読者諸氏は気づかれたことと思います。

但し、ここでは、「人間の自己疎外」という用語は使われておりません。そして問題として取り上げられているのは、差し当たって、〈国家〉という〈法的体系〉およびいわゆる〈政治制度〉の領域に限定されたものとなっている、と言えます。しかしながら、そうした限定の下にありながらも、指摘されているのは、まさに「人間の自己疎外」の構図にほかなりませんし、そこで目指されているのは、その**〈自己疎外〉の克服**そのものです。ですから、このように見てきますと、マルクスにおいては、「民主主義」と「共産主義」とは、それらの基本的理念問題にかんする限り、重なり合うもの、あるいは同根源的なものであることが十分に納得されるはずです。

右の確認に達したところで、ここでもまたホッブズを呼び出して、「民主主義」の理念と彼の国家論の構図との比較を少々試みておこうと思います。

先に見たとおり、ホッブズにおける〈国家成立〉の由来はこうでした。すなわち、自由で平等な個々人がその自由・平等のゆえにそれぞれ勝手に各自の「自己保存」を追求した結果、必然的に呼び込んでしまった「万人の万人に対するたたかい」という危機（絶えざる死の恐怖）を脱するために必死に考案した〈平和のための〉手立てが〈（各人の自発的な意志に基づく）共同社会契約〉であり、そこからの所産が「国家」だった、ということでした。

さて、ここで一旦足を止めて振り返って見ますと、この〈各人の自発的な意志〉に基づく共同社会契約〉は、まさに〈人民の自己規定〉と言ってよいものでしょう。ところが、そこでの〈人民の自己規定〉は、ホッブスの下では、「民主制」の実現へとつながってはいかないのです。なぜでしょうか?

そのわけは、ホッブスが〈力の原理の不動の絶対性〉という考えから徹頭徹尾離れることができなかったことによります。そのため、彼にあっては〈共同社会契約〉の射程は〈平和のための**絶対的権力の創設**〉というところまでしか届かないのです。すなわち、その〈創設〉の地点でホッブズの〈人民の自己規定〉の射程は、その成果〈新しく生み出された共同意志〉を**全面的に**他者(?)に譲渡/移譲する trnsfer/alienate ことでもって消滅することになっています。つまり、そこに見られるのは self-alienation すなわち〈人間の自己疎外〉の論理構造にほかなりません。

この論理構造をロックやルソーのそれらと一応比較しておきますと、ロックはホッブズ風の「全面的譲渡」にはくみすることなく、〈社会契約〉から〈国家権力〉への移行の中にも〈人民の共同的意志〉の優位/優先をどうにか維持しようとの意図から、〈社会契約〉と〈国家権力〉との中間に言わばクッションとして「共同体」community の形成を挿入し、そこまでは〈人民の共同意志〉の優位は貫徹されているものと見なしたうえで、国家としての〈立法権〉は「共同体」からの「信託」

〈「全面譲渡」ではなく〉によってのみその正統性を根拠づけられる、という手順を考案しました。

こうして国家権力における上位には〈立法権〉が置かれ、さらにこれの下位に〈統治権〉も〈司法権〉も配置される、というように、後のいわゆる「三権分立」論につながる基礎的視点が確立されたことになります。しかし、ここでのロックの「信託」概念は、ルソーの目には不徹底な妥協にすぎないと見えていたにちがいありません。

ルソーにおいては、〈共同社会契約〉に参画した人民は自分たちの〈共同意志〉を勝手に無方向に手放すことも、如何なる特定の他者に全面譲渡することも、拒否されております。というよりむしろ、その参画をとおして人民は、どこまでもその〈共同意志〉の積極的担い手であることを自らの〈共同意志〉そのものによって課せられている存在へと**自己変革した**のだ、とルソーは受け止めようとしているように見えます。そしてこの観点が、正真正銘の「人民主権」論を結実させることになったと言えるでしょう。

但し、ルソーの「人民主権」論は非妥協的に揺るぎの無いものではあっても、従来「君主政」「貴族政」「民主政」の区別を前提としてきた「統治形態」論のレベルとは直結させられてはおらず、そのためかえってそれは、統治の領域にかんしてはそれら三形態のいずれに対しても許容性を持っていたようにも見受けられ、その点にやはり曖昧さが残っております。

これに対して、マルクスにおける〈人民の自己規定〉としての「民主制」把握にあっては、「国家形態の悪しき特殊」としての「君主政」や「貴族政」がそこに入り込む余地は、明確に排除されております。ここが、ルソーと若きマルクスとのちがいです。（しかしいずれにせよ、マルクスの当該の『批判的ノート』の中では未だ、その〈人民の自己規定〉にかんしてそれ以上の細かい論議に踏み込んだものとはなってはいない、という点については、私たちも率直に認めておかざるをえないでしょう（つまり、より詳細な追究は残された課題となっていたと言うべきなのでしょう）。

しかしながら、この〈人民の自己規定〉の基本理念のうちにマルクスは、〈個人の自立化〉と〈人間の社会的共同性〉との〈対立と統一の弁証法〉をはっきりと揺るぎなく見据えていることは確かですし、そしてまたここに見出される歴史の弁証法的運動は彼においては、たんに政治的領域にとどまらず、経済や宗教をも含む、人間の社会生活・社会関係のあらゆる領域にわたって、**〈支配と従属〉の体系一般**が終局的には**乗り越えられるべき必然性**を内包したものと展望されていたことも確かだと思います。

すなわち、このことを私なりに受け止めてヘーゲル流の〈発展の論理〉を借用して言い直せば、少なくとも、二〇万年ほど前に「ホモ・サピエンス」として本格的に「人間の人間化」のプロセスが開始された時点で、〈自立的な個人と社会的共同性との統一〉としての**理念**はその〈即自態〉Ansichseinとしての最初の足跡をこの地球上に印したのだ、ということになります。この**理念**の将来的な実現〈〈即かつ対自〉態〉としての達成〉を私もまた〈〈人間の尊厳〉にかけて〉信じたいと思います。

第9章　〈人間の自己疎外〉と〈資本の論理〉

　私は、人間世界に関わる弁証法論理の一形態としての〈人間の自己疎外〉問題の諸相を訪ね歩くというテーマのもとで、先行の第7章と第8章の考察を試みてきました。そしてこの第9章が私の今回の考察の旅の一応の終点ということになります。

　私たちは人類史を〈人間の潜在的本質の自己実現〉（＝〈人間の人間化〉）の道程として受け止めるという観点に立って、〈人間の自己疎外〉問題の意味（あるいは謎）と取り組んできました。そのなかで見えてきたものの一つは、〈自己疎外〉という事態はどの人間にとっても〈望んだり目指したり〉する目標であるどころかその逆であるのに、それはちょうど〈例えば光にともなう影のようにして、あるいは、〈表面〉には必ず〈裏面〉がついてまわるようにして〉人間自身の生活の安全と繁栄を目指す積極的活動のはずのものが、しばしばその反対物（自己否定的要因）をそれ自身のうちに内在させてもいるということでした。そしてさらに、〈自己疎外〉が明確に顕在化したところでは、それは〈人間的本質〉の本来性がそこから回復されねばならぬところの、つまり私たちとしては乗り越えねばならぬところの、〈異常〉であり〈危機〉であるということでした。

私たちがこれから対決しようとしている〈資本〉および〈資本の論理〉は、〈人間の自己疎外〉の諸形態のなかで（国家や宗教と比べてみても）「最強最大の難敵」と言われるべきものであると思います。私たちはこれまでは〈人間の自己疎外〉問題を、ヘーゲルとマルクスとの間を行ったり来たりしながら見てきたわけですが、〈資本の論理〉との対決ということになりますと、そこはもはやマルクスの独壇場となっています。彼が『資本論』の第一巻を公表したのは一八六七年でしたが、この著作の副題は「経済学批判」となっており、この著作の八年前には「経済学批判」そのものを表題とした本を彼は世に出してもおりまして、『資本論』はこの先行の本の継続であると自ら（第一版の序文で）述べております。

ついでながら訳語について付言しておきますと、ここで「経済学」と訳されている元の言葉は、politische Ökonomie（英語では political economy）ですが、この言葉は本書の第7章で登場していた青年期マルクスの『経済学・哲学草稿』において「国民経済学」national economy と呼ばれていたものと同じものです。そして political economy の political を訳語の中に強いて表立てるならば、「政治経済学」と言われるべきなのでしょうが、もともと「家政学」の意味を持っていた economy に「経済学」としてのもっと広い意味づけを与えようとの意図から付された形容詞が national だったり political だったりしているわけですから、もともと「家政学」としての限定的意味を持ってはいない漢字表記の「経済学」（経世済民の学）に対しては、律義にnationalやpoliticalの邦訳語をわざわざ付けなくとも間に合っているとも言えるようです。（なおもう一言。マルクスは、政治的文書では特に、批判の対象としての「経済学」を〈批判的な意味づけ〉を表立てて呼ぶさいには、「**ブルジョア的**経済学」というように呼ぶことが、晩年に向けてはますます頻繁になっています。）

右に述べた訳語問題は、おそらく高校生のレベルまで常識化していることかもしれませんが、念のため敢えて付言させてもらいました。

さて、以上のようなわけで、私たちがこの章においてこれから関わりを持つことになるマルクスの『資本論』ですが、これを「マルクス経済学」の書と呼ぶ向きが世間一般に存在していないわけではありませんが、彼自身の真意に即して言えば、この本は「経済学」の書としてではなく、やはりどこまでも「経済学批判」の書として対すべきものなのでしょう。そしてこの「経済学批判」の意味は、とどのつまりは、〈人間の自己疎外との対決〉という点に帰着するはずのものと言われるべきでしょう。

一　「価値形態論」のうちに〈人間の自己疎外〉の萌芽を見る

この第9章における『資本論』との関わり方は、いま右に述べたようにごく限定的な性格を帯びたものでしかありません。しかも、『資本論』における〈人間の自己疎外〉問題との関わりはどうなっているのかと言えば、これまた誰が見ても一目瞭然というわけではありません。ですから、この表面的な外見から、青年期マルクスの「疎外論」は『資本論』の時点ではすっかり（少なくとも、ほとんど）卒業済みのもの（というよりむしろ廃棄ずみのもの）となっていたのだとの風説が二〇世紀初頭以来じつに長い間有力視され続けてきたほどなのです。もちろん、折に触れて少数意見側からの反論も皆無ではありませんでしたし、論争は細々とながらもそれなりに続いてきました。しかし私はそれなりに多岐にわたってきた論争をここでは蒸し返すつもりはありません。ただ、そうした論争史の流れから見る限りでは、私のマルクス理解はまだ少数意見の側に立つものだということだけは、一応お伝えしておいた方がフェアだろうと思います。（しかし問題なのは、どこまで深い把握が達せられているかどうかなのですから、私は自分の立ち位置でがんばるつもりです。）

さて、『資本論』の編別構成については、ある程度はもう少し後になって見ることとして、まず「第一編　商品と貨幣」の中へ足を踏み入れてみることにしましょう。

この第一編の内容はその第一章が「商品」、第二章が「交換過程」、第三章が「貨幣あるいは商品流通」となっており、第一章は〈商品〉から〈貨幣〉への〈価値形態〉の発展過程の分析に当てられています。

ここでのマルクスの独自な分析が画期的なのは、なんと言っても、第一に、「ブルジョア経済学者」たちが明確な仕分けを果たせないできたところの、**商品価値の二重性**／**二面性**に光を当て、そこでの全く異質な区別項同士（「使用価値」と「交換価値」）の間の**関連**をも**矛盾**をも明らかにしてみせたことです。第二に、商品のこの二重性に対応して、じつは、生産物を〈商品〉として産出する生産者におけるそれぞれの〈労働〉もまた「具体的有用労働」と「社会的な抽象的労働」という（分裂をも含む）二重性を負わざるをえなくなっていることを明らかにし、さらに第三に、異なった生産物同士の間の交換関係すなわち価値関係において、一方が「相対的価値形態」として、他方が「等価形態」として向かい合う関係の意味を〈価値関係〉の発展論の中に位置づけてみせてくれたことです。以上の三点についてはそれぞれにもう一歩ずつ立ち入って見ていこうと思います。

第一点目――〈使用価値〉と〈価値〉との区別

英語で「価値」を表す言葉としてはworthとかvalueとかpriceとかがありますが、priceはやはり、「価値」よりは「価格」とか「値段」と訳されるのが適切でしょう。ところがあのホッブスは、これらの単語を並べて見渡した上で、これら三者は結局はpriceに集約されてかまわないと言い切ってしまいました。こうした荒っぽい発言は、市場原理が社会生活全般の中にかなりの浸透度を深めていた一六世紀のヨーロッパ社会では、価格に換算できない価値の存在などはすでに見えにくいものとなっていたことを物語っているのかもしれません。

しかしマルクスは「価値」という言葉のもつ多様性と、そこに見出されるべき区別を無視してしまう早とちりを犯してはおりません。彼が商品の「価値」問題と取り組むに当たって最初に着目したのは、人間にとっての〈有用性〉としての〈使用価値〉と、商品の間の交換において一方と他方が等価だとされるさいの価値すなわち〈交換価値〉との区別です。食糧にせよ衣類にせよなんらかの道具にせよ、それぞれの使用価値を持たないものは交換の対象となることもありえません。こうした関連からして、一商品における使用価値と交換価値とは不可分です。不可分だからこそ両者の間の区別はしばしば曖昧にされたまま、両者の混同も放置されてきました。しかしこうした放置状態のままでは、そもそも〈商品〉とは一体何なのかが見えていないことになりますし、また〈貨幣〉の本質もその出生の秘密もいつまでたっても謎にとどまることになります。

ところで、使用価値と交換価値とは不可分だと言いましたが、その不可分な関係は、もともとは使用価値の優位のもとに成立しているところのものだと言えます。というのも、どの製品の使用価値も、本来は交換が行われることなしでも存在し続けることができるのに対し、交換は、したがって交換価値は、明らかに使用価値の存在と無関係には成立しえないからです。価値関係における使用価値のこの本来的優先性を記憶に明記しておいてください。そうすればこの記憶との対比において読者諸氏は、価値関係の発展がこの優先性をやがて逆転させるに至るのをまぎれもない事実として直視することになるはずです。

なお、マルクスはやがて「価値」という用語を「交換価値」に対するそれの「実体」としての意味で使用するようになりますが、〈使用価値〉がそれぞれの商品種別の具体的な諸性質と一体化したものであるのに対して、〈価値〉自身にとっては異なった商品間に見られる具体的な特性のちがいはどうでもよく、例えば、商品Aと商品Bとは〈1対1〉で交換されるのか、それとも〈1対2〉でか、〈1対3〉でか、といった量的な問題だけが重要となっていると言えるでしょう。すなわち、商品のすべての具体的な諸特性が捨象された後に残る〈量的なもの〉の次元が〈価値〉の世界ということになります。

第二点目——「具体的有用労働」と「社会的な抽象労働」

いま私たちは同一の生産物が商品としては対立的な二重性を内包しているというマルクスの分

析を見たわけですが、このこととの対応において、同じ生産者の同一の労働もまた、商品生産に関わる限りでは、二重性を身に引き受けることになっている、との分析を次に見てみましょう。

結果が二重性／二面性として現れているのであれば、その結果を産出した行為もまた二重性／二面性を負わされているのは当然のことと言えるわけですが、その二重性の一方は「具体的有用労働」であり、もう一方は「社会的抽象労働」です。もともとはどの人間労働も、例えば鍛冶労働、機織り労働、裁縫労働、米づくり労働、等々といったように、**それぞれの使用価値**を作り出すという点にかんしてみれば、いずれも〈具体的な有用労働〉です。ところが、その同じものが、価値算出の労働としては、〈価値量〉としての〈社会的総労働〉の一環を担うところの〈抽象労働〉となっています。そしてこの〈労働の二重化〉の場面でも、商品交換の発展とともに〈主役の交代〉は進行し、いつしか〈具体的有用労働〉の側面は裏方（あるいは脇役）に落とされてしまう運命が待っている、という次第なのです。

第三点目――「相対的価値形態」と「等価形態」

次に三番目の区別についてですが、「商品Aは商品**Bに値する**（あるいは、**～と等価である**）」という命題を等式で表した場合の「商品A＝商品B」を相手取ってマルクスが、左辺には「相対的価値形態」という名称を、右辺には「等価形態」という名称を与えている最初のくだりを読んださいに、学生だった私はとっさに少々の違和感を覚えたものでした。その違和感のわけは、数学では基本法則によって、「a＝b」と言えば「b＝a」に決まっているのに、なぜ等式の両項のそれぞれに対して、位置づけのちがいに応じた新たな名称や性格づけを与えて区別立てをしなければならないのかが、直ちにはしっくりと来なかったのでした。この思い出に少々こだわって、ここでのマルクスの把握の意味についての今の私なりの受け止め方を示しておくことにします。

何がしかの労働による互いに異なった産物同士は、まずは異なった〈使用価値〉同士として出会います。そしてそれに続いて交換が行われ、そこに〈等価性〉が成立するわけですが、これを、商品Aの側を軸として見るならば、使用価値を持った商品Aが交換可能な価値物ともなりうるのは商品Bの登場によってということになり、この場合、商品Bはもっぱら商品Aを価値物たらしめるためのもの、すなわち〈等価物〉Äquivalentとして、商品Aに対して従属的な地位に立っている、ということができ、主役は商品Aです。

もちろん、この関係は逆向きにされて、今度は商品Bを主語に（等式ならば左辺に）立てて見返されることはできます。しかしその場合は、商品Bはもはや〈等価物〉ではなく、〈相対的価値形態〉として立っていることになります。要するに、価値関係においてはどちら側の位置に立つにせよ、そこで負わされるべき性格規定ないし役割に対してどの商品もニュートラルではありえないのです。

ところで、商品交換においてそれぞれの商品がどちらの位置にも立つことができる、すなわち**固定した地位が定まっていない**という段階を、マルクスは価値関係の発展における「第一の価値形態」と位置づけ、これに「単純な、**個別的な**、または**偶然的な**価値形態」という名称を与えています。この名称が暗に予告しているのは、商品交換が発展を遂げていくなかでは、やがて価値関係は、たんに「個別的」でも「偶然的」でもなくなってゆくということでもある、と言うことができます。

以下では私たちはさらに、「価値形態」の展開の第二段階および第三段階を見ていくことになりますが、とにかくここで再度確認しておいてほしいのは、主役の座にあるのは「等価形態」ではなく「相対敵価値形態」であるということ、そしてこのことはある意味で、労働生産物において、もともとの主役は「価値」ではなくて「使用価値」であったということと一定の対応関係があるということです。

「価値形態」の発展の第二段階――「全体的な、または展開された価値形態」

価値関係の発展は、第一形態では未だ各商品の具体的肢体および〈使用価値〉にまといつかれていた〈価値〉が、次第にその純化された姿を顕わにしてゆく過程です。次の第二形態は「全体的な、または展開された価値形態」と名指されています。これは商品交換の品種・範囲・頻度の拡大の中で、例えば商品Aが商品Bとだけでなく、商品Cとも商品Dとも商品Eとも、その他等々……とも、というように、どんどん関係を拡大していっている状態を指します。つまり商品Aの〈価値〉は、B、C、D、E等々のどの商品の具体的肢体のまといつきからも解放されていって、それ自身の姿を現さざるをえないところまで達していることになります。そしてこのことは、商品Aにおいてだけでなく、どの商品においても起こっていることですが、どの商品も、〈相対的価値形態〉としては左辺におかれて、他の諸商品に対してちょうど扇の要の位置に立つ格好になります。

第三の価値形態としての「一般的価値形態」、そして「価値関係」における主役の交代

第三の価値形態は、これを図示すれば、諸商品が〈相対的価値形態〉として左辺に縦に並び、これらの中から特定の一商品、例えば商品Xがはじき出されて等号〔＝〕の右辺に置かれた形です。つまりここでは、扇の要の位置に立つのは、単独の〈等価物〉です。この形は、〈第二形態〉の左右を引っくり返しただけのように見えますが、しかしじつはこの等式の形は、いかなる商品が商品世界の中に登場してきても、特定化された〈等価形態〉商品Xの言わば〈統括の下に入る〉こ

とによってはじめて、晴れて〈価値物〉として商品仲間の一員となれるのである、ということを示していると言えます。

こうなってみますと、商品の〈等価形態〉は商品の価値的性格を〈相対的価値形態〉として引き立てるための**脇役として〈待って〉**いたはずだったのに、気がついてみたら、いつの間にか**〈主役〉に取って代わって**しまっていた、ということになります。しかしながら、この結果を前にして、改めて思い返してみますと、もともと〈生産物の交換〉という〈社会的なもの〉としての本質を持った〈価値〉が、その出自を特徴づける形式として、〈相異なった二商品間における〉〈相対的価値形態〉と〈等価形態〉との関係という在り方を内に蔵しながら姿を現して以来、その関係における本当の主役は、はじめから実は、価値付与者たる〈等価形態〉の方だったのだ、すなわち、即自的＝潜在的主役が顕在化しただけのことなのだ、と言われるべきなのかもしれません。

次に、第四の価値形態として登場してくるのが〈貨幣形態〉ですが、第三形態における〈等価商品〉がより一層拡大し普遍化した〈商品世界〉のなかで、〈価値〉の純化をさらに進めて、固定した安定的地位を獲得した姿（すなわち、〈価値〉が金銀等の貴金属のうちに一体化した姿）、これが〈貨幣〉ですから、この関連において見ますと、〈価値形態〉の第三と第四とはひとまとめに〈価値の発展〉の最終段階として位置づけられるのが可能となります。つまり、ヘーゲルの「発展」論の図式を借りて言えば、①〈**価値形態**〉の「即自」態としての第一形態――②「対自」の段階としての第二形態――③「即かつ対自」（本質の顕在化）としての第三・第四段階、ということになります。

なお、『資本論』においては「価値形態」論への考察は「第一章　商品」と「第二章　交換過程」との両方で行われており、第一章で〈価値関係〉の発展の論理構造の分析として展開してみせたものを、第二章ではこの発展を、**商品交換の現実の矛盾に規定された過程としても**う一度見直す、という形がとられているわけですが、ここではその第二章については、特別にまとまった仕方では言及しませんので、その第二章で〈貨幣の出現の必然性〉についてマルクスが語っている部分に限定して、以下でごくごく簡単にではありますが、補足的に見ておこうと思います。

論理構造の展開の話の中には登場してきませんでしたが、現実の過程ということになりますと、商品を作ったり所有したり交換したりする人間の存在を無視するわけにはいきません。人間を省略して話しているときには、いとも簡単に商品Aと商品Bとの等価性のことが語られておりました。しかし、「第二形態」において見られたように、商品交換が全体化へ向けての発展をみせはじめますと、各々の商品所有者は自分の手持ちの商品を必要とする他の商品所有者をいつでも見つけだしたり出会ったりできるとは限りませんし、仮に出会ったとしても、彼らのすべてがこちら側が必要としている品物を所持しているとは限りません。つまり、たくさんの種類の商品とそれらの所有者の間で、需要と供給との関係がつねにぴったりと合致したものとなっている保障はないもない、というわけです。これが商品交換に必ず付きまとう矛盾ですし、これがひどくなれば危機にもつながります。うんと端折って言ってしまえば、こうした矛盾、こうした危機、の回避（少なくとも緩和）への商品所有者たちの要求が、あらゆる商品に対して通用するところの**貨幣**の登場の必然性を支えるものだというのです。

さて、再び戻って、価値関係における〈主役の転換／交代〉にかんして、暫定的な中間的まとめを済ませておこうと思います。

この〈主役の転換〉は〈労働の疎外〉そしてさらには〈労働における人間の自己疎外〉の萌芽的形態であり、マルクスもまたそのように把握していた、というのがここでの私のマルクス理解です。この理解が私の勝手な思い込みでないことを、〈価値形態論〉にかんするひとつの総括として提示されている「商品―貨幣の物神性」概念の意味をただすことによって論拠づけようと思います。

〈物象化〉と〈物神崇拝〉

マルクスが〈価値形態〉の発展の論理を追跡してみせている経過のどこを探しても、「労働の疎外」という用語は確かに全く使われてはおりません。そこで、読者諸氏に長々としたマルクス的表現と、時にはじっくりと付き合ってもらうのも、〈弁証法〉理解のためには必要だろうと思われますので、彼が「貨幣の物神的性格」について語っているくだりを以下に引用してみます。この言葉は、『資本論』の第一章の第三節の最後に「貨幣形態」についてのたんたんとした説明が終わったところで、新たな節が第四節「商品の物神的性格とその秘密」として設けられて、そこでおもむろに語られはじめています。

［α］商品は、一見、**自明な平凡なものに見える**。［だが］商品の分析は、商品とは非常にへんてこなもので、**形而上学的な小理屈や神学的な小言**でいっぱいなものだということを示す。商品が使用価値である限りでは、その諸属性によって人間の欲望を満足させるものだという観点から見ても、あるいはまた、人間労働の生産物としてはじめてこれらの属性を得るものだという観点から見ても、商品には少しも神秘的なところはない。

人間が自分の活動によって自然素材の形態を、人間にとって有用な仕方で変化させるということは、わかりきったことである。……［中略］……。ところが、例えば机は、それが**商品として現れる**やいなや、一つの**感覚的であると同時に超感覚的なもの**になってしまうのである。

［β］それでは、労働生産物が商品形態をとるとき、その謎のような性格はどこから生ずるのか？　明らかにこの形態そのものからである。人間の諸労働の同等性は労働の諸生産物の価値対象性という**物象的形態**を受け取り、その継続時間による**人間労働力の支出の尺度は、労働生産物の価値量という形態を受け取り、最後に、生産者たちの労働の社会的規定がそのなかで実証されるところの彼らの社会的諸関係は、いろいろな労働生産物の社会的関係という形態を受け取る**のである。

だから、商品形態の秘密はただたんに次のことのうちにあるわけである。すなわち、商品形態は人間に対して**人間自身の労働の社会的性格を労働生産物そのものの対象的性格として、**これらのものの社会的な自然属性として映し残していき zurückspiegeln、したがってまた、**総労働に対する生産者たちの社会的関係をも、彼らの外に存在する諸対象の社会的関係として映し残してゆく**ということである。こうした置き換えによって労働生産物は商品に、すなわち感覚的に超感覚的な物になるのである。……［中略］……。ここで人間にとって**諸物の関係という幻影的な形態**をとるものは、ただ人間自身の社会的関係でしかないのである。それゆえ、その類例を見出すためには、われわれは宗教的夢幻境に逃げ込まねばならない。ここでは人間の頭の産物がそれ自身の生命を与えられて、それら自身の間でも、人間との間でも、関係を結ぶ独立した姿に見える。商品世界においては、人間の産物がそう見える。これを私は物神崇拝Fetischismusと呼ぶのであるが、これは労働生産物が商品として生産されるやいなや、それらに付着するものであり、それゆえ商品生産と切り離せないのである。

［γ］およそ使用対象が商品になるのは、それらが、**たがいに独立に営まれる私的労働**の生産物であるからにほかならない。これらの私的労働の複合体は社会的総労働をなしている。**生産者たちは自分たちの労働の生産物の交換を通じてはじめて社会的に接触するようになるのだから、彼らの私的諸労働の独自な社会的な性格もまた、この交換においてはじめて現れるのである**。言い換えれば、私的諸労働は、交換を介して労働生産物が置かれ、労働生産物を介して生産者たちが置かれるところの諸関係によってはじめて、実際に社会的総労働の諸環として実証されるのである。［中略］すなわち、諸個人が自分たちの労働そのものにおいて結ぶ直接に社会的な関係としてではなく、むしろ諸個人の物的諸関係および諸物の社会的諸関係として現れるのである。

（以上は『マルクス・エンゲルス全集』二三巻a、九六〜九九ページからの抜粋引用。但し、［中略］および太字化やドイツ語挿入は引用者による）

右の引用はまったく一続きの文章というのではありませんので、読みやすいようにと考慮して、一応勝手に三つの部分に分けて示されてありますが、三つのグループの前後関係はマルクス自身の叙述の流れに従ったものであることは念のため申し添えておきます。

いささか長い引用でしたが、じっくりと読んでいただきたいと思います。いかがでしたか。すんなりと頭の中に入ってきたでしょうか。

この第四節は、読んでみてわかるとおり、「価値形態」論全体の総括としての意味をも担っています。そしてマルクス自身がこの節に「商品［及び貨幣］の**物神的性格**」という見出しを付したところに、それまでは伏せてきた評価的対応がはじめて前面に進み出てきたことがはっきりと見てとれます。私は「物神崇拝」という訳語の方を採用しておきましたが、邦訳全集では「呪物崇拝」という訳語が用いられているその元のドイツ語は Fetischismus（英語では fetishism）です。この言葉は、未開人が崇拝の対象として特定した石片とか木片とか自然の事物に対するヨーロッパ語風の呼び名である Fetisch に由来するものですが、未開人にとって一旦 Fetisch（物神）と見なされた石片は、石片にしてもはやたんなる石片にあらずであって、いわば一種の〈霊力〉を備えた一個の**主体**となってしまっておりました。マルクスは、〈商品—貨幣〉がまさに、文明人がそれの前に跪拝するところのそうした〈物神〉となっている、と宣言しました。つまり彼は、〈商品および貨幣〉の存在の威力に対して原始宗教並みの位置づけを与えたことになります。

さてそこで、皆さんもひとわたり目を通した後を受けて、私としても注意すべき点を独自に拾い読みしてみようと思います。

まず引用［α］では、人間労働の生産物は、それらを〈使用価値〉として見る限りでは、不思議でもなんでもないことが述べられており、これは普通の私たちの日常感覚でもあると言ってよいでしょう。しかし引用箇所の後半部にすすむと、彼は机を例に挙げながら、「［それも］商品として現れるやいなや、それは一つの感覚的であると同時に**超感覚的**なものになってしまうのである」と言い出すに至ります。「超感覚的な」側面、それはつまり見たり触ったりできないものですが、それが次の引用箇所の中では「価値」ということになってゆくはずのものです。

次の［β］の部分は、「労働生産物が商品形態をとるとき、その謎のような性格はどこから生ずるのか？」という問いから始まっています。［α］の箇所の最後で「感覚的であると同時に超感覚的である」と表現された点が、ここでは改めて「謎のような性格」と指摘し直されているわけです。そして、「どこから？」に対してマルクスは直ちに答えて、「商品形態（そのもの）からだ」と言っています。そしてその「謎」に当たるものをここでは「価値対象性」だとか「価値量」だとか、つまり「価値」に関わるものとして言い表した後で、ちょっと回りくどい言い回しになっていますが、要するに、「いろいろな労働生産物の社会関係」という形態をとっているところの「価値」が背後に隠し持っているところのものは、じつは「生産者たちの社会関係」なのだ、と述べています。ですから、この点は次の段落に移ったところでの最初の説明の方がもっとすっきりした表現になっています、――「だから、商品形態の秘密はたんに次のことのうちにある。すなわち、商品形態は、人間に対して**人間自身の労働の社会的性格を労働生産物そのものの対象的な自然属性として**映し残してゆき、したがってまた、**総労働に対する生産者たちの社会的関わり**をも、彼らの外に存在する**諸対象の社会的関係として**映し残してゆくということである。」

右の引用箇所の後半で私が太字化しておいた部分を含む箇所は、一般に「人間関係の物象化」と概念化されているマルクス的把握の内容です。ほんとうは諸生産物自身が関係し合うわけではないのに、それらが商品となっているところでは、社会関係のなかに立っているはずの生産者たちの方は補助者ないし脇役となってむしろ後景に退いており、表舞台に立ち現れているのは商品たちであって、それらが立役者となって互いに関係し合っているように見える。この現れをマルクスは「幻影的形態」と呼び、また、商品のこの「幻影的性格」の点に比喩的表現を与えて、「商品の物神性」と呼ぶわけです。

次に引用［γ］で述べられているのは、〈私的労働〉と〈社会的総労働〉との関係の問題で、〈商品〉

は、この両者を媒介するものとして位置づけられています。言い換えれば、〈商品〉の成立の基礎にあるものが〈私的諸労働〉だというのです。（但し、ここで用いられている「私的労働」の意味ですが、これは「人間たちが個々に独立した仕方で行っている」といった程度の意味で語られており、ここでの「私的な」という形容詞には、マルクスが他の文書でしばしば含意させてきた内容、すなわち、「排他的・収奪的」という、ルソー的使用の系譜を引く意味合いは背後に退いていることに留意しておいてください。）

ところで、「商品は私的諸労働と社会的総労働とを繋ぐ媒介者である」という言い方においては、まだ〈人間〉が主役の位置にとどまっていると言ってよいでしょう。ところがこの〈媒介〉の不可欠性の重みがますます増してゆく中ではどうなるか。この問いへの答えが［γ］の箇所の結びとして、次のように述べられていました。――「だから生産者にとっては、彼らの社会的諸労働の社会的関係は……［中略］……諸個人が自分たちの労働そのものにおいて結ぶ直接に社会的な諸関係としてではなく、むしろ諸個人の**物的な諸関係**および**諸物の社会的な諸関係**として現れるのである。」ここでもこのように、「物象化」の現実の確認が再度なされて、それでもって全体がしめくくられているわけです。

さて、ここまで見てきたところで、今度は私たちの側からの暫定的総括を二つの点に関して済ませておきたいと思います。そのひとつは、「物象化」と「物神崇拝」との関係の問題で、もう一つは「物象化」あるいは「物神崇拝」と「人間の自己疎外」との関係の問題です。

いずれの問題にかんしても、一般的には未整理の部分、未解明の部分が残されている現状にありますし、とくに後者の問題は、ここまでに幾度も触れてきたように、本書にとっての中心問題の一つですから、この途中経過として必要な言及は果たしておこうと思います。

〈人間の自己疎外〉と〈物象化〉、〈物象化〉と〈物神崇拝〉との異同

丹念に調べてくれている方がおりまして、その方の貴重な調べによりますと、「物象化」という概念は『資本論』全三巻を通じても四回、第一巻だけでは一回しか使われておらず、私たちが今回見た長々とした引用の中にはまったく姿を現しておりません。そのためもあってか、「物象化」と「物神崇拝」との異同の問題は必ずしも明快になっているとは言えないのです。つまり、同じようでもあり、別のようでもある、というわけです。

そこで、青年期のマルクスの論文「ヘーゲル法哲学批判序説」の中にこの問題の解決のためにちょうど好都合な文章がありますので、それに応援を頼むことにしました。

人間が宗教をつくるのであって、宗教が人間をつくるのではない。そしてたしかに宗教というものは、自己をまだ獲得していないか、あるいはいったんは獲得したものの再び喪失してしまった人間の自己意識であり自己感情である。しかし人間といっても、それは世界の外にうずくまっている抽象的存在ではない。人間、それは人間の世界のことであり、国家社会のことである。**この国家、この社会が倒錯した世界であるために、倒錯した世界意識である宗教を生み出す**のである。(『マルクス・エンゲルス全集』第一巻、四一五ページ、但し、太字化は引用者)

この引用の中から今回私たちが取り出して役立てたいと思っているのは、私が太字化したほぼ一行分だけで間に合うのですが、一緒に引用された部分の全体はなかなか含蓄の深い　重要な内容に満ちたものだと私は思っています。この論文全体は、「絶対精神＝神」を根底および到達点とするヘーゲル的な理論体系の観点を逆転させて、現実世界における「人間の自己疎外」の正体ならびに原因を明らかにし、それの克服の方向性を大地にしっかりと足をつけて切り拓いて行こう、という問題意識を提示したものとなっております。そして右の引用部分の最後の一行では、現実の世界が(人間の自己疎外の結果として)「倒錯した世界」となっているからこそ、「倒錯した世界意識」としての宗教が生まれるのだという、ここでの一つの帰結が示されていますが、「倒錯した世界」と「倒錯した世界意識」との関係は、〈反映される現実〉と反映作用の結果としての〈現実の反映〉との関係として対応づけることができるでしょう。そしてまた、〈反映される現実〉と〈現実の反映としての像〉とは当然ながら同じものではありませんが、両者の関係にかんしては、〈現実〉が先行したうえでこその〈それの反映としての像〉の成立ですから、反映作用の勝手な一人歩きではない、という点が肝心なところだと言うべきでしょう。さらに、この〈反映〉問題を、「倒錯した世界」と「倒錯した世界意識」との関係という点に再びしぼって言えば、両者を結びつけている〈倒錯の共通性〉という点が、両者をつないでいる要諦ということになります。

ところで、「倒錯した世界」と言われているわけですが、この「倒錯」の内実は如何なるものなのかは、本書の第7章で私たちがすでに取り上げ済みですけれども、ここでも念のため端的な形で再確認しておきます。

「自己目的的存在としての人間」というカントの観点を現実の歴史的過程との関わりの中でもっと具体的な理論的肉付け与える方向へ向けて引き継いで行こうとしていたのがマルクスですが、この観点に立って彼もまた、〈人間の立場〉から見た〈人間とモノとの本来的関係〉を〈主体と客体〉の関係として、また〈目的と手段〉の関係として位置づけます。この本来的関係を、〈人間の自己疎外〉

によって〈モノ〉が〈主体〉となり〈目的〉となり、逆に〈人間〉の方が〈モノ〉にとっての〈客体〉となり〈手段〉となる、というように事実上〈転倒〉されてしまっている在り方が〈物象化〉です。

さて、ここまで整理してきますと、「物象化」と「(文明化された形の) 物神崇拝」との関係を私たちは、上掲の「ヘーゲル法哲学批判序説」中の「倒錯した世界」と「倒錯した世界意識」との関係へと平行移動させて眺め返し、そしてまた、これらいずれの関係をも、〈倒錯性〉を共通項に持った、〈反映される現実〉と〈現実の反映〉との関係として、今こそ両項関の区別を明確にした位置づけを果たすことができるに至っている、と言うことができると思います。

倒錯した現実の中で商品や貨幣の内に人間を支配するそれ自身の〈霊力〉が立ち上がってくる(と見える) のは、人間のうちに生ずる〈倒錯した意識〉の側からの、現実に対する幻想的な逆対応の結果と見られるべきでしょうが、ここで二次的に生じた〈幻影〉が、その幻想性ゆえにたちどころに、容易に、独りで消えてゆくというようにはならないのは、この事態を規定している〈人間の自己疎外〉の相当な根強さに起因していると思わざるをえません。そして最後にもう一度、「物象化」と「物神崇拝」との区別問題に戻って述べれば、〈倒錯した現実〉の中にたんに「物象化」だけでなく、さらに「物神崇拝」Fetschismus をも見ようとするのは、この後者のうちにすでに、観念によって現実世界を動かそうとする「イデオロギー」と称されているものの萌芽の存在が指摘されうるからなのだ、ということなのです。

以上に述べたことのうちにはもちろん議論の余地はなお残されています。しかし私としては一応の整理は提示し終えたつもりですので、後はその議論は、関心をお持ちの読者に委ねることにさせてもらいましょう。

二 〈価値〉の発展の最終段階としての〈資本〉

〈商品交換〉とともに〈価値〉が生まれ、そして〈価値形態〉の発展の中で〈商品から貨幣へ〉、このプロセスが〈価値〉の発展のこれまでの経過でした。〈貨幣の出現とその展開〉を〈価値発展〉の第二段階とすれば、〈貨幣の資本への転化、そして資本の展開〉が第三段階ということになり、こうして〈価値発展の三段階〉の論理は完成することになります。そして〈価値〉の誕生は〈使用価値〉に担われてこそ成立することができたわけでしたが、にもかかわらず、私たちが注目したように、〈価値〉にはその本性からして〈使用価値〉からの離反への傾向が内在しており、したがって私たちは、〈商品〉の段階からすでに〈価値〉のうちには〈人間の自己疎外〉の萌芽が懐胎されていることを、マルクスの間接的な表現をとおして察知することができました。

私たちは私たちのこの第二節で、〈資本〉としての〈価値の展開〉のなかでそれの〈人間疎外〉的本質が**全面的に顕在化**するに至っている有様を、マルクスの分析に依拠しながら見ることになります。

〈貨幣形態〉自身の発展史

ここから先の『資本論』そのものにおける論述の詳細化とは逆に、それの後追いをする私たちの歩みの方はかなり駆け足的なものとならざるをえません。私たちが私たちの持つ問題意識に即して拾い読みしようとしているのは、第一編の「第二章　交換過程」はとばして、「第三章　貨幣または商品流通」についてです。商品交換も貨幣を媒介にして広範かつ大規模に展開されるようになれば、それはもはや「商品流通」ですが、この「商品流通」の発展は、はじめは〈価値尺度〉として出発しそして〈媒介者〉（つまりは**脇役**）としての役割を果たしていたはずの貨幣が、いつしか〈商品流通〉のなかでの**主役**に転換していく過程となっていることを明らかにしているのがこの第三章です。この〈主役への転換〉へ私たちの注目を促している代表的な箇所が以下の二つの引用ですが、これらは「第三章、第三節のa.貨幣蓄蔵」のほぼ冒頭で語られている言葉です。

商品流通そのものの最初の発展とともに、第一の発展の産物、すなわち商品の転化した姿態または商品の金さなぎを固持する必要と情熱とが発展する。商品は、**商品を買うためにではなく、**〔価値の〕**商品形態を貨幣形態と取り替えるために売られる**ようになる。この**形態変換**は、**物質代謝のたんなる媒介から自己目的**になる。(『マルクス・エンゲルス全集』第二三巻a、一七〇ページ、但し太字化は引用者)

そして少し先へすすんで、さらに言います。

商品を交換価値として、また交換価値を商品として固持し得る可能性とともに、黄金欲が目覚めてくる。**商品流通の拡大につれて、貨幣の力**が、すなわち富のいつでも出動できる絶対的に**社会的な形態の力が**増大する。(『マルクス・エンゲルス全集』第二三巻a、一七二ページ)

さらに、次の指摘は、流通の発展の究極の到達点の真実を伝えています。

貨幣を見ても、何がそれに転化したのかはわからないのだから、**あらゆるものが商品であ**

ろうとなかろうと、貨幣に転化する。すべてのものが売られるものとなり、買えるものとなる。流通は、大きな**社会的な坩堝**となり、いっさいのものがそこに　投げ込まれては、また貨幣結晶となって出てくる。（『マルクス・エンゲルス全集』第二三巻a、一七二ページ）

引用中の太字化された部分に注意して読んでいただきたいのですが、これらで述べられていることは、〈資本〉の本格的な登場以前の段階にかんするものですが、しかし「商品は、商品を買うためにではなく、商品形態を貨幣形態と交換するために売られるようになる」と指摘されている事態は、〈貨幣の資本への転化〉をすでに十分に予想させるものとなっています。〈貨幣蓄蔵〉へと人間を駆り立てるものは、「貨幣の力すなわち富のいつでも出動できる絶対的に社会的な形態の力」へのそれこそ〈信仰〉でしょう。そして最後の引用では、もともとは商品交換からの受動的出生の由来を持つ〈価値〉が、「商品であろうとなかろうと、あらゆるものが貨幣に転化する」と言われる中では、今や〈あらゆるものに向かって〉**能動的に打って出る**態勢を〈わがものとしてしまっている〉と言われるべき事態がそこで直視されています。まさに〈資本の出現の前夜〉と言うべきでしょう。

〈貨幣の資本への転化〉を決定づける要因は何？

ただ、マルクスは、右のように述べながらも、貨幣蓄蔵者の「黄金欲」がそれのたんなる同質的な延長線上でそのまま〈資本の登場〉へとつながるとは考えておりません。では〈貨幣の資本への転化〉を決定づけるものは何であると彼は受け止めているのでしょうか。

この問いに答える形の彼の考察は、たんに同列に並べて受け取られるべきものではないはずですが、一応次の三点として取り出すことができ、これらはいずれも『資本論』の「第四章　貨幣の資本への転化」の中に含まれています。その第一点目は、〈貨幣蓄蔵者と資本家との違い〉にかんする指摘です。その第二点目は「単純な商品流通過程」と「資本の流通過程」との、定式化の点での区別と、「資本の流通過程」の独自性の解明。そして第三点目は〈自由な労働力商品の使用価値〉の特異性の解明です。

第一点目にかんするマルクスの発言内容はこうです。

〈絶対的な致富衝動という〉この熱情的な価値追求は、資本家にも貨幣蓄蔵者にも共通であるが、しかし貨幣蓄蔵者は常軌を逸した（verrückt）資本家でしかないのに、資本家は合理的 rationell な貨幣蓄蔵者なのである。（『マルクス・エンゲルス全集』第二三巻 a、二〇〇ペー

ジ、ドイツ語挿入は引用者）

右の発言内容は「資本家」をいささか美化したものとなっているかもしれませんが、訳語に関わって一応の説明はしておくべきかもしれません。ごらんのように、ここでは貨幣蓄蔵者と資本家とを、verrückt と rationell という形容詞で区別しています。どちらも「黄金慾」乃至「致富衝動」によって動かされているという点では変わりはないわけです。全集の邦訳では verrückt に「気の違った」という訳語を当ててありますが、それはちょっと訳しすぎかもしれませんので、「儲かりさえすれば、理不尽なことでもなんでもする」という意味で私は「常軌を逸した」と訳しておきました。verrückt に対するのは rationell ですが、これに対しては「合理的」という訳語でなんら問題はないと思います。ただ、ドイツ語では、「合理的」という邦訳が可能な言葉はもう一つ、rational があります。この rational との比較のなかで、rationell の意味もはっきり見えてきます。すなわち、どちらもラテン語の **ratio**（理性）に由来する言葉ですが、rational には〈科学的合理性〉に通ずる意味ももちろん含まれておりますが、〈精神性〉あるいは〈**理性的倫理性**〉につうずる側面こそ（中世の神学的伝統との関連から見れば）rational の主たる側面と言われるべきかもしれません。ところが、rationell にはこうした倫理的側面は含まれておりません。それは、例えば仕事遂行上の**効率優先**だけに向けられているような合理性を表現する言葉だと言えます。ただ、rationellと言われる以上は、〈資本〉には〈資本の論理〉があり、この〈論理〉に規定されているはずの〈資本〉の運動は、少なくとも建前上は、〈等価交換の価値法則〉の埒内での展開なのであって、この〈資本の論理〉に照らして見れば、この水準に未だ達していないか、あるいは一度は達したものの再びそこから意図的・逆行的にはみ出してしまったかした貨幣蓄蔵者的行動原理は「金のためならなんでもする」といった、まさに〈アウト・ロウ〉的なものにいつでもなりえるわけです。(但し、たんなる貨幣蓄蔵者レベルの行動原理と〈資本の論理〉とを隔てている柵が、かんたんに一跨ぎできる程度の低いものでしかないのかどうか、あるいは柵はある程度高くても、はずし易い留め金程度のもので閉ざされているだけではないのかどうかは、もっと先に行ったところで、現代の「新自由主義」に目を向けながら考えてみようと思います。)

〈単純な商品流通過程〉と〈資本の流通過程〉

次は第二点目にかんしてです。

〈資本〉発生の以前か以後かにかかわらず、〈流通過程〉が貨幣を媒介にした商品交換の連鎖であることに変わりはありません。商品が貨幣に変換され、そしてこの貨幣がまた商品に変換され、この商品はさらに貨幣に変換され……というように、この連鎖は（普通の商品流通の場合にはまさか無限にとは言われないにしても）理論上はどこまでも続くことができます。流通のこの連鎖にかんしてマルクスは二つのパターンを区別し取り出してみせます。それが〈W―G―W〉と〈G―W―G〉との区別ですが、ここでWは商品を、Gは貨幣を表しています。これらは、長い連鎖の中から、始点を変えて二種類にしてみただけに見えますが、ほんの任意な外見上の区別のなかに深い意味を見出すことができるのが、ここでもまたマルクス特有の優れた弁証法的分析力ですし指摘です。そしてこれが上記しておいた、彼の第二点目の考察です。

まず、〈W―G―W〉すなわち単純な商品流通については次のように述べられます。――「循環W―G―Wは、ある一つの商品の極から出発して別の一商品の極で終結し、この商品は流通から出て消費されてしまう。それゆえ、消費、欲望充足、一言でいえば使用価値が、この循環の最終目的である。」（『マルクス・エンゲルス全集』二三巻a、一九五ページ）そしてこの同じ循環も、〈価値〉の視点から見れば「貨幣形態はただ商品交換を媒介するだけで、運動の最後の結果では消えてしまっている」ということになります。

「単純な商品流通」にかんするここでのマルクスの把握を受け止めたところで、ここまでの『資本論』の論述の経過を、敢えて見返させていただきますが、私たちが〈価値形態の展開〉のうちに見たものは、労働の生産物の**〈使用価値〉に支えられて**生まれ出てきた〈交換価値〉の実体としての〈価値〉が、商品交換の発展のなかでそれ自身の〈形態転換〉を推し進めながら、いつしか**〈使用価値〉に対する〈価値〉の自立化**を、さらには商品世界における〈使用価値〉と〈価値〉との間での**〈主客転倒〉**をも招来するに至った、というプロセスでした。ところが、こうした論述の経過にもかかわらず。いま右に見た、「単純な商品流通」にかんするマルクスの捉え方を見てみますと、貨幣がわがもの顔に振る舞いつつある〈流通の世界〉にあっても、その〈流通〉が〈単純な商品流通〉のレベルにとどまっている限りではなおやはり、〈商品―貨幣〉の循環の最終目的は〈価値すなわち貨幣〉ではなくて〈使用価値〉であり続けているという事実に彼が注意を向けているということ、この点を私たちも見落とさないようにしたいと思います。

〈使用価値〉と〈価値〉との主客転倒が本格的に完成を見るのは、〈資本の流通〉が流通全体を覆いつくすとき、少なくとも圧倒的優位を占めるときであると言われるべきでしょう。〈単純な商品流通〉の次元にあっては、商品と貨幣の交換が一巡すると、マルクスの指摘どおり、〈使用価値〉が再び前面に出てきて〈価値〉は後景に退きますが、〈使用価値〉そのものはどこまでも人間の必要への奉仕者であって、そこでは〈目的―手段〉関係の機軸は依然として人間を中心にしてまわっており、〈使用価値〉の担い手である〈モノ〉は人間にとっての〈手段〉としての地位を踏み越え

ることはありません。しかしマルクスは、〈資本の流通過程〉G―W―Gが表立ってくるなかでは
こうした従来の関係が逆転するに至るさまを次のように描いてみせています。

［Ⅰ］　流通G―W―Gでは、両方とも商品も貨幣も、ただ価値そのものの**別々の存在様式**として、すなわち貨幣はその一般的な、商品はその特殊的な、いわばただ仮装しただけの存在様式として機能するにすぎない。**価値はこの運動のなかでは消えてしまわない**で、絶えず一方の形態から他方の形態へと移ってゆき、そのようにして**一つの自己運動する主体に**転化する。……［中略］……。価値はここでは**一つの過程の主体に**形態変換しながら**その大きささその**
ものを変え、原価値としての自分を突き放し、自分自身を増殖するのである。なぜならば、価値が**剰余価値**を付け加える運動は、**価値自身の運動**であり、価値の増殖であり、したがって**自己増殖**だからである。(『マルクス・エンゲルス全集』第一巻、二〇一ページ、但し、太字化、および［　］内は、引用者による、以下も同じ)

［Ⅱ］　単純な流通では商品の**価値**はせいぜい商品の使用価値に対立して貨幣という独立の形態を受け取るだけであるが、その価値がここでは［資本としての運動においては］突然、過

程を進行しつつある、**自分自身で運動しつつある実体**として現れるのであって、この実体にとっては商品や貨幣は両方とも［その実体自身の］ただの**形態でしかない**のである。だが、それだけではない。いまや価値は、**諸商品の関係を表しているのではなく、いわば自分自身に対する私的関係に入る**のである。（『マルクス・エンゲルス全集』第一巻、二〇二ページ、ここでも［　］内は引用者）

［Ⅲ］　つまり価値は、**過程を進みつつある**価値、［すなわち］過程を進みつつある貨幣になるのであり、そしてこのようなものとして資本になるのである。それは、流通から出てきて、再び流通に入ってゆき、流通のなかで自分を維持し、自分を何倍にもし、大きくなって流通から帰ってくるのであり、そしてこの同じ循環を絶えず繰り返してまた新しく始めるのである。G―G′、貨幣を生む貨幣、これが資本の最初の通訳者たる重商主義者たちの口から出た、資本の描写である。（『マルクス・エンゲルス全集』第一巻、二〇三ページ）

三つも引用を並べましたので、大変長々しいものになってしまいましたが、打ち割って言いますと当初のつもりでは、引用［Ⅲ］の箇所だけを読者には示し、それに先行する部分にかんしては私の簡略化した要約で済ます予定でしたが、ここまでに至るマルクス自身の一連の説明は極めて圧縮されたものになっておりますし、私自身、彼の言い回しに魅せられるところもありましたので、そのまま引用するということになったのです。ただ、逆に私からの若干の解説的な補足は入れさせてもらおうとは思います。

引用［Ⅲ］は「第四章　貨幣の資本への転化」の「第一節　資本の一般的定式」のほぼ終結部分の文章です。ここでは、価値は「過程を進みつつある貨幣」という仕方で「資本になっている」ことが述べられ、〈資本としての価値〉は〈流通〉を自分で出たり入ったりしているように描かれています。このことは引用［Ⅰ］では「価値は……自己運動する**主体**に転化する」というように表現されています。

引用［Ⅰ］に戻ったところで、そこの冒頭を改めて読んでみますと、「流通G—W—Gでは商品も貨幣も**価値そのものの存在様式として**……機能するにすぎない」と述べられています。「価値の存在様式としての商品および貨幣」——ここでの「存在様式」という表現は、引用［Ⅱ］における〈価値実体に対する〉「形態」に対応しています。用語法的な問題として言えば、〈実体—vs—形態〉は〈本質—vs—現象（あるいは存在様式）〉に照応した相関関係（＝反省関係）とされています。また、［Ⅱ］においては、「価値は［資本としての運動においては］……**自己運動する実体**として現れる」という言い方がなされていますが、この「自己運動する実体」は、［Ⅰ］で言われている「自己運動する主体」と特に別のことを言い表そうとしているわけではなく、そこで用いられている「形態」という用語の顔を立てて、これの相関概念である「実体」を用いているだけだと了解しておいてください（但し「実体」と「主体」との関係の説明は長くなるので、ここでは割愛させてもらいます）。

「価値形態論」の展開の論述からはじまったこれまでの過程をここでもまた暫定的に総括してみますと、そこに見えているものは、商品の内部での〈使用価値〉と〈価値〉との間の最初の萌芽的なレベルでの〈主座の交代劇〉が、〈価値の資本への発展〉によって遂に本格的なレベルに、すなわち〈価値側の勝利〉の完成域に到達したということであり、そしてこのことは、マルクスの分析視角からすれば、〈人間の自己疎外〉の運動が〈物象化の体系の確立〉へ向けて広大な地平を切り拓いたということである、と言えそうです。但し「貨幣の資本への転化」にかんする、ここまでの第二点目の論述は、その「転化」の結果論のレベルに立った、〈資本の流通〉の一般的定式の意味の解明以上のものではなく、その「転化」を決定づけている「原因」あるいは「根拠」は何であるのか、に答えるものとはまだなっておりません。その問いへの答えが、予告しておいたマルクスの第三点目の考察（そして論述）ということになり、この考察は『資本論』「第四章　貨幣の資本への転化」の最後の「第三節　労働力の売買」において展開されています。

労働力の売買と資本の本格的デヴュー

先の引用［Ｉ］においては、価値が「剰余価値」を自らに取り込んで「自己増殖」を推し進めてゆく仕方、それが〈資本〉としての存在様式なのだ、ということが述べられていましたが、まだそこでは、〈資本の流通〉が一巡しただけで何故にそこから出発点のＧに対する⊿Ｇの形で「剰余価値」が生まれ出てくるのかを問いその秘密を明らかにすることはなされておりません。その〈秘密〉の探査が着手されるのは、「一般的定式の矛盾」と題された次の第二節においてです。この探査は、優れた推理小説を読むのに匹敵するほど面白いと言ってもよいほどなのですが、私たちの旅程との関係で言えば、ちょっと長い寄り道という感じになってしまいそうですので、残念ですがその第二節の内容紹介は断念し、せめて次の第三節へのつなぎの意味で結論部分に言及する、というだけにさせていただこうと思います。

探査をとおしてマルクスが到達する結論はこうです。すなわち、剰余価値が生まれ出てくるのは、明らかに、貨幣が商品を介して再び貨幣に還流するという〈資本の流通〉から以外ではありえないのに、**等価交換**を原則として成立している〈価値法則〉を前提とする限りそこから（すなわち、前半のＧ―Ｗからも後半のＷ―Ｇからも）剰余価値の生まれ出る余地は、これまた**あってはならないし、したがってありえない**ということなのです。このことを彼はくどいほどに幾つもの事例を提示しながら証明してみせ、この到達点を「資本の流通の一般的定式の矛盾」と名付けるわけです。そうしますと、この〈矛盾〉と〈資本の自己運動〉との関係はどうなっているのかが当然問題となりえますが、この問題に対するマルクスの理解を私自身はどう受け止めているかについては（多少論争の余地を残す結果となるかもしれませんが）やはり一言しておこうと思います。――マルクスの言うところによれば、「資本の自己運動」なるものはその〈矛盾〉を解消させることができるわけでもないし、かと言って、その〈矛盾〉のゆえにただちに自己破綻へと墜落せざるをえないわけでもありません。むしろ逆に、その〈矛盾〉を**自ら惹き起こし**、それを自らの内に内包し、それによって生き続けるのが〈資本の自己運動〉だ、というのがマルクスの見解である、と言えると思います。

そう言えばじつは、私たちが素通りしてきた「第三章　貨幣または商品流通」における「第二節　流通手段」の冒頭のところに、矛盾問題をめぐるちょうど似たような観点が披瀝されている箇所がありますので、参考までにそれを呼び寄せてみましょう。こう言われています。「諸商品の交換過程は、矛盾した互いに排除し合う諸関係を含んでいる。商品の発展は、これらの**矛盾を解消しはしない**が、それらの矛盾の運動を可能にするような形態をつくりだす。これは、一般に**現実の矛盾が解決される方法**である。たとえば、一物体が絶えず他の一物体に落下しながら、また同様に絶えずそれから飛び去るということは、一つの矛盾である。楕円は、この矛盾が実現されるとともに解決される諸運動形態の一つである。」（『マルクス・エンゲルス全集』第二三巻a、一三八ページ、太字化は引用者。ついでながら、この場合、主文との関係では、「矛盾の運動を可能にする」ために登場したのが〈貨幣〉である、ということになっています。）

ここでは「矛盾の解決」と「矛盾の解消」とは区別されており、「解決」は矛盾の解消であるどころか、むしろ〈矛盾を生かし続ける〉仕方ないし在り方となっています。（ここでの「矛盾」は「現実の矛盾」と呼び直されていますが、かつてこの「現実の矛盾」をめぐって、「それは、矛盾律に違反する〈論理的矛盾〉とは別だ」とか「それは矛盾律を侵しているわけではない」とかといった論争がかなり盛んに行なわれたことがありましたが、ここではその論争の蒸し返しは差し控えます。ただ、本書の第一部の中で私が提起しておいた「矛盾律神話」批判をここでも改めて思い起こしておいていただければ幸いです。）

さて、「交換過程の矛盾」にかんするマルクスの上記の引用文ですが、私たちにとっての当面の〈資本の誕生に関わる矛盾〉問題の理解のためになんらか参考になったでしょうか。

〈矛盾〉にかんして「解決」と「解消」との違いがさしたる説明も抜きにしてそのまま固定的に受け取られることになるとすれば、そこには新たな誤謬が生じうる可能性無きにしもあらずですが、この点がわきまえられた上でのことなら、「解決」と「解消」の区別は当然に必要でしょう。とにかくはっきりしていることは、私たちが、理論上においてにせよ現実の事態においてにせよ、なんらかの矛盾に突き当たった場合、それを**解消**するにせよ**解決**するにせよ、あるいはそこからの回避を決め込むにせよ、とにかく何もせずにそのままにそれを放置しておくわけにはゆかないのが「矛盾」というものだと言えるでしょう。すなわち、〈矛盾〉は、それを抱え込んだ現実の事態に対して（つまりこれの直接の当事者たる人間に対して）少なくとも破綻を回避するためのなんらかの対応を迫らずにはおかないところのものですし、したがってこの〈対応〉それ自身を回避することは不可能なはずです（適当に放置しておけるものは「矛盾」とは呼ばれえないでしょう）。

マルクスは、〈資本〉とはそれ自身の発生の秘密である〈自己矛盾〉をそれ自身の体内に言わば〈丸のみ〉して驀進するところの〈怪物〉である、として描き出そうとしているのだと思います。つまり、その〈自己矛盾を解消し、そして死滅させる〉ことができないから（すなわちその解消は資本自身の消滅でしかないから）こそ、〈資本〉はそれを〈丸呑み〉したまま動きだしたのだし、むしろその矛盾を自らの運動の原動力にさえしている、というのがマルクスの「資本」把握の内容だと言ってよいでしょう。しかし〈矛盾〉はつまり爆薬ですから、これを〈丸呑みしたまま〉では爆発せざるをえません。爆発させないためには、たえざる手立てが欠かせません。これが〈矛盾＝原動力〉ということの秘密です。そしてこの〈手立て〉が、先程の引用中の言葉で言えば、「矛盾の運動を可能にする解決」ということになるわけでしょうが、しかし「解決」という表現はやはりほんとうは相応しくなく、「矛盾は存在していない」かのように見せかけながら、じつはその矛盾を生かし続ける手立てにすぎないのですから、正確を期すなら「トリック」と言うべきなのでしょう。そして「労働力の自由な売買」がそのトリックで、それの中身が、労働の生み出す〈剰余価値〉の収奪ということになります。しかしその〈トリック〉つまり〈まやかし〉は、いつまでも居直り続けておれるわけのものではなく、あの大投資会社「リーマン・ブラザーズ」の破綻の運命に見られるように、必ずそれ以上は進めない、大破滅への臨界点に、いずれは突き当たらざるをえないはずなのです。

三　資本および〈資本の論理〉の他者収奪的本性

近代資本主義の開幕は、無軌道な暴利や偶然的な一攫千金や理不尽な収奪等々に経済活動が左右されてしまうことがますます抑制され縮小され、皆無の方向へと進展してゆく合理的 rationell な世界の到来を意味する、というように描き出されることは、これまでもそして今も、しばしば見受けられてきたことですが、しかし資本制社会のこの建前上の顔付きが、〈資本〉の誕生そのものを支えている（右に指摘された）トリックの所産（すなわち、本質の隠蔽）にすぎないことを、第四章の最後の「第三節　労働力の売買」における分析は疑問の余地なく明らかにしてくれています。手っとり早く、この節の導入部が終わったあたりの次の言葉にまず目を向けることから始めることにしましょう。

労働力の売買と資本の発生

資本の歴史的存在条件は、商品・貨幣があればそこにあるというものではけっしてない。資本は、**生産手段や生活手段の所持者が市場で自分の労働力の売り手としての自由な労働者に出会うときにはじめて発生する**のであり、そして、この一つの歴史的な条件が一つの世界史を包括しているのである。（『マルクス・エンゲルス全集』第二三巻a、二二三ページ、太字化は引用者）

ここで述べられているのは〈資本の発生条件〉にかんする一つの結論です、そしてこの結論への鍵は〈労働力商品の売買〉です。マルクスは〈資本の流通〉を、はじめにはたんに〈G—W—

G〉と表していました。しかしこの一般式の真ん中の部分Wにはじつは材料や道具などの生産手段としての一般商品も、これとは極めて異質な〈労働力商品〉も、一緒に含まれており、〈価値増殖〉との関係では両者は本来、同列に扱われるべきものではなかったのです。その訳は、〈資本〉に内蔵された辞書の中にも「人間の尊厳を大切にせよ、人間を物並みに扱ってはならぬ」といった言葉が含まれているはずだから**ではなくて**（むしろその逆ですが）、〈労働力商品〉の持つ〈使用価値〉は一般商品内に固定的に帰属している使用価値とはまるで次元を異にしたものだからなのです。〈労働力商品〉の〈使用価値〉の特異性にかんして、第三節に足を踏み入れたばかりの段階で、マルクスはまず次のように述べています。

［一般商品と貨幣との間での等価交換の中からは、それがいくら繰り返されようと価値増殖は生じないのだから］ある商品の消費から価値を引き出すためには、われわれの貨幣所持者は、価値の源泉であるという独特な性質をその**使用価値**そのものが持っているような一商品を、つまりその**現実の消費そのものが労働の対象化**であり、したがって**価値創造**であるような一商品を、運よく流通部面のなかで、市場で、見つけ出さねばならないであろう。そして、貨幣所持者は市場でこのような**独自な商品**に、すなわち労働能力または労働力に出会うので

ある。(『マルクス・エンゲルス全集』第一巻、二一九ページ、太字化は引用者)

生きた〈労働力〉そのものが商品となって市場に交換の対象として顔を出するようになる以前には、市場において交換されるのは労働の生産物どうしでした、すなわち交換は〈モノとモノの関係〉にとどまっており、そこでの人間労働の関わりは、どこまでも生産物のうちに**対象化**された労働、すなわちすでに支出され終わった〈過去の労働〉として(さらに言えば、〈価値〉地平を支える〈抽象労働〉として)であって、〈稼働中の労働力〉どうしの関係はこれとは別次元のものでした。ところが、今やその〈生きた労働力〉自身が〈商品として登場する、あるいは登場させられる〉に至っているわけです。先にもマルクス自身の言葉によって触れましたが、貨幣使用が広がり流通が一般化してゆくと、「商品であろうとなかろうと、あらゆるものが貨幣に転化する」に至るわけですから、〈生きた労働力〉そのものまでが〈貨幣に転化〉し、商品になることなどは、それこそ〈古い規制〉といったものが除去されてしまえば、あとはじつに平坦な大道がひらかれているばかりだった、ということになります。

但し、〈労働力を売買する〉と言っても、〈労働力〉は〈生身の人間〉と切り離すことのできない一体化したものですから、それなら、〈労働力〉とその所持者とをまるごと買ってしまえということになれば、その売買はrationalでないだけでなく、rationellでさえなくなり、奴隷制（人間性否定）に逆行することになってしまいますから、裏ではどうあれ表向きにはそれは「近代的資本家」には許されないことになっているはずなのです。

「時間を限った」労働力売買と「自由な」労働者

そこで、この難問を切り抜ける方法として考え出されたのは、①、〈労働力〉の法的な所有権はどこまでも労働者に帰属するということ、そして②、〈労働力〉の売買は時間を限ってのみ行われ、③、この取引は法に基づく契約によってのみ執行されるということ、最低限として、以上の三点が順守されることだったと言えます。ここでマルクス自身の言葉を借りますと、建前上は次のような事態が成立することになります。

労働力の所持者と貨幣の所持者とは、市場で出会って互いに対等な商品所持者として関係を結ぶのであり、彼らの違いは、ただ、一方は買い手で他方が売り手だということだけであって、**両方とも法律上では平等な人である。**（『マルクス・エンゲルス全集』第二三巻a、二二〇ページ）

わざと念を押しますが、右の発言の内容は、マルクス自身の考えを伝えているものではなく、ブルジョア語で書かれた通説の再現にすぎません。この通説の正当性を支えている基準は、「自由な労働者」と「奴隷」との区別です、そしてこの区別の実行は、〈労働力を時間を限って買うのか丸ごと買ってしまうのか〉の違いとして現れる、というものでした。

しかし当の労働時間にかんして「これ以上超えてはならぬ限界線」をどこに引くべきかは、なんらはっきりしているわけではいないのです。極端な言い方をすれば、仮に日割り賃金に対する一労働日の労働時間を二〇時間まで延ばしたとしても、〈丸ごと〉買ったことにはなっていないのだから〈奴隷扱い〉したわけではない、と強弁するお抱え弁護士がしゃしゃり出てきたとしても、〈例えば、もっと立ち入った厳密な規定が取り交わされていなかったことなどの〉前提の違いを盾に取られて、簡単に彼らを門前払いにできないというところがいわゆる「三百代言」の世界では大いにあり得るのです。しかし、もしもこのような過酷な雇い方をすれば、労働者を死なせ労働力を失ってゆくことは明らかですから、そこまで無茶なことはできない。しかし資本家は〈剰余価値〉の産出源である労働力を働かせる時間をできるだけ〈使い捨ての余裕があるのであれば、あえて使い捨てを断行してでも〉引き延ばしたい。これに対して労働者の側とすれば、当然ながら殺されてはたまりませんし、さらに、ぎりぎりの線でも〈人間らしい暮らし〉を守りたいし維持してゆきたい。そこで当然に、一労働日の労働時間を何時間とするかは、労賃の金額の問題に劣らず、資本の側と労働者の側とのせめぎ合いの中心点につねに位置するようになります。

ところで、「自由な労働者」という呼称の中に含まれる「自由」という言葉のうちには封建的地主〈領主や貴族やその他〉の拘束から「解放された」という意味だけでなく、一方では、①土地や家畜や農具等々の生産手段から「切り離された」という意味、したがってまた、「自分の労働力以外には**拠り所を何ももたない**」という意味とともに、他方では、②自分の考えや行為の決定に対する究極的な責任の主体は自分自身である、という積極的な意味もまた含まれておりました。そしてこの②の面との関わりにおいてこそ、「奴隷」に対する「自由人」の区別も語られうるし、さらにその先において「人格の自己目的性」や「人間の尊厳」と人びとが相対す地平が開かれうるに至るのだとも言えるのでしょう。それにしても、この「自由な」人間の唯一の拠り所である〈生きた労働力〉をも貨幣所持者は〈商品〉としてしまうというわけですが、そのさい、この新商品の〈価値量〉を決めることのできる正当な基準は何だと言うのでしょうか?

〈労働力の価値〉の出生証明

「労働力の価値」にかんしては私の方からの説明はあまり差し挟まずにマルクス自身の言葉をと

びとびに取り次ぐだけで済まそうと思います。次の言葉が彼の説明の第一声です。

労働力の価値は、他のどの商品の価値とも同様に、この独自な商品の**生産に**、したがってまた**再生産に必要な労働時間によって**規定されている。**それが価値であるかぎりでは**、労働力そのものは、ただそれに対象化されている一**定量の社会的平均労働を表しているだけである**。（『マルクス・エンゲルス全集』第二三巻a、二二三ページ、太字化は引用者。）

じつに簡明な把握ですね。右の言葉は、少し先へ進んだところで、「労働力の価値は、**労働力の所持者の維持のために必要な生活手段の価値**である。」とも言い換えられ、これにすぐ引き続いて、「だが、労働力は、ただその発揮によってのみ実現され、ただ労働においてのみ実証される」（同前、二二四ページ）と述べられています。

以上は「労働力の価値」概念にかんする基本的説明の部分ということになりますが、最初に示された命題と二番目に紹介された太字化含みの命題とのつながりは、『資本論』とここまで付き合ってきた読者諸氏に対しては、もはや特に説明の必要はありませんね。ただ、一連の説明の最後に付された以下の補足は、この価値問題に対する労働者の側からの具体的な実践的対応のためには不可欠な観点を提供してくれているはずですので、その点を特に心に留めておいていただきたいと思います。

いわゆる必要欲望の範囲もその充足の仕方もそれ自身一つの歴史的な産物であり、したがって、だいたいにおいて一国の文化段階によって決まるものであり、ことにまた、主として、自由な労働者の階級がどのような条件の下で、したがってどのような習慣や生活要求をもって形成されたか、によって決まるものである。だから、**労働力の価値規定は、他の諸商品の場合とは違って、ある歴史的な精神的な要素を含んでいる。**（同前、二二四ページ）

「労働力の価値」をめぐるマルクスの説明はさらに種々続いていますが、このあと私たちが「剰余価値」問題に取り組むための準備としては、以上によって満たされているはずですので、ここでいったん打ち切りとして先へ進もうと思います。ただ、右の引用の太字化された部分には、本来〈労働力〉は「つまりは人間は」〈モノ〉並みに処遇され使い捨てにされるべきものではないのだ、という宣言がじつは含まれていることを見落とさないようにしたいと思います。

「価値増殖過程」と「剰余価値」

「剰余価値」という呼称をここまで私たちは何気なしに使ってきましたが、この「剰余価値」という概念こそはマルクスの〈経済学批判＝資本制批判〉における中核をなす独自の画期的な理論的発見の一つとされてきたことはあまりにも有名ですから、このことは今さら改めて取り立てて言われるまでもないことかもしれません。ただ、この概念の発見が、青年期の彼の『経済学・哲学草稿』における「疎外された労働」の批判の観点の継承の中で、すなわち資本制的生産過程に対するより精緻化された構造分析を介した継承の中で、達成されたものであることは、この場でもまず強調しておきたいと思います。

ところで、「剰余価値」の出生の秘密が本格的に明らかにされるのは、「第四章　貨幣の資本への転化」に続く「第五章　労働過程と価値増殖過程」（特にその「第二節　価値増殖過程」）においてです。この第五章の第一節ではまず「労働過程」についての説明がなされます。この「労働過程」は、第一章で「労働の二重性」の分析がなされたさいには、〈使用価値〉の生産としての意味を持つ「具体的有用労働」としての側面と〈価値〉の生産としての意味を持つ「社会的抽象労働」としての側面との区別が指摘されていましたが、この第五章では「具体的有用労働」に対応するのが「労働過程」であり、「社会的抽象労働」に対応するのが「価値形成過程」です。そしてさらに、

「価値形成過程」は「**単純な**価値形成過程」と「価値増殖過程」との区分を内包したものとして見返されることになり、この「価値増殖過程」が言わば、「剰余価値」という火砕流を噴出させるマグマだとでも思えば、その比喩はそれなりに多少符合する部分を持っているとも言えそうです。「価値」論の観点からして、「価値形成過程」と「価値増殖過程」との関係についてのマルクスの説明はいたって簡単で、そこにはなんのよどみも見受けられません。

価値増殖過程は、ある一定の点を越えて延長された価値形成過程にほかならない。もし価値形成過程が、**資本によって支払われた労働力の価値が新たな等価物によって補填される点**までしか継続しなければ、それは単純な価値形成過程である。もし価値形成過程がこの点を越えて継続すれば、それは価値増殖過程になる。（同前、二五六ページ）

右の引用中の太字化された部分は、うっかりすると理解しそこなうおそれ無きにしもあらずですので、ちょっとだけ説明をしておきます。「資本によって支払われた労働力の価値」が〈賃金〉であるのはよいとして、「新たな等価物」と言われているのは、賃金分に対応する、新製品のうちに〈投下された分の労働〉の価値量を指し示しています。これも念のためですが、右の引用箇所の二ページほど先立って述べられている次の言葉も一緒に読んでいただくと、ここで取り上げられている事柄の関係がもっとよく見えてくるかもしれません。

労働力に含まれている**過去の労働**と労働力がすることのできる**生きている労働**とは、つまり**労働力の毎日の維持費**と**労働力の毎日の支出**とは、二つのまったく違う量である。前者は**労働力の交換価値**を規定し、後者は**労働力の使用価値**をなしている。労働者を二四時間生かしておくために半労働日［一二時間］が必要だということは、けっして彼がまる一日労働するということを妨げはしない。だから、**労働力の価値と、労働過程での価値増殖とは二つの違う量**なのである。この価値差は、資本家が労働力を買ったときにすでに彼の眼中にあったのである。（同前、二五二〜二五四ページ）

如何でしたか。かえって混乱を招くことにはならなかったと思います。それぞれのカゴリーの対応関係をしっかりと頭に刻みつけておいていただきたいとお願いしておきます。とにかく、右の引用では、「労働力の価値と、労働過程全体をつうじての価値増殖（価値形成の総量）とは二つの違った量だ」というところが肝心な点なのです。先の引用で「単純な価値形成過程」と「価値増殖過程」

との区別にマルクスが私たちの注意を促したのは、「二つの違った量」の由来をはっきりさせるための工夫だったわけです。

〈剰余価値の絶えざる拡大へ〉こそが〈資本〉の魂

さて、ごく大筋においてですが、以上によって私たちは、〈剰余価値〉の発生の場所をも発生の仕方をも見定めることができました。剰余価値の絶えざる追加は〈自己運動し自己増殖する価値／貨幣〉としての資本の生命線そのものですから、資本への奉仕者、資本の代理人、むしろ〈人格化した資本〉、としての資本家たちは、この生命線を守るために必死にならざるをえません。つまりこのことは、もともとは人間によって生み出され、そして〈自己運動する主体〉と化した〈資本〉は、労働者だけでなく資本家をも巻き込んでそれ自身の論理に従って驀進せざるをえなくなる、ということを意味しているにすぎません。資本の代理人たちが、一労働日のうちの〈価値増殖過程〉としての時間部分を可能な限り拡大しようとするさいの理屈は、「他企業との競争」です。他企業との競争に負けることは、自企業の破滅を意味するからですし、自企業の破滅は労働者諸君が路頭に迷うことにもつながるからだ、というわけです。こうして競争原理は〈資本の論理〉の不可欠の構成要素をなすにいたります。わが国では特に前世紀のバブル経済がはじけて以降、「新自由主義」の旗の下で「競争力の強化」が叫ばれる風潮はますます勢いを得てきていると言えますが、これは〈資本の論理〉から発する必然的な成り行きと言われるべきでしょう。

『資本論』の内容に話を戻しますが、ここで『資本論』全体の体系構成にいったん目を向けてみますと、この全体は、大きくは三部構成になっていて、第一部は「資本の生産過程」、第二部は「資本の流通過程」、第三部が「資本主義的生産の総過程」となっております。この全体の中で、私たちは第一部の第五章までをみてきたにすぎませんし、この分量は、章の数の比重だけから言いますと、第一部の章の数は全部で二五章ありますから、私たちが見てきたのは、第一部にかんしてさえ、まだほんのはじめの部分だけということになります。しかもこれまで見たのは、「剰余価値」にかんしてもその出自をあきらかにしたところ（第五章）までで終わっていました。この第五章から第九章までは「第三篇　絶対的剰余価値の生産」の中に含まれており、これに続くのは「第四篇　相対的剰余価値の生産」で、この第四篇に含まれているのは（せめて目次だけでも示しておきますと）「第一〇章　相対的剰余価値の概念」「第一一章　協業」「第一二章　分業とマニュファクチャア」「第一三章　機械と大工業」です。

「絶対的剰余価値」と「相対的剰余価値」という二つの用語をただ並べて見せられただけでは、特に大した関心も湧かないかもしれませんが、じつは前者の生産から後者の生産への移行／進展の中にマルクスは〈資本の在り方〉それ自身の大転換を見出しかつ注目しており、彼のその洞察力に敬意を表したいために、両者の比較をあえてやはり取り上げることにしました（但し、ごく簡単に済ませます）。

彼が「絶対的剰余価値の生産」と名付けたものは、つまりは〈価値増殖過程〉の時間延長をとにかく無理矢理にでも強行して剰余価値を増やそうとするやり方で、これは必ず全体の労働時間を引き延ばす結果を伴います。これに対して〈相対的剰余価値の生産〉は、全体の労働時間延長を行わない場合でも、作業効率を高めることによって〈単純な価値形成過程〉の時間（すなわち労働力の交換価値＝維持費に対応する部分）を短縮し、これとの相対的な関係において〈価値増殖過程〉の時間を増やすという方式です。ここでマルクスが注目しているのは、結果としての〈価値増殖過程〉の引き延ばしもさることながら、それよりもむしろ、労働力の作業態勢そのものに対する〈資本〉の側からの能動的、主導的介入です。つまり、作業態勢そのものの新たな編成に関わる、資本の側からのイニシアティーヴの発揮です。これに対して、〈絶対的剰余価値の生産〉の段階では、労働時間延長のためには無茶は確かにするかもしれませんが、労働力の作業態勢にかんしては手をつけることなく、ただ〈力づくの時間延長〉を図るだけで、その限りではむしろ受動的で、でくの坊です。

〈相対的剰余価値の生産〉の場面に現れた〈資本の主導性〉のうちにはもちろん、労働力の側からの抵抗に促されたという要因があるのはたしかです。しかしやはりなんとしてもそこには、「自己運動する」資本自身の強靭さと執念とでもいうべきものが感じ取られますし、この関係の運動のなかに私たちは資本主義的現実の弁証法の一つの有り様を垣間見ることになります。すなわち、一一章から一三章までに取り上げられている、労働力の合理的再編成と技術革新の諸例は、まさに〈資本〉の能動性の具体的な現れにほかならないと言えます。

ところで〈剰余価値〉は、『資本論』の「第三部　資本主義的生産の総過程」の場面では〈利潤〉〈利子〉〈地代〉を自らの諸〈形態〉となすところの〈実体〉として登場することになりますが、そこまで手をのばすのは今回は展望にとどめて、我慢せざるをえません。そして、〈剰余価値〉が〈資本〉そのものの生命線であることが確認でき、〈資本の論理〉の基本骨格が見えてきたところで、私たちは今回の第9章の〈まとめ〉の領域に入っていきたいと思いますが、ただ、もう一点だけ、マルクスが「いわゆる本源的蓄積」という表題の下で行っている、〈資本の発生〉にかんする現実論議を、最後に補論の形でかんたんに紹介しておきたいと思います。

四　「本源的蓄積過程」の中に刻印されたもの

それは〈資本〉のたんなるエピソードではなく〈資本の本質〉

もう一度ここに、本書の第三節のはじめのところで引用しておいたマルクスの言葉を振り返っておきます。

資本の歴史的存在条件は、商品・貨幣流通があればそこにあるというものでは決してない。資本は、生産手段や生活手段の所持者が市場で自分の労働力の売り手としての自由な労働者に出会うときにはじめて発生するのであり、そして、この一つの歴史的な条件が一つの世界史を包括しているのである。(『マルクス・エンゲルス全集』第二三巻a、二二三ページ)

この言葉が述べられている場面では、それ以上あれこれと説明が補足されてはいないのです。ですから、これを読んだひとはだれでも、「いやにあっさりしすぎているな」と思い、そして「そんなきれいごとで済ましておいて、いいんですか?」と問い返したくなるにちがいありません。最初に読んだときの私の印象もまた、例外ではありませんでした。もちろんマルクスは、お澄ましして上品ぶっていたわけではなく、言うべきことは後にしっかりとって置いたのでした。それが『資本論』の「第一部　資本の生産過程」の全体を締め括る最後の編、「第七篇　資本の蓄積過程」中の第二四章でした。その表題は「いわゆる本源的蓄積」とされています。「いわゆる sogenannt」と言われているわけですから、この「本源的蓄積」という呼び名がマルクス独自のものでないことはすぐわかります。そしてこの「本源的蓄積」の主語が何であるかは、それが「資本」であることは、当時としては言わずと知れたこととなっていたのでしょう。いま中学生や高校生用の歴史書を開いてみても（この「本源的あるいは原初的」という言葉が使われているかどうかにかかわらず）西洋近代の「資本制社会」が成立する前提として、内部的には、①英国に典型的に現れた「囲い込み運動」enclosure-movement という名の〈暴力的な農民追い出し運動〉があり、対外的には、②いわゆる「新大陸発見」に続く、南北アメリカ大陸の原住民に対する苛烈な殺戮による支配と収奪、そして特に南ドイツ産の銀鉱石をはるかに凌ぐメキシコ銀の大量流入があり、これら両者が相まってヨーロッパ世界の封建体制の崩壊に決定的な影響をもたらしたことが、必ず書かれています。先ほどの引用の中ではすまし顔で〈貨幣所持者と労働力商品所持者との出会い〉についてたんたんと語っていたマルクスも、そうした事情に注意を向けないわけがありません。ただ、〈人間の自己疎外〉の落とし子として世に出てきた〈価値〉の必然的発展の到達点として資本を〈概念的に把握〉してきたこれまでの経過との関わりから言えば、なまの歴史的事実の中にいきなり頭から突っ込んでゆくわけにはいきません。

そこでマルクスは、第二四章の冒頭のところで以下のように彼なりの手続きを踏んでみせることになります。

これまで見てきたことは、どのようにして貨幣が資本に変えられ、どのようにして資本によって剰余価値がつくられ、かつどのようにして剰余価値からさらに多くの資本がつくられるのか、ということであった。つまり、資本の蓄積は剰余価値を前提し、剰余価値は資本主義的生産を前提するが、しかし資本主義的生産にとっては、より大量の資本と労働力とが商品生産者の手中に現存していることが前提されているのである。したがって、こうした運動全体は悪循環の中を堂々巡りしているように見え、われわれがこの悪循環から抜け出すためには、ただ、われわれが資本主義的蓄積に先行する「本源的な」蓄積を、すなわち資本主義的な生産様式の結果ではなくて、それの出発点である蓄積を想定することによるほかはないのである。(『マルクス・エンゲルス全集』二三巻b、九三二ページ)

〈資本と剰余価値との永遠回帰〉の根底にあったもの

ここでマルクスは、自分が〈自己増殖する価値〉としての〈資本〉にかんして述べてきたことは、資本と剰余価値とは相互に相手を前提し合う〈循環運動に支えられている〉ということであったが、そうであれば、この両者はつまりは始めも終わりもない〈堂々めぐり〉の論理の中に取り込まれてしまっていることになる、とまず振り返ります。そしてこうした出口も入口もない〈堂々めぐり〉からの脱却の必要を確認しています。というのも、〈資本主義的蓄積〉過程が〈いつか〉〈どこかで〉〈なんらかの仕方で〉始まったことは確かなわけですし、しかも〈一つの世界史的過程〉とも言われるべき〈資本主義的蓄積〉過程が、それ相応の一定の〈貨幣蓄積〉ならびに〈自由な労働力の創出〉という前提なしに始まったはずはない以上は、この両者を含む〈資本にとっての先行形態〉である「本源的蓄積」とも言うべき段階がどうしても想定されざるをえないからです。

こうして、「本源的蓄積」は〈資本と剰余価値との循環運動〉の（したがって価値法則の）埒外に位置づけられることになりますが、この〈埒外の〉世界は、すでに封建的諸規制を踏み越えてしまっているという意味においても、また、ブルジョア的諸法は未だ存在していないという意味においても、〈不法の世界〉、すなわち〈無法な力〉である暴力だけが〈モノを言う〉世界だということになります。そしてまた、この〈不法の世界〉での活動を突き動かしていたものは、〈貨幣の力〉

をひたすら手っ取り早くわがものにしようとする「黄金欲のみ」だったと言えるでしょう。

マルクスは、先に「物神崇拝」に触れた箇所で、「貨幣の力」を「富の、いつでも出動できる絶対的に**社会的な形態の力**」と捉え返し、そこに人びとをして〈黄金欲＝絶対的な致富衝動〉へと駆り立てずにはおかない〈貨幣の魅力〉の秘密を読み取っていたわけですが、この〈魅力〉の内実とは〈たんなる貨幣蓄蔵者の場合にせよ資本家の場合にせよ〉〈他者支配〉という形をとった貨幣所有者の側の〈自由の享受〉であると言うことができるでしょう。貨幣所有者は、貨幣をより多く所有すればするほど、そこに結晶した形の〈社会的な力〉をわがものとし、それに応じた〈他者支配の力〉を意のままにすることができるようになっていると言えますが、しかしその場合、「貨幣の力＝社会的な力」とは言いながらも、そこでの「社会性」のうちには、ほんとうは、そのつど各人の自発的意思に発した「社会的な合意」の支えが含まれているわけではないのですから、その「社会性」は、暴力的な他者支配の場合と同じく、一方的な押し付けの所産としての社会性、**非対称的な統一性の形成**としての社会性、を意味しているにすぎません。この点に注目しつつ「本源的蓄積」についてマルクスは、次のように述べています。

本源的な蓄積の歴史のなかで歴史的に画期的なのは、形成されつつある資本家階級のために槓杆として役立つすべての根本的変動がそうだが、とりわけ画期的なのは、人間の大群が突然暴力的にその生活維持手段から引き離されて、無保護なプロレタリアとして労働市場に投げ出される瞬間である。農村の生産者すなわち農民からの土地収奪は、この過程全体の基礎をなしている。（『マルクス・エンゲルス全集』第二三巻b、九三五ページ）

この箇所を読んでみますと、先にはマルクスが「資本が発生するのは、生産手段や生活手段の保持者が自分の労働力の売り手としての自由な労働者に出会うときである」と如何にもさりげなく、そこに何の問題も無いかのように語っていた事態が、じつは容易ならぬ内実を蔵したものであったこと、しかも彼自身にとってそのことは、とうに承知の上のことだったのだということを、改めて知ることができましたが、この点にかんしましては、いまの引用箇所に少し先だったところで、〈農民の解放の二重性〉についてすでに印象深く語っている箇所がありますので、順序が逆になりましたが、やはりそれも見ておくことにします。

生産者たちを賃金労働者に転化させる歴史的運動は、一面では農奴的隷属や同業組合的強制からの**生産者の解放**としてあらわれる。そしてわれわれの**ブルジョア的歴史家たちにとっ**

ては、ただこの面だけが存在する。**しかし他面**では、この新たに解放された人々は、彼らからすべての生産手段が奪い取られ、旧い封建的諸制度によって与えられていた彼らの生存の保証がことごとく奪い取られてしまってからはじめて、自分自身の売り手になる。そしてこのような彼らの収奪の歴史は、**血と火の**［すなわち、残虐に満ちた］**筆致でもって** mit Zügen von Blut und Feuer 人類の年代記に書き込まれているのである。（『マルクス・エンゲルス全集』第二三巻b、九三四〜五ページ、太字化およびドイツ語表記、［　］内は引用者による）

いま私たちは〈弁証法〉を学習対象としている途上にあり、これまでも次のこと、すなわち、すべての事柄は弁証法的には両面性を内包しているので、その一方だけを取り上げたり不自然に強調するだけに終わるのは、必ず〈誤謬や欺瞞〉へと誘導する詭弁の道となるということについては、直接的にも間接的にもそのつど述べてきたつもりですが、私たちが意識的に体得しようとしてきたこうした観点に、右に引用されたマルクスの言葉は適切に応えるものとなっていることを読者諸氏も確認できていると思います。

ところで、右の引用に先立つ引用のなかでは、〈農民からの土地収奪〉としての〈突然の暴力〉は、「本源的蓄積」を決定づけている〈基礎〉として位置づけられていました。「基礎」とは、〈なにごとにかんしてもそれ無しにはそもそも「なにかことが始まる」ことさえかなわないところのもの〉と言ってよいほどのものなのですから、この意味において、「本源的蓄積」にとっての「基礎」も、その本質に関わる根源的で不可欠なものであるということは言うまでもありませんが、しかし裏を返して見れば、「基礎」はどこまでも基礎でしかなく、「本源的蓄積」の全過程に**取って代わる**ものではないということもまた確かなのです。つまり何を言いたいのかといえば、その全過程は、原初の〈農民追放〉以外の諸契機をも引き続き産出したり体系的に包括したりということを経てこそ、〈資本制の**導入**〉というそれ自身の役割を完遂することができたのだ、ということです。

マルクスが『資本論』第一部の「第二四章　いわゆる本源的蓄積」で描き出しているのは、そうした過程の全体です。すなわち彼は、〈農民追放〉をそれの端緒として展開し始める「本源的蓄積」の**最も典型的な姿**をイギリスの近代史のうちに見てとりながら、それ自身の内部にさらに新たな諸契機を生み出しつつ頻発する各地の〈暴力〉を体系的に総括してゆくその運動 movement が、中央集権的な「国民国家」national state という新たな権力体系の形成とも歩調を合わせるようにして進行し、それとともに諸国家間の競争と対立（全地球を舞台とするヨーロッパ諸国の商業戦）をも熾烈な形で展開して行った経緯を、的確に捉え返しています。

資本の本源的蓄積の諸契機

いま直前でなぞった、マルクスによる俯瞰図を、今度は彼自身の言葉で確かめておきましょう。

いまや本源的蓄積のさまざまな諸契機は、多かれ少なかれ時間的な順序において、スペイン、ポルトガル、オランダ、フランス、イギリスへと配分される。イギリスではこれらの契機は、一七世紀末には**植民制度、国債制度、近代的租税制度、保護貿易制度**として**体系的に総括される**。これらの方法は、一部は、残虐きわまる暴力によって行われる。たとえば、植民制度がそうである。しかし、どの方法も**国家権力、すなわち社会の集中され組織された、社会の強制力 Gewalt を利用して**、封建的生産様式から資本主義的生産様式への転化過程を**温室栽培的な仕方**で〔すなわち促成的方式で〕促進して、**過渡期を短縮しようとした**。（『マルクス・エンゲルス全集』第二三巻b、九八〇ページ、太字化、〔　〕内は引用者）

右の文章の中に掲げられている四つの契機のうちで、植民制度と保護貿易制度は国家的な武力Gewalt を直接に行使することによって維持されるものですが、これは、「囲い込み運動」における暴力行使が国内的なものであり、そして国家権力による直接的な武力行使ではないのに対して、これら二契機における武力行使は国家権力を後ろ盾とした（あるいは、国家権力そのものの）対外的な（すなわち、植民対象地域ならびに諸列強を相手取った）一層組織だった実行となっているという点で大きな違いをみせています。さらに、これら二契機とくらべて他方の二契機（国庫制度と近代的租税制度）においては、国家的な支配の牙すなわちGewaltは間接的なものとなっており、これらの下では前面に現れ出ているのは、貨幣の運用そのものに関わる諸施策とそれらの体系化という姿をとっています。そしてこれらのうち特に国債制度のうちにマルクスは、〈資本の本源的蓄積過程〉の集約点としての役割を見出し、それが内包している二つの方面に注目しています。──その一つは、国債制度が「株式会社や各種有価証券の取り引きや株式売買を、一口で言えば、**証券投機**と**近代的銀行支配**を興隆させた」（同前、九八五ページ）という点であり、もう一つは、それが「**国際的な信用制度**の発生を誘導した」（同前、九八六ページ）という点です。この後者の二点にかんしてマルクスは「それは本源的蓄積の隠れた源泉の一つになっている」とまえおきをしながら、その事例として〈オランダとイギリス〉および〈イギリスと合衆国〉の関係について触れ、次のように述べています。

すでに一八世紀の初めには、オランダのマニファクチュアははるかに追い抜かれて、オランダは支配的な商工業国ではなくなってきた。それゆえ一七〇一～一七七六年のオランダの主要事業の一つは巨大資本の貸出し、ことに自分の強大な競争相手国であるイギリスへの貸出しとなったのである。同様のことは、今日ではイギリスと合衆国との関係についても言える。今日、合衆国で出生証明書を持たずに現れる多くの資本は、やっと昨日イギリスで資本化されたばかりの子供の血なのである。（『マルクス・エンゲルス全集』第二三巻b、九八六ページ）

以上の一連の考察によってマルクスが明らかにしようとしていたのは、要するに、「資本の本源的蓄積」の過程の最後の総仕上げは**国内的および国際的な金融体系の基本的確立をも**、それの不可欠な内容として含んでいたということでした。そしてここでの叙述のなかで殊のほか私たちの興味を惹かずにおかないのは、イギリスに対するオランダと言い、合衆国に対するイギリスと言い、敵対と戦争（英蘭戦争やアメリカ独立戦争）の結果として敗者の側に回らざるをえなかった国（オランダおよびイギリス）が、それまで武器を振り上げていた右手を下ろして、今度は左手を出し、その手が鷲づかみしている金貨の大袋を相手国に差し出し、債権者としての自らの新たな地歩とともに先進国としての自らの体面をも影響力をも確保し続けたというその〈しぶとさ〉です。この〈しぶとさ〉こそ、まさに〈資本の論理〉の正体そのものにほかならないと言うべきでしょうが、思えば、こうしてその後の長旅の緒に就いた〈資本〉は、その後も人間の生き血を吸い上げ、国民や国家の枠組みを利用しつつもそれを乗り越え、そしてそのつどそれ自身の変容をも遂げ続けながら、ひたすら巨大な怪物化への行程を突き進むことになったのでした。

すなわち、私たちが、「本源的蓄積」についての以上のようなマルクスの考察から汲み取ることができるのは、「血と火の筆致でもって人類史の年代記に書き込まれた」その過程は〈資本〉の本質にとって相応しくない、ほんのひと時のエピソードにすぎなかったというのでは決してなく、それどころかそれは、〈資本〉の素性／本質（いわばそのＤＮＡ）そのものを決定づけたところのものだったということです。そしてもう一点付言しておかなければならないのは、「本源的蓄積」の過程が開始されたさいには一旦そこでの〈暴力的猛威〉は〈価値法則〉の領野そのものをも踏み越えて暴れ回ったかに見えたにもかかわらず、「本源的蓄積」が一定の完成段階に入り、〈資本〉の本格的循環運動が軌道に乗り始めると、〈資本〉はその運動の中に〈価値法則〉を再びくわえ込み直し、自らを〈自己増殖する価値〉として、〈価値〉の発展の最後にして最高の段階に定着させたということです。

五　暫定的総括

この第9章は、〈商品――貨幣――資本〉という発展系列をマルクスが根源的な観点を保持しつつどのように概念的に把握しようとしていたか、そしてまた、その発展の意味をどのように解き明かそうとしていたかを、私たちなりに追跡する場となりました。そして論証という点ではまだまだ不十分さを残しながらも、筆者がマルクスをとおして読者に提示しようとしたものは、その発展史が、人類史に付きまとっている〈人間の自己疎外〉の究極的形態だということでした。

私が『資本論』を少しずつでもドイツ語で読んでみようかなどと考え始めた学生の頃に、嘘かまことか、「ドイツ人は労働者でも『資本論』を苦労なく理解できるらしい」といった噂話を触れまわる仲間がいましたが、今にして思えば、どんなに多く見積もっても、その噂の内容は半分ぐらいしか本当ではない、と言ってよいでしょう。その深いところまで理解しようとすれば、ドイツ語を日常語にしているドイツ人でも週刊誌を読む程度にたやすく『資本論』を理解できるわけではありません。このことは、本書をとおして邦訳された引用文にじかに触れる機会を持った読者諸氏ならば、ほぼ推測がつくにちがいないと思います。日本語はきめ細かな情緒的表現にかんしては、世界に誇るに足る美しい優れた点を持っているのは確かだと言ってよいと私も思いますが、表現の論理的構成の明確さという点では、ヨーロッパ語にはあるいは劣っているかもしれません。そのため、ヨーロッパ語の理論的文章の翻訳語が普通の日本人には肩こりのもとになってしまうというのも確かでしょう。しかしその点を割引して考えても、『資本論』は一般のドイツ人にとって、邦訳で読む私たちにとってよりもはるかに読み易いものとなっているわけではないと言ってよいと思います。

突然にこんなことを言い出したのは、私が本書を誰にでも易しくと宣言して始めながら、読み返してみますと、どうやらそれほど読み易いものとなっていそうにはない結果を前にして、自己弁護の気持ちが働いたためかもしれません。とにかく、ヘーゲルもマルクスも弁証法も、読みこなすには、どうしようもなく多少の苦労は必要だということを今頃になって改めて思い返しながら、以下のまとめを書き継ごうと思います。

〈価値〉そのものの地平を〈人間の自己疎外〉の領域と見なす本書の立場

改めて再確認の意味で言っておきますが、ここで取り扱われてきた〈価値〉には、人間の精神的資質や美的感受性などに関わる「内的価値」、すなわち本当は金銭的評価に還元することは不可能な意味での「価値」は含まれておりません。それはどこまでも、人間以外の事物が人間にとって〈物的手段として役立つ／有用である〉という意味の〈使用価値〉に対する〈対立概念〉としての、すなわち金銭的評価に還元可能なものとしての〈価値〉です。

ところで、『資本論』のマルクスは、〈商品から貨幣への〉価値形態論の展開では、〈使用価値〉に対する〈価値〉の対立的位置および〈自立化への進展〉にかんして、それを経済発展の必然性の一過程として描きはしても、必ずしもそこに「否定的＝疎外的」な意味を特に浮き彫りにし表立てる仕方で描いてはいなかった、とは本書で『資本論』を読みはじめのところですでに言いました。「疎外的」な意味を折りにふれて強調していたのは、マルクス自身よりも、『資本論』を読む筆者の側だったとも言えます。

しかし筆者なりのその読みの入れ方はマルクスを置き去りにした勝手なものではなく、弁証法的な把握は〈事柄の一面的な把握〉に陥ることなく、〈対立〉としての両側面の関係を運動・発展において捉え、明らかにしていく観点を保持し続けるものであるはずですから、マルクスが〈否定的な側面〉の強調をむしろ意識的に抑制していると見えるところでは、それを読む立場からはかえって〈否定的な側面〉への注視を補うことに努めたつもりなのです。そしてそのことがマルクス自身の根底的な把握に即したものとなっていることを、この章の全体をつうじて私としては証明できたと思っています。

かくして、この第9章の目指したところをこれまた再確認的に要約させてもらいますと、以下のようになります。すなわち、――マルクスの「経済学批判」の根本は、経済的活動の面での〈人間の自己疎外〉の解明であるということ、そしてこの〈自己疎外〉は〈貨幣〉や〈資本〉の出現を待ってはじめてその展開をみせるというのではなく、最初の〈商品交換〉のうちですでに萌芽的な形での誕生を遂げているのであり、そしてその〈自己疎外〉の全貌を顕在化させていったもの、それが〈商品――貨幣――資本〉という発展過程の全体なのであるということです。

「新自由主義」、すなわち〈競争〉一元論の〈市場原理主義〉は〈人間疎外〉の究極点

さて、一旦視点をちょっと変えてみます。昨二〇一二年の一二月に『マネー資本主義――暴走から崩壊への真相』と題する文庫本が新潮社から出ました。執筆者は「NHKスペシャル取材班」とされております。この本の「あとがき」によりますと、二〇〇八年九月のリーマンショック直後に取り組まれ、二〇〇九年四月〜七月に「マネー資本主義」シリーズとして放送されたものについての取材記が同年九月に出版され、さらにこれの文庫化が今回の出版だとされています。

じつは恥ずかしながら、こうした経過を私は、今年に入って本書を手にするまで知らずにきてしまったわけなのですが、今回読み終えてみて、この立派な大型企画を機敏に、粘り強くかつ中

立公正な姿勢を堅持しつつ遂行し終えたＮＨＫ取材班の熱意と力量に対し心からの敬意を表したいと思います。そこで、その成功に心からの拍手を送らせてもらったうえで、以下ではその成果を部分的にこの私たちのまとめの中にも借用させて頂こうと思います。

『マネー資本主義』が提示してくれている現代資本主義の「新自由主義的」な現実の諸相と向かい立ちながら、あらためてしみじみと感じさせられるのは、〈資本〉の本質に対するマルクスの洞察の深さであり揺るぎなさでした。もちろん、これは私の受け止め方ですし、「取材班」の取材記の中にはマルクスの名前がどこかで一度でも顔を見せているわけではありません。ただ、その取材記が伝えてくれているどの諸例を見ても、そこではもはや「人間」は主役ではなく〈ほとんど脇役でさえなく〉、主役は怪物化し独走する〈資本〉であり「投機マネー」であり、世界全体の実体経済の総額の倍以上に膨れ上がった「投機マネー」が〈生産〉や〈一般的流通〉から遊離したところで、逆にその実体経済にも揺さぶりや圧力をかけながら、〈暴走〉の段階に入り込んでしまった事態が客観的に再現されています。

この〈暴走〉に立ち会わされた〈人間〉の側は、私たちのような一般市民＝庶民だけでなく、米国最高の財務長官や世界中のそれに類した大物たちや諸国の大統領や首相たち、さらには、いわゆる「金融工学」の専門家たちをも含めて、誰もが地球規模の巨大地震や巨大台風に見舞われた被災者にも比すべき状況に突き落とされたわけですが、「百年に一度の大恐慌」とも言われたこの人為的危機的状況がじつはまだまだ収束しているわけでも解決に向かっているわけでもないことは、誰もが感じているところだと思います。世情の底に流れているこうした一般的疑念を裏書きするかのようにして、『マネー資本主義』の「あとがき」は、次のように語りはじめます。

リーマンショックから四年後の二〇一二**年秋の時点で、〈マネー資本主義〉が一段と猛威をふるっている**点に言及したい。」（『マネー資本主義』二八三ページ、太字化は引用者）そしてこれに続いて語り継がれる言葉はこうです。

> リーマンショックの年に「強欲」を非難して登場した米オバマ政権は、規制強化に乗り出すものの、経済の低迷に苦しみ続ける。ＦＲＢ（連邦通貨準備制度理事会）は、消費伸び悩みや雇用回復への対策として大規模なＱＥ（貨幣発行の量的緩和）に相次いで踏み切った。その結果、やはり**巨額マネーが投機資金へ**と向かい、**実体経済にたいするマネー経済の割合は増加**する。ウォール街には**強欲 Greed が舞い戻り**、二〇一一年には我慢できなくなった市民たちが大規模なデモを繰り広げた。そして一二年には［さらに］量的緩和第3弾が実施されるが、評価の声があがる一方で、そのマネーが雇用促進や需要拡大につながるとの楽観論

は聞こえてこない〔アベノミックスにかんしてもそうですね――引用者〕。反強欲を謳ったオバマ時代における〈マネー資本主義〉の拡大はモンスターのモンスターたる威力をいかんなく見せ付けた。（同前、二八三ページ、太字化は引用者）

この書の本文のなかでは、二〇〇八年からの約二年間に取材班が直接に聞き取った百人以上のウォール街関係者の応答がそのまま紹介されており、その大部分は迷いや自己反省の弁となっていたのですが、それら当初の反応を思い返してみれば、右の文章が指摘している、僅か二〜三年後の世情の豹変ぶりには驚きを禁じえないところが確かにあります。しかしこの豹変の事実は人の心の無責任な変わり易さとか忘却癖とかの所為にするよりも、むしろ爆走を続けつつある〈資本の論理〉の必然性が内包している強大な圧力（右の引用中の用語法にそのまま従って言えば、「モンスターのモンスターたる威力」）の所為にすべきものなのでしょう。現時点での〈豹変ぶり〉を「あとがき」は「その後、関係者の口は徐々に重くなった。マネー資本主義を根本から問い直そうという雰囲気は大きく後退した。」と（明らかに無念と危惧の想いを込めて）表現しています。

そしてさらにもっと先まですすんだところでは、「この危機はどこまで続くのか、はたして終わりが来るのだろうか？」とか、「世界はこのモンスター〔巨大投機マネー〕と同居しながら、制御できない不確実な未来を海図なきまま生きていくしかないのだろうか?」という疑問を読者に投げかけて終わっています。

相手取っているものが言わば世界史そのものであって、違法性が明らかとなっている犯罪事件ではない以上、〈中立と公平〉を旨とする報道機関の一端を担う立場からは、「情報は提供するが、最後の判定にかんしては今のところ読者各人に委ねよう」という右のような取材班の対応の仕方は無理の無いところだと言ってよいでしょう。

しかしながら、人類史が真の意味で〈人間的本質の自己実現〉の場として確立されるということのうちにこそ〈究極の必然性〉なるものを見届けたいと思っている一思想家としての立場に立つ私としては、取材班が自らに負っている規制にとらわれることなく、「人間は自らの産物である『モンスター』との共存をもはやこれ以上つづけることが不可能なところまで到達しているし、そしてこの指摘は、地球を七回も破壊可能なまでに大量に作り出されてしまっている核爆弾や原発との関係にかんしてもそのまま当てはまる」とする判断を私自身の自由な意見表明として提示しておきたいと思います。

ただ、「それならどうなるのか、どうすればよいのか」という反問に対しては、すぐに答えを出せる用意は今のところ勿論できてはおりません。できてはおりませんがしかし、完全に〈資本〉の魂が乗り移ってしまってそれの下僕、ないしは、それのたんなる忠実な代理人と化してしまっている先進諸国の有力政治家や官僚、財界人や金融マンたちの言動や実際の振る舞いを見ていますと、その新しい答えの発見のためにも、まず現状に対してできるだけ多くのひとがNo！を突きつける基本姿勢を共有することがまず必要だと思います。そしてその〈危機意識の共有〉の広がりこそが、「どうすればいいのか、何をしなければならないのか」への答え発見のための共同の模索の実際的な開始をやがて可能にするでしょう。

差し当たり最低限、「競争一元論」とも言うべき「新自由主義」に対し、もうこれ以上〈言いたい放題〉〈したい放題〉をさせないために轡をしっかりはめ直すこと、そのためにはすべての銀行ならびに公的金融機関に対して経済活動の補佐役＝脇役以上の地位を認めず、〈投資銀行〉の類はすべて廃止するといったことくらいは可能ではないでしょうか。

「競争一元論」＝「新自由主義」こそは〈自己増殖する資本〉の〈なまの声〉あるいは〈魂そのもの〉とでも言われるべきものですが、「競争一元論」は究極のところ、「力が正義」（勝てば官軍）の立場ですから、そこにはじつは「個人の人間的尊厳」が護られる余地は存在しえないのです。但し、これすべての「競争」がこうした「排他性」そのものの表現以外ではないと取られてしまうと、これまた行き過ぎですから、少しだけ補足説明を加えておかなければなりませんが、ここで今とりあげられた「競争」は、人間同士が学問のそれぞれの分野において、また文学・文芸や演劇や音楽や美術において、さらにはスポーツや舞踊などの身体能力あるいは身体的表現能力に関わる分野等々において、それぞれのより高いレベルの個性的完成度を競い合う、という意味での「競争」、すなわち互いを高めあう刺激という意味での「競争」とは別次元のものと言われるべきものでしょう。〈資本の論理〉に内在している「競争」は、いろいろ言ってみても結局は、競争相手を潰しあるいは食い殺して自分が太り大きくなり、より強くなっていくという意味での、つまりは〈勝者にはすべてが与えられ、敗者には喪失のみ〉という意味での「競争」、人間的文化の深みにも広がりや向上にも洗練度にも資することの無い、〈たんなる力による支配〉のための「競争」でしかありません。

この種の競争では、より強く、より大きいものが必ず勝つと言っていいので、そして負ければ隷属に甘んじない限り生き残れないので、生き残ろうとすることは絶えざる強大化を目指すことと殆ど同義となってしまっています。ですから、〈資本〉の体現者である〈企業〉間での最近はやりの〈合併〉も、手っ取り早く大きくなって生き残るための有力な即効薬的な方策の一つとされているわけです。

また他方で、この国では、企業に雇われて働く労働者は、一時期は、企業と言う〈運命共同体〉

と生死をともにする〈守り手〉と煽りたてられ、「企業**戦士**」と呼ばれたりもしていましたが、いまでは「新自由主義」のおかげで、「企業戦士」にもさせてもらえない「派遣労働者」という名のたんなる〈使い捨て要員〉が増えているようです。しかし「競争一元論」の下ではいずれもが、企業間**戦争**に巻き込まれた**戦闘員**でもあることに変わりはありません。そして今は〈経済的な競争〉という意味での「戦時下」なのですから、陰に陽に、かつての軍隊生活並みの〈根性のねじれた〉パワーハラスメントつまり〈いじめ〉は、ますます企業内に日常化していると言わざるをえないようです。

ところで、戦争ほどに人間を極端に手段化し（すなわち、使い捨ての道具として扱い）〈人間の自己目的性〉を徹底的に否定する場面は、他にはありません。ですからそれは、〈人間の自己疎外〉の極限の一つの在り方と言わなければなりませんが、総体としてはいかなる〈否定的なもの〉にあっても、なんらかの〈肯定的な裏面〉もまたまったく含まれていないわけではありませんので、その一点にしがみついて、〈文明の進歩にとっての戦争の効能〉を礼賛したがる面々が、昔ばかりでなく今なお、というより最近の保守政権においては特にますます、目につきます。しかしそうした**血気盛んな**〈無責任人士〉に冷静に考えてみて欲しいのは次のことです。すなわち、文明の進歩が育て上げてきた〈破壊と殺傷〉の技術体系とその規模が今や誰にも見えているとおりこれほど高度化し巨大化してしまっている現状では、これらのものを駆使した〈戦争〉からなおなんらか〈肯定的な要素〉を引き出せる余地はあるのかと問い返してみれば、正常な判断能力から出てくる答えは、直ちにNo！以外にはないということ、すなわち、人類史的な全体的観点からは、どう見てもますます、それはもはや皆無になってしまっている、ということです。

さらにもう一点だけ付言しますと、いま私がはじめに、戦争のうちにも見出されえる〈肯定的な要素〉についてやや容認的に語ったのは、たんに〈利益〉という観点からでした。しかし、人間的・道徳的観点から申せば、〈戦争〉の中に〈肯定的な要素〉がなんらかでも在ったためしなど決して無かったことは言うまでもありませんので、念のため。

むすびにかえて

「弁証法」というものが人間社会の諸矛盾に立ち向かいそれらの克服を目指すうえで、いかに有意義で深い思想性を持っているかを明らかにしたいという、自らに課した課題の考察を終えるに当たって、改めてこの二一世紀初頭の世界の現実社会に目を転じてみますと、世紀の転換をはさんでこのほぼ四半世紀の間に起こった出来事は、もちろん私たちの日本自身に関するものをも含めて、〈人類の存亡〉に関わる人類史的叡知の水準を鋭く問うものとなっていると思わずにはおれません。

まず世界レベルで言えば、一九八九年の「ベルリンの壁の崩壊」に始まり、九一年の「ソ連社会主義体制」の自己解体、そして「東西対立＝社会主義対資本主義」の世界的図式の消滅へと続き、それに取って代わって「グローバリズム」の旗印を掲げた「新自由主義＝市場原理主義」が世界中を席巻し、その中で世界の国々は互いに「競争」をそして「国益」を甲高く叫び合う丸裸の「国民国家」を剥き出しにしはじめました。「グローバリズム」も「国益」主義も〈資本の論理〉そのものの角度を変えただけの表現にすぎない、と言うことができますが、こうした流れの中でアメリカ発の金融バブルの〈はじけ〉としての「リーマン・ショック」は、一時は世界中の金融界だけでなく実体経済の領域をも巻き込んだ大恐慌へと連動しました。そしてその中では多くの人びとは改めて、「人間に対する資本の論理の支配」というものの〈異常さ〉に少なくとも一瞬は気づかされたはずでした。これを書いている二〇一三年夏の現時点では欧米でも日本でも株式市場での株価は「リーマン・ショック」以前の水準を取り戻し、ドルもユーロも円に対して値を上げてきており、世界経済は一見危機を脱して回復基調に入ったかに見えなくもありません。しかし、この表面的現象を、世界経済の抱える基本的矛盾が解決され克服された結果である、と見ている経済の専門家は殆どいないと思われます。円にかんしてもユーロにかんしてもドルにかんしても、「金融緩和」という名の〈バブル政策〉が、当面の対処療法でしかなく根本治療でもなんでもないことを重々承知の上で、緊急事態に迫られてやむをえず、またぞろそれが〈リスクを丸呑みして〉実行されているにすぎないのは明らかです。つまり、〈バブル政策の国際的協調〉のさらなる拡大が一層大規模な世界恐慌を培養する温室とならざるをえないことは十分に予想されるところなのです。

こうした矛盾に満ちた経済環境が国際的な政治環境に緊張関係を醸成する要因となるのも、これまた容易に推測のつくことです。というわけで、現在のところ、国際的緊張関係の深化に対してそれの緩和の可能性を示す兆候は殆ど見出せず、かえって緊張激化の芽生えは幾つも指摘できるといった情況にあり、これを裏書きするかのようにして、ＩＡＥＡの存在にもかかわらずむしろこれを無視するかのようにして、「核兵器を持ってこそはじめて、国際関係における対等・平等な一員として自国の安全を自前で護ることができるようになるはずだ」といった公然―非公然の願望がいくつかの国々には依然として根強く存在しているのも事実のようです。そして錯覚とし か言いようのないこうした願望が、〈核廃絶〉への人類の切なる願いを足元からなし崩しにして行っているのもまた確かなのです。ＩＡＥＡの理念が本物なら、核大国を先頭にしてすべての格保有諸国は、これらの憂うべき現実を直視し、もしも姑息な虚偽のヴェールの切れ端がまだどこかに少しでも残っている限りはそれらをどこまでも自らきっぱりとかなぐり捨てて、本物の〈核廃絶の国際的共同行動〉に立ち上がり着手すべきときが、本当はギリギリ迫ってきているはずなのです。世界史は、暴君だとか独裁者だとか、あるいは身勝手な為政者集団だとかが、〈人民無視〉の政治支配を理不尽に極限にまで追い続ける中でのみ、旧体制そのものの急激な崩壊をもたらしたこと、そしてそれが〈歴史の弁証法〉でもあったことを私たちに伝えていますが、しかしながらこれからは、いかなる国際的な〈体制的矛盾〉も、様々な形での〈核兵器の想定外暴発〉を呼び込みうる可能性を孕んでいる以上、人類はもはや、そうした種類の〈歴史の弁証法〉にこれまでどおりにただ翻弄され続けているわけにはゆかない、という地点に立っているのだと思います。

数々の歴史的経験からそれぞれの教訓を学び取って成熟を獲得してきたはずの人類の叡知なのですから、それは今や、〈権力原理〉と一体化した〈資本の論理〉に内在している〈負の要因、すなわち自己破壊的要因〉の危険性を間違いなく見定めることが出来るだけの能力を総体としてはもっているはずだと、切に思いたいところです。そしてその思いの中でそこから日々新たにする願いの内容は、例えば次のようなことです。——すなわち、文明のこれほどに高度な発展が、この地球を相対的にこれほどまでに狭いものにし、それだけにまた人類をこれほどまでにますます一体のものとするに至っている現時点にあっては、〈人間の自己疎外〉へのもっとも根源的・第一次的要因にかんする問題解決への取り組みを（その他の二次的、三次的等々の矛盾解決にまず先駆けて）真の意味の〈国際的な共同の事業〉として確立することは、私たち誰にとっても共通のそして緊急の課題となっているのか、ということです。

右に述べた「〈人間の自己疎外〉への第一次的要因」というのは、私たちが本書の7章～9章で見てきたように、結局のところ、〈力による他者支配〉の原理ということに尽きるわけですから、正真正銘の国際的〈共同の場〉を開くことができるということは、そのこと自身がすでに〈力の原理〉の次元を少なくともなんらかの程度において超え出ていることを意味するものと言うことができます。「共同」とは、参加者の〈相互承認〉に始まり、そして〈相互承認〉＝〈平和〉へと帰結する〈場〉

でもあるということができます。出発点の〈相互承認〉を帰結としての〈相互承認〉へとつなぐ中間の段階は、まさに〈弁証法的〉には、否定的要因の介在する段階ということになりますが、この〈否定的〉媒介の段階をもはや〈憎悪と怒りと武力行使〉としてではなく、徹底した話し合いによる、〈否定＝対立〉の乗り越えの努力の過程として貫き通すこと、これが今こそやっと人類に課せられた課題となっているのだと言うべきでしょう。〈共同の努力〉によって「共同」を実あらしめること、この可能性を信じ、祈りたいと思います。

あとがき

本書は、当初の計画より一年以上も遅れれてやっと世に出ることになりました。果たして十分に展開、書き切れたかどうか心もとないところもありますが、すくなくとも弁証法に関するこれまでの類書には見られなかった理解や解明、そして新たな発見が含まれているのではないかと思っています。そして思想的遺産としての弁証法の根本的価値と現代的意味の所在を明らかにしようという本書執筆の意図は、自分なりにはかなりのところまで果たしえたのではないかと自負しています。

また、読者とともに歩んだ本書の思索の道は、結局のところマルクスに収斂した観がありますが、ただマルクスに依拠した従来の諸研究ないし主張の多くと本書がちがうのは、次の点にあることを付記しておきたいと思います。

すなわち従来の理解や主張は、マルクスをほぼ絶対化してしまい、その結果、マルクス以前の学問的および思想的遺産の殆んどはマルクスによってその誤謬を指摘され乗り越えられたはずであるからもはや顧慮するに値しないのだ、と切り捨ててしまう傾向が強かった、と言ってよいかもしれません。もっとも、受け取る側にもそのような姿勢が濃厚だったと言えなくもありませんでしたから、それらの著者たちの側にだけ責任を押し付けるのは酷だと言われるべきでしょう。とにかく、双方のそうした相乗作用によって、マルクスの思想をも理論をも却って孤立させてしまう結果が生み出されたという一面があったことは（特に「社会主義国家」の看板を掲げたソ連の解体以前にかんして言えば）否定できない情況ではあったと言ってよいと思います。じつは、一九八一年に出版した拙著『社会思想史』は、そうした視野狭窄症に対する批判的挑戦の意味をも含んだものだったのですが、同書に対しては依然として視野狭窄症的反応も皆無ではなかったけれど、それ以上に「目から鱗が落ち」といった好意的反響が多くありました。そのことが本書を執筆するうえで大きな支えにもなったことは記しておきたいと思います。

とにかく、右の拙著以来、マルクスに対する私の基本的な研究態度は、「人間主義」と「弁証法」と「科学」を基本的な定点観測点として設定したうえで、マルクスの思想的・理論的形成発展の全容を、ますますどこまでも西洋の近代思想史の諸成果との批判的継承関係の中に位置づけて捕らえ返してゆこう、というものとなりました。

次に指摘しておきたい本書の特徴は、読者が「矛盾律神話」の呪縛から抜け出して「弁証法」理解をより身近なものとして獲得してくれるために、単なる表面的解説ではなく、読者が自らヘーゲル自身の思索とのより直接的な取り組みの場に踏み出せる機会を、（私自身の心算では、特に第

5章、第6章において）できるだけ多く読者に提供できた点だと思います。但し、ここでも敢えて再度おことわりをしておきますが、私は「矛盾律神話」は否定しますが、「矛盾律」をまるごと否定しているわけではないということです。

第三点目として（ここでもまた）再度繰り返しておきたいのは、本書が「弁証法」理解の始点でもあり終点でもあるものとして強調したいのは「内在的否定性」の概念だということです。最近、ふと入手してとても興味深く読ませてもらった本の一つに吉田たかよし著『世界は「ゆらぎ」でできている　――宇宙、素粒子、人体の本質――』（光文社新書、二〇一三年五月）がありますが、ここでの「ゆらぎ」という表象的表現にその論理化した形をもとめれば、それが「内在的否定性の論理としての弁証法」ということになると言えるだろうと思います。

最後に、本書が第Ⅱ部の本文中で繰り返し強調してきた点を、ダメ押しのようにしてここでも再々度確認させてもらいます。本書は、現代世界の究極的な総括的矛盾の本質をマルクスに依拠しながら「人間の自己疎外」の矛盾として明らかにし、かつ訴えてきたつもりですが、この「自己疎外の矛盾」をこの世にもたらしたのは人間自身に他ならないわけですから、これを乗り越えることができるのも結局は人間自身に他ならないはずです。この根源的でかつ壮大な矛盾と、私たち人間はいよいよ総がかりに腰を据えた対決に取り掛からなければならない時にきていることを訴えて、この「あとがき」をしめくくることにします。

なお、今度こそほんとの最後の言葉にしますが、この場をお借りして、今回もまた多大なお世話になった窓社社長の西山俊一氏に心からの謝辞を送らせていただきます。西山社長との縁は、一九八一年一〇月に出版した拙著『社会思想史』以来のことですから、今年で早や三〇余年続いたことになります。今その本の「あとがき」を読み返してみましたら、そのときも約束の期限をかなり遅らせてしまったことが記され、最後には「民主主義と弁証法」と題する本の執筆を威勢よく決意、約束するといったことが述べられていました。ついでながら白状しますと、その約束は果たされずじまいのまま今日に至っています。しかしながらその代わりに、その後、窓社を興した氏の励ましと協力に支えられて、単行本としては『人間主義の擁護』(一九九八年)と『マルクの人間主義』(二〇〇七年)を窓社から世に問うことができたのでした。不思議に思えるほどの深い縁を感じます。この度もまた、氏の助言と協力なしには、本書の実現はなかったろうと思います。ありがとうございました。

二〇一三年一〇月二五日

橋本剛

橋本剛（はしもと・つよし）
1931 年　福島県生まれ
1953 年　北海道大学文学部卒業
1998 年　北海学園大学退職
主な著書
『社会思想史』（編著）青木書店
『ヘーゲルと危機の時代の哲学』（訳書）お茶の水書房
『思想探検』（共著）窓社
『人間主義の擁護』窓社
『マルクスの人間主義』窓社

思想としての弁証法
――「人間の自己疎外」の謎を解く――

● 2013 年 11 月 28 日第 1 版第 1 刷発行

●著　者――――――橋本 剛

●発行者――――――西山俊一
●発行所――――――株式会社**窓社**
169-0073　東京都新宿区百人町 4-7-2
TEL 03-3362-8641　FAX 03-3362-8642
http://www.mado.co.jp

●装　丁――――――高崎勝也
●印刷・製本―――シナノ印刷

ISBN978-4-89625-123-4

『経営学史叢書　第Ⅴ巻　バーリ＝ミーンズ』執筆者

三戸　　浩（横浜国立大学　経営学史学会理事　巻責任編集者
まえがき・序章・第一章・第六章第二節）

佐々木真光（出光興産株式会社　経営学史学会会員　第一章・
第六章第二節）

今西　宏次（同志社大学　経営学史学会会員　第二章・あと
がき第一項）

勝部　伸夫（熊本学園大学　経営学史学会副理事長　第三章・
第六章第一節・あとがき第二項）

福永文美夫（久留米大学　経営学史学会理事　第四章）

池内　秀己（九州産業大学　経営学史学会会員　第五章）

経営学史叢書Ⅴ
バーリ＝ミーンズ

平成二五年五月三一日　第一版第一刷発行

検印省略

編著者　経営学史学会監修
三　戸　　浩

発行者　前　野　　弘

東京都新宿区早稲田鶴巻町五三三

発行所　株式会社　文　眞　堂

〒一六二―〇〇四一
電　話　〇三―三二〇二―八四八〇
ＦＡＸ　〇三―三二〇三―二六三八
振　替　〇〇一二〇―二―九六四三七番

印刷　モリモト印刷
製本　イマ卅製本所

http://www.bunshin-do.co.jp/

ISBN978-4-8309-4735-3　C3034

経営学史学会監修『経営学史叢書　全14巻』

第Ⅰ巻　テイラー
第Ⅱ巻　ファヨール
第Ⅲ巻　メイヨー＝レスリスバーガー
第Ⅳ巻　フォレット
第Ⅴ巻　バーリ＝ミーンズ
第Ⅵ巻　バーナード
第Ⅶ巻　サイモン
第Ⅷ巻　ウッドワード
第Ⅸ巻　アンソフ
第Ⅹ巻　ドラッカー
第Ⅺ巻　ニックリッシュ
第Ⅻ巻　グーテンベルク
第XIII巻　日本の経営学説　Ⅰ
第XIV巻　日本の経営学説　Ⅱ